AF543707

Rachel Corry

SANDALEN-WERKSTATT

Haupt
GESTALTEN

Sandalen-
Werkstatt
LEICHTE SCHUHE
SELBER MACHEN
Rachel Corry
Fotos: Lauren Martin
Haupt Verlag

1. Auflage: 2022

ISBN 978-3-258-60254-7

Aus dem Englischen übersetzt von Cornelia Panzacchi, DE-Göttingen
Lektorat der deutschsprachigen Ausgabe: Gisela Witt, DE-München
Satz der deutschsprachigen Ausgabe: Die Werkstatt Medien-Produktion GmbH, DE-Göttingen

Layout: Michaela Jebb
Vorlagen: Ilona Sherratt © Storey Publishing, basierend auf Zeichnungen der Autorin

Fotografien von Lauren Martin, abgesehen von:
© Rachel Corry: 91, 97 r. o. & u., 115, 121, 133 u. l. & u. r., 139, 151, 161, 169 u.;
© Airyka Rockefeller: VIII u. l., 97 M. r.; Aldanondoyfdez: 83 M.; mit freundlicher Genehmigung von Amara Hark-Weber: 82 o.; © Brooklyn Shoe Space: 82 zweites Bild von oben; mit freundlicher Genehmigung von Jason Hovatter: 82 u.; Jeremy Atkinson: 83 zweites Bild von unten; mit freundlicher Genehmigung von Julie Derrick: 83 o.; © Lisa Sorrell: 83 u.; mit freundlicher Genehmigung von Reid Elrod: 82 zweites Bild von unten; mit freundlicher Genehmigung von Sevilla Smith Shoes: 83 zweites Bild von oben; © William (Boy) Habraken, mit freundlicher Genehmigung von ShoesornoShoes: 20–21
(l = links, M = Mitte, o = oben, r = rechts, u = unten)

Die englischsprachige Originalausgabe erschien 2021 unter dem Titel *The Sandalmaking Workshop: make your own Mary Janes, crisscross sandals, mules, fisherman sandals, toe slides, and more* bei Storey Publishing, LLC, North Adams, M.A., USA

Printed in China

Um lange Transportwege zu vermeiden, hätten wir dieses Buch gerne in Europa gedruckt. Bei Lizenzausgaben wie diesem Buch entscheidet jedoch der Originalverlag über den Druckort. Der Haupt Verlag kompensiert mit einem freiwilligen Beitrag zum Klimaschutz die durch den Transport verursachten CO_2-Emissionen. Wir verwenden FSC®-Papier. FSC® sichert die Nutzung der Wälder gemäß sozialen, ökonomischen und ökologischen Kriterien.

Diese Publikation ist in der Deutschen Nationalbibliografie verzeichnet. Mehr Informationen dazu finden Sie unter http://dnb.dnb.de.

Der Haupt Verlag wird vom Bundesamt für Kultur für die Jahre 2021–2024 unterstützt.

Wir verlegen mit Freude und großem Engagement unsere Bücher. Daher freuen wir uns immer über Anregungen zum Programm und schätzen Hinweise auf Fehler im Buch, sollten uns welche unterlaufen sein. Falls Sie regelmäßig Informationen über die aktuellen Titel im Bereich Gestalten erhalten möchten, folgen Sie uns über Social Media oder bleiben Sie via Newsletter auf dem neuesten Stand!

www.haupt.ch

Ich danke dem Clogmacher **Jeremy Atkinson,**

der mir erste Einblicke in das Leben eines Schuhmachers gewährt hat. Durch seine Leidenschaft für sein Handwerk und die Großzügigkeit, mit der er sein Wissen mit mir teilte, wurde er für mich zu einem Vorbild, dem ich nachzueifern versuche.

Inhalt

Einleitung

Zum Sandalenmachen kam ich durch Zufall. 2009 fielen all meine Schuhe und Kleidungsstücke einem kleinen Brand in meiner Wohnung in San Francisco zum Opfer. Als ich mir den Schaden besah, stellte ich fest, dass ein Paar kürzlich maßgefertigter Sandalen auseinandergefallen war, sodass ihr Aufbau und die einzelnen Lagen sichtbar wurden. Weil ich es mir nicht leisten konnte, sämtliche zerstörte Schuhe nachzukaufen, beschloss ich, einige meiner Lieblingssandalen nachzubauen.

Das erste Paar, das ich selbst machte, waren Riemensandalen, ähnlich den hier auf Seite 141 vorgestellten Hippie-Sandalen. Sie waren bequem und sehr hübsch. Im Lauf der Zeit wurden sie immer weicher und glänzender, so, wie gutes Leder altert. Ich war begeistert und unglaublich stolz darauf, selbst gefertigte Schuhe zu tragen. Ich arbeitete damals in einer Bäckerei und zeigte meine selbst gemachten Sandalen Kunden und Freunden. Die euphorischen Reaktionen ließen sich in zwei Kategorien einteilen: Die einen wünschten sich, dass ich ihnen ebenfalls Sandalen machte, die anderen wollten es selbst versuchen.

Kurz darauf baten Freunde mich, in ihrem Laden einen Workshop abzuhalten. Ich hatte Bedenken, dass das Sandalenmachen für Anfänger viel zu aufwendig sein würde, doch meinen Freunden zuliebe versuchte ich es. Die Teilnehmer sollten genau das entwerfen, was sie gerne haben wollten, und ich war am Ende unglaublich erleichtert, als es jedem gelungen war, sich ein Paar tragbarer Sandalen zu machen, die es auf der ganzen Welt nur einmal gab. Das Interesse an meinen Kursen ist immer noch groß, und es nehmen Menschen aus allen Alters- und Berufsgruppen daran teil. Ich bin sehr froh darüber, dass ich Monat für Monat an Orte reisen kann, die ich bisher nicht kannte, um meine Leidenschaft und meine Kenntnisse mit neuen Leuten zu teilen. Allerdings ist es nicht immer ganz einfach, mit schweren Schusterambossen zu reisen.

Meinen Markennamen *Rachel Sees Snail Shoes* habe ich gewählt, weil ich Schnecken so gern mag. Außerdem ist die Schnecke das Maskottchen der Slow-Food-Bewegung, und als ich meine Firma gründete, war mein Ziel auch, mich zu entschleunigen und nach und nach mehr selbst zu machen und dabei besondere, sinnvolle Objekte zu schaffen. Dieses Bedürfnis hat sich mit der Zeit noch verstärkt, und ich bin nach wie vor eine engagierte Befürworterin von Slow Fashion und Nachhaltigkeit.

Wenn ich älteren Leuten erzähle, dass ich vom Schuhemachen lebe, erzählen sie mir oft, dass sie früher ihre Sandalen ebenfalls selbst herstellten. Anscheinend war diese Fertigkeit in früheren Jahrzehnten in den USA nicht nur als Broterwerb, sondern auch als Hobby sehr verbreitet. Doch als ab den 1980er Jahren immer weniger Waren in den USA hergestellt wurden, schwand auch die kleinteilige Schuhindustrie. Die Schuhe, die ich in meiner Kindheit wahrnahm, waren für mich geheimnisvolle Objekte, die meist in China oder Italien hergestellt worden waren. Die Fertigungsmethoden waren für mich undurchschaubar und es erschien mir unmöglich, Schuhe selbst machen zu können.

Als ich dann versuchte, das Fertigen von Sandalen zu erlernen, stieß ich auf große Schwierigkeiten, es kam mir vor, als wäre die Schuhmacherei (zumindest in den USA) ein aussterbendes Handwerk. Zum Glück ist das inzwischen nicht mehr so: Dank des Internets konnte ich mich mit zahlreichen innovativen Schustern vernetzen. Zwar führte das Fertigen von Schuhen einige Zeit lang ein Schattendasein, doch wird es von mehr und mehr Menschen neu entdeckt. Ich bin gespannt, was diese Generation aus einem derartig altmodischen Handwerk machen wird.

Ich liebe das Sandalenmachen aus einer Vielzahl von Gründen

1. Es ist für Anfänger nicht allzu schwer. Mit wenigen einfachen Werkzeugen kann sich jeder innerhalb eines Tages ein bequemes Paar Sandalen machen. Man benötigt weder Nähkenntnisse noch besondere körperliche Kraft. Andererseits bietet es auch erfahrenen Leuten stets Herausforderungen. Obwohl ich mich schon seit zehn Jahren damit befasse, fallen mir immer noch neue Modelle ein, die ich gern mal umsetzen möchte.

2. Jeder Fuß ist anders. Wer seine Schuhe selbst herstellt, kann sie präzise auf seine Fußform anpassen, die Höhe des Absatzes bestimmen und seine Lieblingsfarben wählen. Das kommt vor allem Menschen mit seltener erhältlichen Schuhgrößen, orthopädischen Problemen, hohem Spann und ähnlichen Besonderheiten entgegen.

3. Jedes Paar ist ein Unikat! Die Menschen haben sehr unterschiedliche Vorstellungen davon, was schön ist. Und wer etwas ultra Minimalistisches, total Exzentrisches oder weniger Genderspezifisches sucht, kann sich Schuhe nach seinen ganz eigenen Vorstellungen machen.

4. Ein befriedigendes Gefühl. Was man dabei empfindet, wenn es einem gelungen ist, zwei symmetrische, funktionelle und tatsächlich tragbare Plastiken angefertigt zu haben, ist unvergleichlich! In meinen Kursen sehe ich oft diese stolzen Gesichter. Wenn ihre Sandalen allmählich Form annehmen, werden viele Teilnehmer nervös und rufen: «Ich mache meine eigenen Schuhe!» Wird man zu seinen Schuhen beglückwünscht, dann ist nichts herrlicher, als erwidern zu können: «Danke. Ich habe sie selbst gemacht.»

5. Sandalen = Geschichte. Vor Tausenden von Jahren trugen Griechen, Römer, Ägypter und amerikanische Ureinwohner Sandalen, die unseren heutigen sehr ähnlich sind. Im Lauf der Zeit änderte sich an Fußbekleidungen wenig: Riemensandalen, spitz zulaufende Slipper ... Bei Museumsbesuchen erkenne ich diese Modelle auf Vasen und Gemälden wieder und fühle mich mit den Menschen vergangener Jahrhunderte verbunden. Jedes Volk der Welt hat seine eigenen Schuhtraditionen und bei nahezu allen gibt es mindestens einen Sandalentyp. Ich vergleiche gern Gemeinsamkeiten und lasse mich von den zeitlosen Designideen inspirieren. (Mehr über handgefertigte Schuhe aus aller Welt finden Sie auf Seite 20.)

6. Respekt gegenüber Schuhmachern. So gut wie alle Schuhe, die in den USA erhältlich sind, werden im Ausland von Menschen hergestellt, die für uns unsichtbar bleiben. Das bewirkt eine Entfremdung und einen Mangel an Bewusstsein, die extremes Konsumverhalten fördern. Wenn man lernt, wie ein Schuh hergestellt wird, entwickelt man meiner Ansicht nach nicht nur ein besseres Verständnis des Objekts, sondern auch Respekt gegenüber den Menschen, die es herstellen.

Manche werden vielleicht nur ein- oder zweimal Sandalen anfertigen. Für andere wird das Sandalenmachen zu einem lebenslangen Hobby oder sogar Beruf, und sie werden immer wieder Schuhe für sich selbst, für Freunde, Verwandte und Kunden herstellen. Eigentlich ist es verwunderlich, dass dieses Handwerk heute nicht stärker verbreitet ist, aber ich vermute, dass es bald wieder aktuell wird.

Um 2009 waren keine zeitgenössischen Bücher zur DIY-Herstellung von Sandalen zu finden, und seither träumte ich davon, selbst darüber zu schreiben. Viele Menschen würden ihre Fußbekleidung am liebsten selbst machen, wissen jedoch nicht, wie es geht. Jahrelang stellte ich den richtigen und den falschen Menschen die richtigen und falschen Fragen, bevor ich über genügend nützliche Informationen verfügte, die weiterzugeben sich lohnte. Ich hoffe, dass dieses Buch allen weiterhilft, die neugierig auf das Sandalenfertigen sind und sich an dieses Handwerk wagen wollen – und vielleicht sogar einige dazu anregt, sich der Schuhmacherei ganz zu verschreiben.

KAPITEL 1

DAS EINRICHTEN DER WERKSTATT

Als ich begann, meine Schuhe selbst zu machen, wollte ich nicht allzu viel Geld in Werkzeug und Material investieren, denn ich musste ja erst einmal herausfinden, ob mir dieses Hobby gefiel. Ich stellte fest, dass man für die Anfertigung von Schuhen – insbesondere dann, wenn es sich um Sandalen handelt – nur wenig Werkzeug braucht, und dieses auch noch erschwinglich ist. Anhand dieser Erfahrung habe ich eine Grundausstattung zusammengestellt und zusätzlich den Bedarf für Fortgeschrittene aufgelistet.

ANATOMIE DES FUSSES

Bevor ich erkläre, was Sie brauchen, um ein Paar Schuhe zu machen, schauen wir uns erst einmal die Bestandteile des Fußes und die der Sandale an.

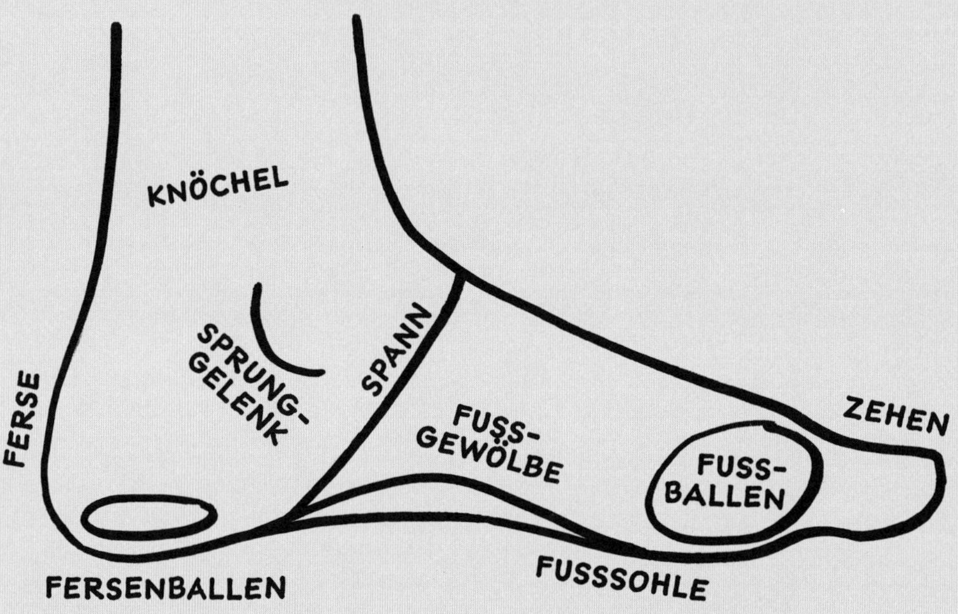

Der Begriff «Sohle» hat mehrere Bedeutungen. Er kann die unterste Schicht eines Schuhs bezeichnen, oder aber die Kombination aller Schichten unterhalb des Fußes. Die korrekten Fachbegriffe für die einzelnen Schichten des Sohlenaufbaus lauten: *Brandsohle* für die oberste Lage unterhalb des Fußes, *Zwischensohle* für die optionale mittlere Sohlenschicht und *Laufsohle* für die unterste Schicht des Schuhs. Das gesamte Sohlenteil inklusive Absatz wird *Boden* genannt, einzelne Elemente *Bodenteile*, das gesamte Schuhobere *Oberteil* (auch *Oberleder* oder *Schaft*), aber auch dessen einzelne Bestandteile nennt man *Oberteile*.

ANATOMIE DER SANDALE

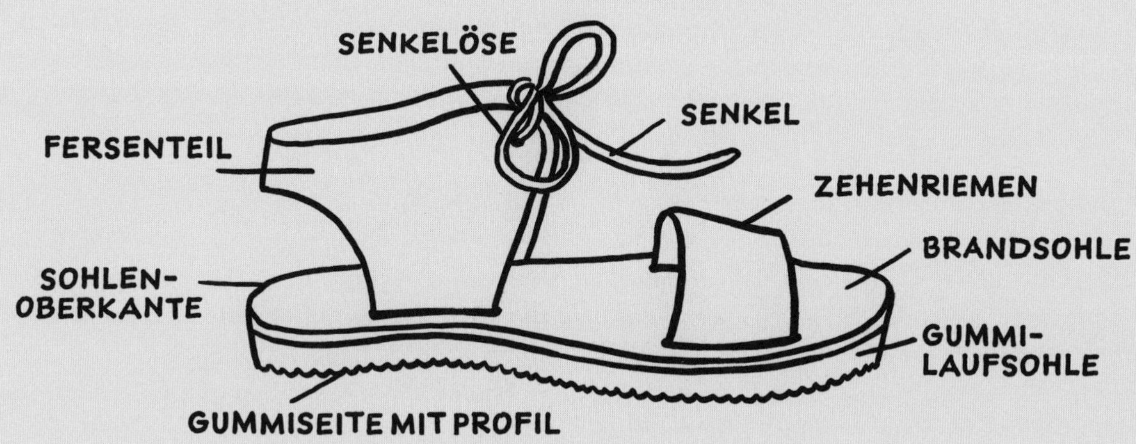

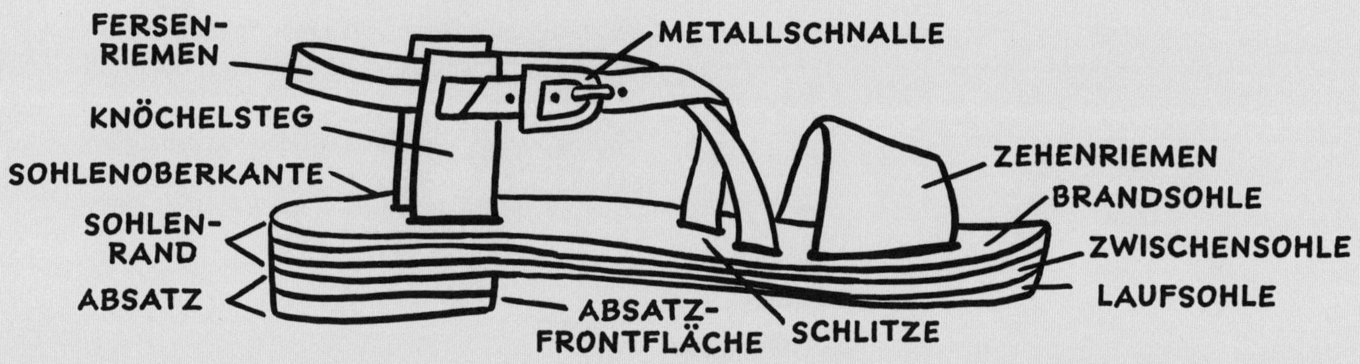

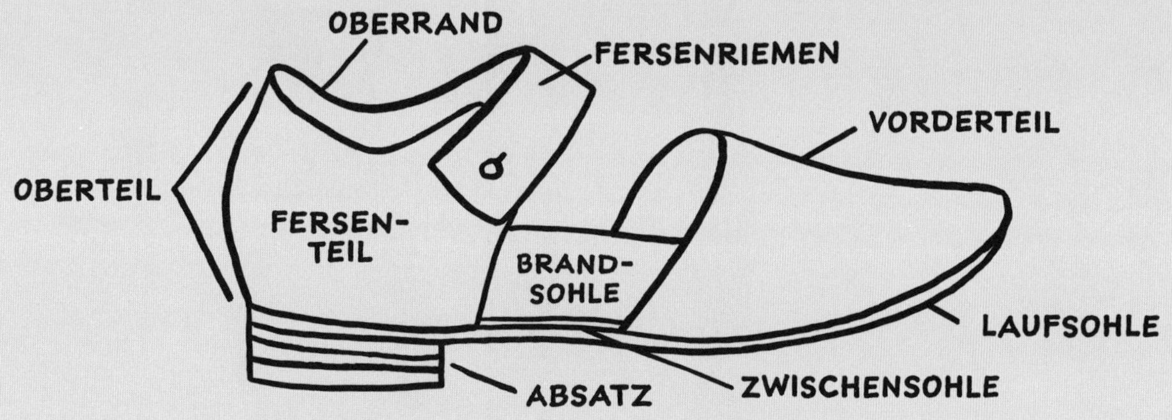

Die Grundausstattung

Die Grundausstattung an Werkzeug beinhaltet Dinge, die Sie vielleicht schon im Haushalt haben, wie einen Cutter und einen Hammer. Das Material wie Leder und Sohlenplatten sowie spezielleres Werkzeug erhalten Sie im Lederfachhandel.

Cutter (Teppichmesser): Ich arbeite mit einem 18-mm-Cutter mit Abbrechklinge. Schmälere Klingen mit 9 mm Breite können ebenfalls verwendet werden, brechen jedoch beim Schneiden von dickerem Material leicht ab. Auch ein gerades Schustermesser eignet sich, vorausgesetzt, man ist den Umgang damit gewohnt. Natürlich können Sie jedes andere Messer verwenden, sofern es scharf ist.

Ahle: Ein einfaches Werkzeug mit einer Spitze für das Aufrauen und Markieren des Leders.

Lochzange: Eine Lochzange mit Stanzen in mehreren Größen ist unentbehrlich. Die kleinsten braucht man für präzise Schlitze, die größeren für das Anbringen von Nieten und Schnürösen.

Schere: Eine scharfe Stoffschere eignet sich ideal für das Zuschneiden von dünnerem Leder, besonders bei Rundungen, und für das Beschneiden von Sohlenkanten. Ich bevorzuge Scheren mit 10 cm langen Klingen.

Hammer: Im Prinzip eignet sich jeder Metallhammer. Ich arbeite gern mit einem, der leicht gerundete Kanten hat, weil er beim Hämmern keine Kerben ins Leder schlägt.

Bleistift und Permanentmarker: Diese Stifte habe ich bei der Arbeit immer griffbereit. Am besten probiert man aus, welcher auf dem Leder besser sichtbar ist. Benutzen Sie auf Leder bitte keinen Kugelschreiber, seine Tinte verschmiert dabei gern!

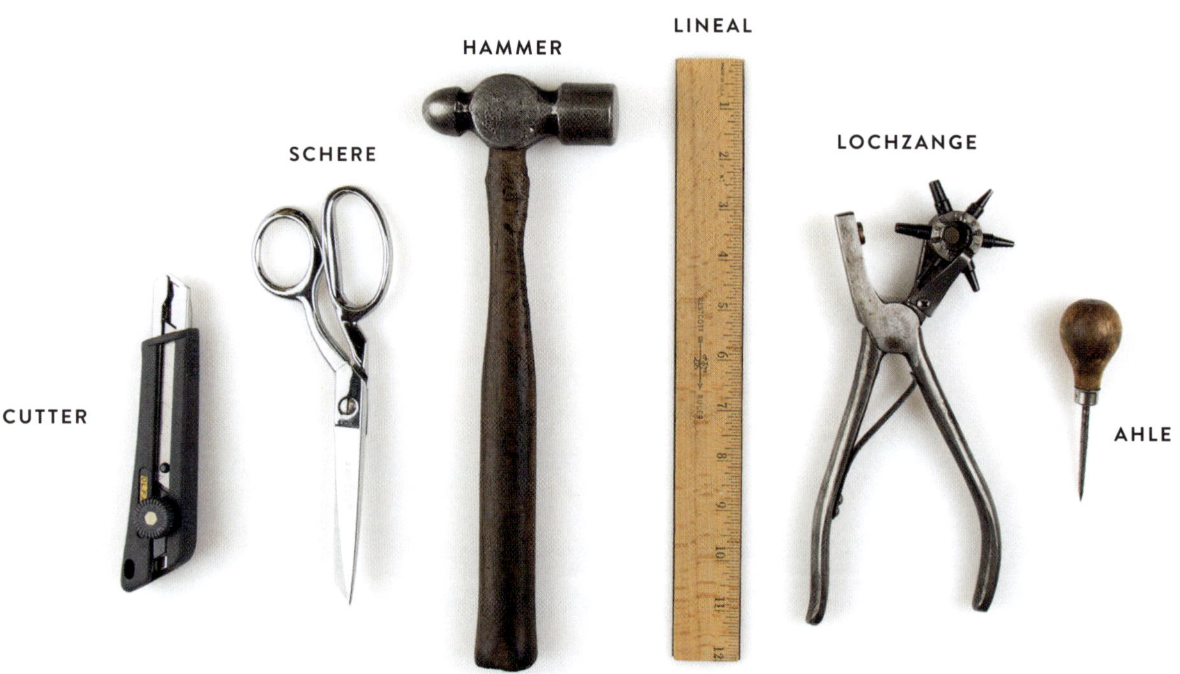

Papier: Für die Herstellung der Schablonen kann man Recyclingpapier verwenden. Auch Druckerpapier oder Packpapier eignet sich hervorragend, ebenso wie Schnittmusterpapier.

Kreppband: Um einzelne Schuhteile für die Anprobe miteinander zu verbinden, verwende ich kräftiges Kreppband.

Lineal: Man benötigt es zum Abmessen und um mit dem Cutter gerade Linien zu schneiden. Ich verwende ein durchsichtiges Quilt-Lineal.

Schuh- oder Lederkleber: Professionelle Schuhmacher verwenden Schuhkleber auf Lösungsmittelbasis. Wegen ihrer chemischen Bestandteile setze ich diese Kleber nur für das Fixieren von Absatz und Laufsohle ein, weil diese Feuchtigkeit stärker ausgesetzt sind als die oberen Teile eines Schuhs. Außerdem braucht man die Kleber auf Lösungsmittelbasis, wenn man mit synthetischem Sohlenmaterial arbeitet. Empfehlenswert sind diese von Renia, da sie weniger giftige Stoffe enthalten. Zum Kleben von Leder auf Leder (wie zum Fixieren von Laschen oder Zwischensohlen) genügt ein Kleber auf Wasserbasis wie EcoWeld, EcoFlo, Renia Aquilim 315 oder ein anderer weißer Lederleim.

Oberleder: Empfehlenswert dafür ist Leder mittleren Gewichts in Stärken von 1,2 bis 1,6 mm, 1,6 bis 2 mm oder 2,0 bis 2,4 mm. Alternativ kann man Leder der Stärke 0,8 bis 1,2 mm auf anderes Leder derselben Stärke kleben, um die gewünschte Dicke des Oberleders zu erhalten. Weitere Informationen über Leder finden Sie auf Seite 14.

Brandsohlleder: Dafür verwendet man besonders dickes bzw. schweres Leder, in den Stärken 3,2 bis 3,6 mm, 3,6 bis 4 mm oder 4 bis 4,4 mm.

Gummisohlen oder dicke Ledersohlen: Was gewöhnlich als Gummisohle bezeichnet wird, besteht selten aus echtem Kautschuk, sondern aus unterschiedlichsten Materialien, wie Schaumgummi oder

Ethylen-Vinylacetat (EVA). Gummisohlen sind ähnlich beschaffen wie die Sohlen von Flipflops, und es gibt sie in den unterschiedlichsten Dichten. Sohlengummi ist in Form von Platten erhältlich, aber auch in in Sohlenform, den man dann auf die gewünschte Größe zurechtschneidet.

Wichtig ist, dass das Sohlenmaterial auf einer Seite so strukturiert ist, dass man mit den fertigen Schuhen nicht ausrutscht. Zu den Anbietern von Sohlenmaterial gehören Vibram, Soletech und Birkenstock, wobei Dogbone und Cloud von Soletech zu meinen Favoriten zählen. Stärken von 7 bis 13 mm eignen sich gut für Sandalen; wobei 1 cm ideal ist. Echte Kautschuksohlen sind eine Alternative, jedoch lassen sich deren Kanten nicht richtig glatt schneiden oder schleifen.

Für dicke Lederlaufsohlen eignet sich Leder der Stärken 2,8 bis 3,2 mm oder 3,6 bis 4 mm ausgezeichnet, wobei sich ersteres von Hand am besten schneiden lässt. Unter der Bezeichnung «Sohl(en) leder» wird Leder dieser Stärken in Stücken oder ganzen Häuten verkauft, mitunter auch schon in Form von Zuschnitten für große Männerschuhe, sodass man es sich passend schneiden kann.

Schnürsenkel: Gebräuchlich sind Lederband, runde Lederschnüre oder handgeschnittene Riemen. Ich verwende meist runde Lederschnur mit 2 bis 3 mm Durchmesser, probiere aber auch immer wieder gern andere Stärken und Texturen aus.

Schnallen: Meist verwende ich 1,3 bis 2,5 cm breite Schnallen aus Messing oder vernickeltem Metall. Die Schnalle sollte einen Mittelsteg haben, damit man das Riemenende durchstecken kann und es hinter dem Dorn nicht einfach absteht.

Knopfnieten: Ich empfehle besonders kleine, nur ca. 6 mm hohe Knopfnieten, deren Basis sich in das Leder schmiegt, anstatt am Schuh abzustehen. Diese Nieten gibt es in den unterschiedlichsten Ausführungen. Am gebräuchlichsten sind die aus Messing und vernickeltem Metall.

Nieten: Eine Niete besteht aus zwei Teilen: Das Unterteil ist mit einem Loch, das Oberteil mit einem dazu passenden Kopf versehen. Kleine oder extrakleine Nieten eignen sich, um zwei Lagen Leder von mittlerer Stärke zu verbinden. Die Niete sollte nur minimal dicker sein als die Lederlagen, die sie zusammenhält. Ist der Kopf höher, dann sitzen die Lederteile nicht plan aufeinander.

SYNTHETISCHE LAUFSOHLE, VORGEFERTIGT

SOHLENPLATTEN AUS SCHAUMGUMMI

Weitere Werkzeuge und Materialien

Neben der Grundausstattung können folgende Dinge die Sandalenproduktion erleichtern:

Selbstheilende Schneidematte: Sie können auch ein Schneidebrett aus Plastik verwenden. Man kann auch improvisieren und auf einem festen Kartonstück schneiden oder auf einer alten Tischplatte. Aber ganz gleich, was Sie als Unterlage verwenden, es gilt immer: Je größer, desto besser.

Hammer aus Holz oder Rohhaut: Vor allem bei dem Einsatz von Punzen (wie Langlocheisen) werden die Handgelenke damit weniger stark belastet als mit einem Metallhammer. Außerdem hämmert es sich damit wesentlich leiser.

Aufraubürste: Diese praktische Bürste ermöglicht es, Lederoberflächen rasch aufzurauen.

Langlocheisen: Damit lassen sich schmale rechteckige Schlitze, wie für Riemen oder die Anbringung einer Schnalle ausstanzen. Es gibt sie in verschiedenen Größen (ca. 13 bis 38 mm).

Knopflocheisen: Damit erzielt man ein rundes Loch mit einseitigem Schlitz, das gut über eine Knopfniete passt. Alternativ kann man auch eine runde Öffnung mit der Lochzange ausstanzen und einen Schlitz mit dem Langlocheisen anfügen.

Schusteramboss: Man benutzt ihn, um Schusternägel einzuschlagen, Zwischensohlen anzubringen und die Innenseite eines Schuhs mit dem Hammer zu bearbeiten, ohne die Außenseite einzudrücken. Ich bevorzuge den Dreifuß, jenen Typ aus Gusseisen, den man auf den Tisch stellt und der mehrere fußförmige «Arme» hat, über denen man arbeiten kann. Man kann auf dem Schusteramboss auch Nieten setzen oder stanzen. Alternativ dazu lässt sich auch ein flacher Amboss als Unterlage für das Setzen von Nieten, Druckknöpfen und Ösen und das Verbinden von Sohle und Absatz verwenden.

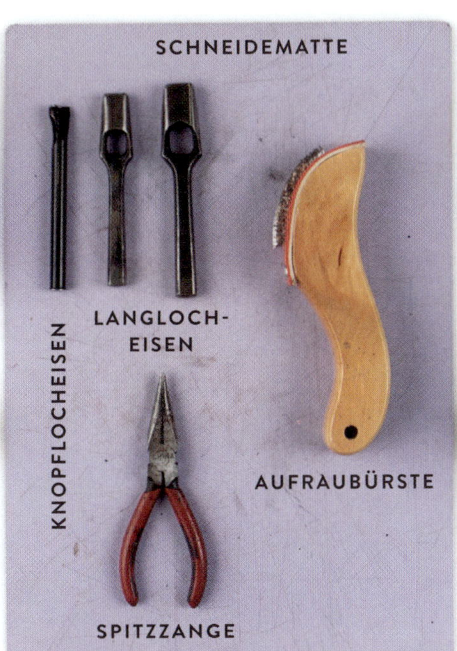

Leisten: Fußformen aus Holz oder Plastik, über denen man geschlossene Schuhe aufbauen kann. Weil meine hier beschriebenen Methoden flexibel sind, können Sie dafür auch Leisten verwenden, die eine Nummer größer oder kleiner als Ihr Fuß sind. Manche Leisten haben Scharniere, sodass man sie aus dem aufgebauten Schuh entfernen kann, ohne diesen zu beschädigen. Weil die in diesem Buch beschriebenen Projekte offene Schuhe sind, sind für sie sämtliche Leistentypen geeignet.

Riemenschneider: Dieses kleine Werkzeug dient dazu, aus einer Lederhaut lange, gerade Streifen (Riemen) zu schneiden.

Zierpunzen: Mit ihnen kann man Verzierungen, Wörter und Zahlen in das Leder prägen.

Spitzzange, Falzzange oder Hammerzange: Mit der Zange zieht man Nägel wieder heraus, bricht stumpf gewordene Abschnitte der Cutterklinge ab und zieht bei der Konstruktion geschlossener Schuhe das Leder über den Leisten (dafür gibt es auch eine spezielle Falzzange). Eine Hammerzange ist Zange und Hammer in einem.

Elektrischer Bandschleifer: Ich verwende ein Tischgerät mit einem 10 cm breiten Sandpapierband (mit Körnung 80 oder 100 für die Projekte in diesem Buch). Im Lauf der Jahre probierte ich viele Bandschleifer aus und musste immer wieder feststellen, dass der Preis auch ein Hinweis auf die Qualität ist. Und: Je höher die Leistung des Motors, desto besser eignet er sich für die Schuhherstellung. Nicht geeignet sind Geräte, die man in der Hand hält, weil man bei diesem Arbeitsschritt den Schuh mit beiden Händen festhalten muss.

Stopfnadel: Mit der stumpfen Spitze kann man einen Faden durch die vorgebohrten Löcher fädeln, ohne dass die Nadel im Leder steckenbleibt.

Sprühflasche mit Wasser: Ein praktisches Utensil, wenn es darum geht, Zwischensohlen zu fertigen, Muster und Verzierungen ins Leder zu punzen oder aber Leder feucht zu halten, während man es über einem Leisten formt.

Absätze aus Schichtleder: Im Schuhmacherfachhandel sind sie in verschiedenen Höhen und Größen erhältlich. Man kann sie aber auch selbst herstellen (siehe Seite 54).

Zwischensohlenleder: Verwenden Sie hierfür Leder, dessen Stärke der des verwendeten Oberleders entspricht (gewöhnlich 1,6 bis 2 mm). Vegetabil gegerbtes Leder eignet sich für diesen Zweck am besten, weil man darin Markierungen gut einprägen kann (siehe Seite 44). Für die Zwischensohle lässt sich ein Teil der Lederhaut verwenden, der Makel oder Falten aufweist, weil sie beim fertigen Schuh nicht mehr sichtbar ist.

Schusternägel (Schuhtacks): Diese werden durch sämtliche Lagen der Sohle getrieben. Wenn die Nagelspitze auf den Amboss trifft, biegt sie sich um und wird zur Klammer. Man verwendet diese Nägel, um die Lagen rings um den Sohlenrand fester miteinander zu verbinden, oder aber, um Riemen zu fixieren. Die Sohlennägel sollten geringfügig länger sein als die Dicke der Schichten, durch die sie geschlagen werden. Ich verwende gern 11 mm lange Schusternägel aus Messing, weil sich dieses im selben Tempo abnutzt wie die Ledersohle. Sohlennägel aus Eisen funktionieren ebenso gut.

Absatznägel: Für das Anbringen des Absatzes eignen sich Ringnutnägel mit flachem Kopf am besten. Die feinen Grate am Nagel verankern ihn fest im Material. Im Prinzip eignet sich für diesen Zweck jeder schmale Nagel, vorausgesetzt, er ist länger als die Laufsohle dick ist und dringt auch noch in den Absatz ein. Ich verwende ca. 12 mm lange Messing- oder Eisennägel.

Leistennägel: Diese Nägel fixieren das Leder während des Trocknens am Leisten. Viele Nageltypen erfüllen diesen Zweck, manche besonders gut. Der Nagel muss spitz genug sein, um im Leder stecken zu bleiben, bevor man ihn mit dem Hammer oder der Hammerzange einschlägt. Leistennägel der Firma Blackbird (ca. 18 mm lang und 1 mm dick) sind sehr beliebt, wobei diese aus hellem Metall vegetabil gegerbtes Leder weniger stark verfärben als Eisennägel. Auch kleine Drahtstifte aus dem Baumarkt eignen sich. Diese dünneren und kürzeren Stifte sind für das Arbeiten mit dünnerem Leder und für vorn spitz zulaufende Damenschuhe ideal. Leistennägel sind Verschleißartikel, deshalb müssen es nicht die teureren Messingstifte sein.

Garn: Synthetisches Schustergarn, eine sogenannte Sehne (flacher, breiter Faden) oder gewachstes Leinengarn eignen sich besonders gut.

Kantenfarbe: Sowohl klare als auch bunte Acryl-Kantenfarbe versiegelt die Ränder von Sohle und Absatz. Ich bevorzuge Fiebings' Edge Kote oder Edgeflex von Eco-Flo.

Lederpflegemittel: Es macht vegetabil gegerbtes Leder weicher und dunkelt die Naturfarbe ein wenig ab. Ich stelle mein eigenes Lederpflegemittel aus einer Mischung von Bienenwachs, Rindertalg und Mandelöl her.

Carnaubawachs: Dieses Wachs bildet auf vegetabil gegerbtem Leder eine Schutzschicht, die nicht nur schön glänzt, sondern auch leicht wasserabweisend ist. Es wird mit einem Tuch aufgetragen, dann werden die Schuhe sorgfältig mit einem Poliertuch abgerieben.

Die Auswahl des Leders

Seine Haltbarkeit, Dehnbarkeit und Formbarkeit machen Leder zu einem sehr vielseitigen Werkstoff. Diese durch das Gerbverfahren verstärkten positiven Eigenschaften sind darauf zurückzuführen, dass es eigentlich die Haut von Tieren ist, deren Funktion darin besteht, das lebende, wachsende und sich bewegende Tier zu schützen. Genau wegen seiner Robustheit und Vielseitigkeit arbeite ich gern mit Leder, vergesse dabei aber nie, dass jede Haut einst einem Lebewesen gehörte. Deshalb bringe ich meinem Werkstoff immer Respekt und Achtung entgegen.

Damit ein Projekt gelingt, ist die Auswahl der richtigen Lederart wichtig. Anfangs habe ich für meine Sandalen oft viel zu dünnes, dehnbares Leder verwendet. Später nahm ich Reste von Leder, das sich für einen bestimmten Schuhtyp bewährt hatte, mit in den Laden, um sicherzugehen, Material mit der richtigen Stärke und Festigkeit auszusuchen. Wenn Sie sich mit dem Thema vertraut gemacht haben, wird es Ihnen leichter fallen, für jeden Teil Ihrer Schuhe das richtige Leder auszuwählen.

Leder (von rechts nach links): Latigo, chromgegerbt, Metallic, Nubuk, Lackleder, fettgegerbt, vegetabil gegerbt

Gerbverfahren

Vegetabile Gerbung: Das Leder wird mit natürlichen Gerbstoffen aus Pflanzenmaterial (Rinde, Blätter) gegerbt; dies ist das umweltfreundlichste Verfahren. Das Ergebnis sind natürlich wirkende Töne von Creme bis dunkel honigfarben. Mit der Zeit wird das Leder durch Nachölen und Lichteinflüsse dunkler. Vegetabil gegerbtes Leder eignet sich sehr gut zum Färben mit Lederfarben und dazu, nass geformt zu werden.

Latigo und Sattelleder: Diese Lederarten wurden für den robusten Einsatz im Freien entwickelt. Die Verwendung von Öl und Wachs während des Gerbvorgangs macht das Leder weicher und gleichzeitig fest. Es eignet sich sehr gut für Objekte, die eine gewisse Formfestigkeit aufweisen sollten, wie Gürtel, Taschen und Sättel. Man kann daraus gute Brandsohlen machen, in dünneren Stärken auch Sandalenoberteile. Erhältlich ist es in gefärbten Tönen, von Naturfarben über Braun und Rötlichbraun bis hin zu Schwarz.

Chromgerbung: Die bei diesem Gerbverfahren verwendeten Chemikalien machen das Leder weicher und verleihen ihm einen textilen Charakter, sodass man daraus Kleidung oder Polsterbezüge nähen kann. Chromgegerbtes Leder ist sehr haltbar und aufgrund des Gerbverfahrens in allen nur denkbaren Farben erhältlich, die allerdings mit der Zeit ein wenig ausbleichen.

Veloursleder: Für diese Lederart wird die Fleischseite der Haut samtartig aufgeraut. Veloursleder kann aus einer Vielzahl von Tierhäuten hergestellt werden und ist in verschiedenen Stärken erhältlich. Auch wenn es sich weniger gut reinigen lässt, mag ich es trotzdem gern, weil es kleine Fehler verzeiht und sehr tiefe, satte Farben hat.

Maßangaben

Lederhäute sind unregelmäßig geformt, deshalb können keine exakten Zentimeterangaben gemacht werden. Leder wird nicht in Quadratmetern gemessen, sondern traditionell in *Quadratfuß*, das sind gut 30 x 30 cm. Leicht zu merken, denn das entspricht etwa einer Fußlänge im Quadrat.

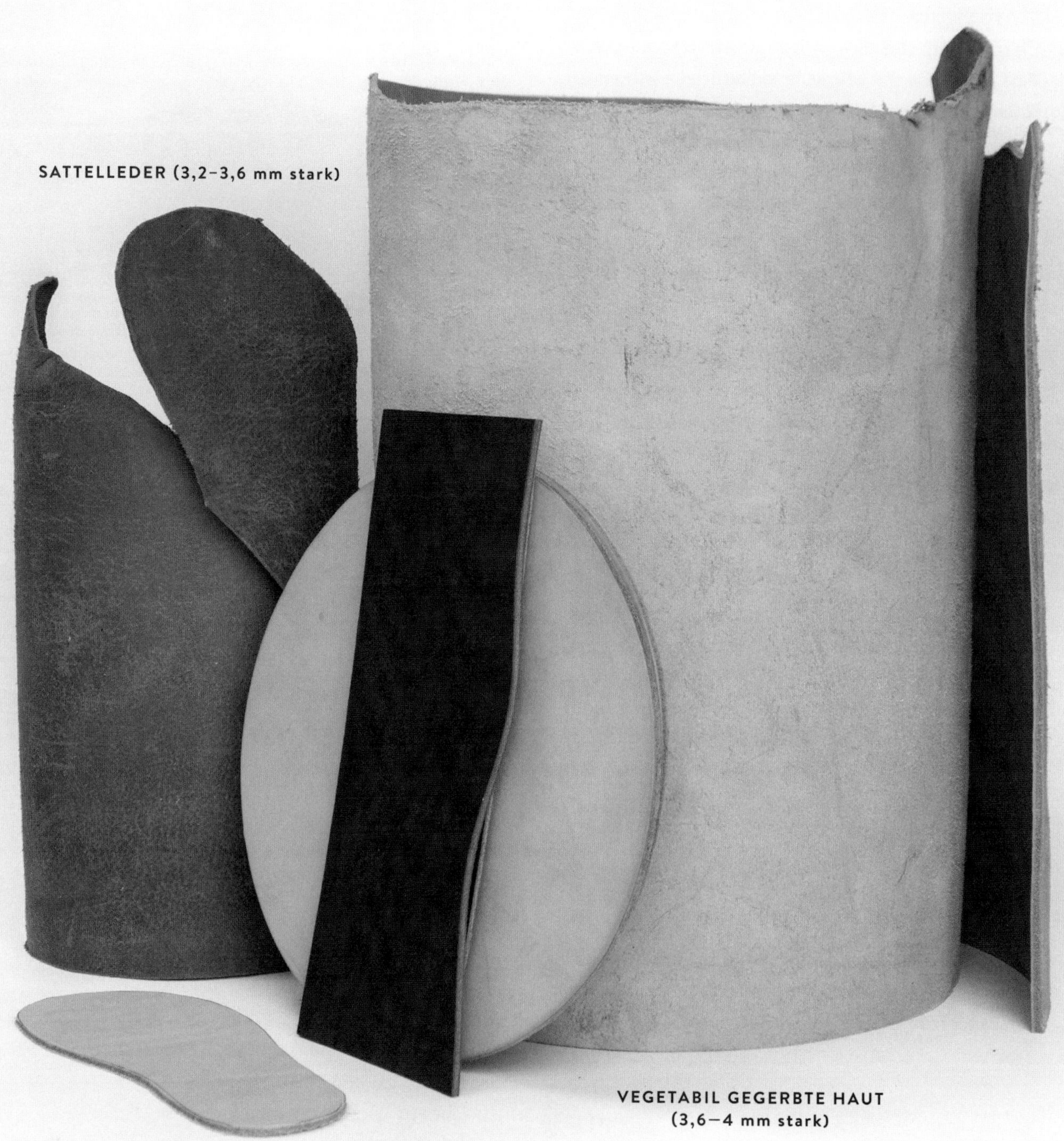

SATTELLEDER (3,2–3,6 mm stark)

VEGETABIL GEGERBTE HAUT
(3,6–4 mm stark)

VEGETABIL GEGERBTES BRAND-
SOHLLEDER
(2,8–3,2 mm stark)

Lederstärken

Die Stärke oder Dicke von Leder wird in Millimetern angegeben. Weil eine gegerbte Haut nicht überall gleich dick ist, handelt es sich meist um einen ungefähren Wert «von/bis».

0,8–1,2 mm Das dünnste erhältliche Leder eignet sich gut, um aus zwei Lagen Sandalenriemen oder geschlossene Schuhe herzustellen.

1,2–1,6 mm Ein relativ dünnes Leder, das man für Sandalen nur verwenden sollte, wenn das Modell aus eher großen Teilen besteht. Es schmiegt sich besser als dickeres Leder an den Fuß an und lässt sich auch gut über einem Leisten formen, sodass es für geschlossene Schuhe ideal ist.

1,6–2 mm Die ideale Stärke für eine breite Palette von Sandalenriemen.

2–2,4 mm Eignet sich auch noch für Sandalenriemen, ist aber ein bisschen steifer als Leder in der Dicke 1,6–2 mm.

2,4–3,2 mm Für Sandalenriemen ist das Leder schon etwas zu dick, als Brandsohlleder andererseits ziemlich dünn. Soll es dennoch als Brandsohle verwendet werden, sorgt eine Zwischensohle dafür, dass man die Laschen der Sandalenriemen nicht unter der Fußsohle spürt.

3,2–3,6; 3,6–4 und 4–4,4 mm Ideale Stärken für Brandsohlen! Durch dieses schwere und dicke Leder sind später an der Fußsohle keine Unebenheiten mehr zu spüren.

Nachhaltig einkaufen

Die folgenden Einkaufsstrategien helfen beim bewussten Ledereinkauf:

- **Gerbereien:** Suchen Sie nach Gerbereien, die umweltfreundlich gegerbtes Leder verkaufen.
- **Secondhand:** Man kann auch Leder von gebrauchten Möbeln oder Kleidungsstücken für die Schuhherstellung verwenden. Schauen Sie sich danach auf Flohmärkten und online auf Kleinanzeigen-Portalen um.
- **Lokale Produzenten:** Erkundigen Sie sich bei lokalen Lederwarenherstellern, ob sie brauchbare Lederreste abgeben. Für Sandalen benötigt man ja glücklicherweise keine großen Stücke.
- **Gemeinsam kaufen:** Teilen Sie sich eine große Haut, wenn Sie jemanden kennen, der auch mit Leder arbeitet. Schneiden Sie zuerst die großen Teile für große Projekte zu und nutzen Sie die kleineren Teile für Sandalenriemen, Armbänder und andere kleinere Projekte.

Vegane Alternativen zu Leder bestehen häufig nur aus einer dünnen Lage Vinyl, das wiederum ein Erdölprodukt und nicht gerade nachhaltig ist. Inzwischen gibt es interessante Varianten, wie Pinatex (aus Ananasfasern), und es wird versucht, veganes Leder aus Rohstoffen wie Pilzen oder Kombucha herzustellen. Ich warte gespannt auf den Tag, an dem diese Produkte auf den Markt kommen!

DÜNNES GOLDLEDER, MIT DÜNNEM, VEGETABIL GEGERBTEM LEDER GEFÜTTERT

LAUFSOHLEN AUS STEIFEM SOHLENLEDER (2,8–3,2 mm stark)

Schablonen

Die Entscheidung für ein Sandalenmodell ist wahrscheinlich der schwierigste Teil des Schaffensprozesses! Steht dieses fest, brauchen Sie Schablonen für die einzelnen Teile, einschließlich Sohle und Riemen. Im Anhang dieses Buchs finden Sie Vorlagen für alle vorgestellten Projekte. Sie können aber auch die Umrisse einer Sandale nachzeichnen, die Sie bereits besitzen, oder aber mithilfe der Anleitung auf der nächsten Seite einen neuen Schnitt kreieren. Jede einzelne Schablone wird zweimal benutzt, also einmal umgedreht, denn die eine Seite ist für den rechten Fuß gedacht, die andere für den linken. Markieren Sie die Seiten mit R und L, um Verwechslungen zu vermeiden.

Wenn es um die Schablonen geht, so suchen die Teilnehmer meiner Kurse anfangs immer nach Exemplaren in ihrer eigenen Größe. Diese können auch Sie ignorieren, denn an den Schablonen ist in erster Linie die Form interessant. Jede Schablone kann vergrößert, verkleinert oder abgeändert werden. Füße können so verschieden sein! Jede Schablone kann und muss an die gewünschte Größe und an das gewünschte Design angepasst werden.

Bei der Sohle sollte man großzügig zeichnen und zuschneiden. Ich empfehle, vorn bei den Zehen einen guten Zentimeter, und hinten an der Ferse einen knappen Zentimeter Spielraum zu lassen, denn beim Zusammenbau der Schichten und dem Formen der Sohle verliert man immer einige Millimeter Länge. Zum Schluss kann man die Sohle dann noch beschneiden und die Ränder abschleifen.

Die Oberlederteile dagegen dürfen nicht beschliffen werden und sollten daher präzise bemessen sein. Für den Entwurf der endgültigen Form stellt man seinen Fuß auf einen niedrigen Hocker und drapiert verschiedene Schablonen darüber. Diese sollten sich an den Fuß anschmiegen und an jedem seitlichen Ende etwas mehr als 2,5 cm herunterhängen, damit sie lang genug sind, um unter die Brandsohle geklebt werden zu können.

Schablonen nach fertigen Schuhen

Ich begann meine Karriere als Sandalenmacherin, indem ich meine Lieblingsmodelle mit leichten Abwandlungen nachbaute. Eine optimale Lernmethode, weil ich immer wieder nachschauen konnte, ob die einzelnen Schritte richtig waren. Nutzen Sie Ihre Lieblingssandalen als Vorbild für Ihr erstes Projekt! Stellen Sie den Schuh auf ein Blatt Papier und rollen Sie ihn von einer Seite auf die andere, während Sie mit einem Bleistift die Konturen nachziehen. Die ausgeschnittenen Schablonen können Sie über die Lieblingssandale legen, um zu sehen, ob Sie richtig gezeichnet haben. Wandeln Sie Details ab, damit es Ihr ganz individuelles Modell wird.

Freie Entwürfe

Zeichnen Sie Formen, die Ihrem Wunschprojekt nahe kommen, schneiden Sie die Schablonen aus und drapieren Sie sie über einen Fuß. Prüfen Sie, wo die Riemen länger, kürzer, breiter oder aber stärker gerundet sein müssen. Markieren Sie mit kleinen Pfeilen Stellen, an denen Sie etwas zufügen und mit einer Linie die Bereiche, an denen Sie etwas wegnehmen möchten. Zeichnen Sie die einzelnen Teile dann neu auf Papier, nehmen dort, wo es nötig ist, etwas weg oder fügen etwas hinzu, und bessern immer wieder aus, bis Sie mit dem Ergebnis zufrieden sind. Oft sind viele Arbeitsgänge erforderlich, bis man endlich die Form erzielt, die man sich vorgestellt hat.

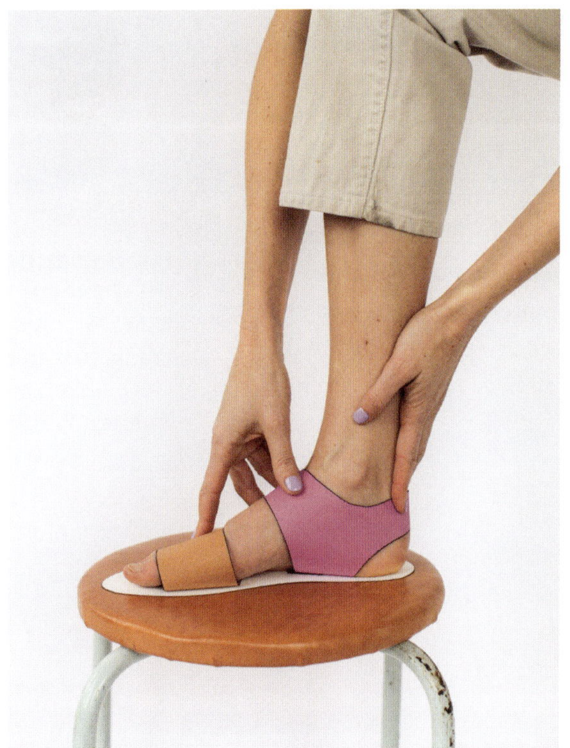

Frühe Vorbilder

In der Geschichte des handgefertigten Schuhwerks kam es laufend zu Innovationen, Wiederaufnahmen, Verbesserungen und Verschönerungen. Ein paar Typen von Fußbekleidungen, darunter Clogs, Sandalen, Stoffschuhe und Stiefel, tauchen weltweit immer wieder auf, weil sie zum einen sehr praktisch und zum anderen aus preiswerten Materialien herzustellen sind. Hier stelle ich einige Modelle vor, die ich persönlich sehr inspirierend finde. Ich danke dem belgischen Schuhmuseum SONS – Shoes Or No Shoes, das ein riesiges Archiv verwaltet und mir freundlicherweise gestattete, diese Bilder hier zu veröffentlichen.

Italien
MITTE 20. JAHRHUNDERT
Bundschuhe, aus jeweils einem einzigen Lederteil gefertigt

Burma
SPÄTES 19. JAHRHUNDERT
Zehentrenner für Männer mit Riemen und Brandsohlen aus Stroh und Baumwolle sowie Laufsohlen aus sonnengetrocknetem Leder

Niederlande
MITTE 20. JAHRHUNDERT
Sandalen mit Riemen aus Wachstuchstreifen und Holzsohlen, aus der Zeit des Zweiten Weltkriegs

Kenia
SPÄTES 20. JAHRHUNDERT
Herrensandalen der Massai aus Autoreifen mit gezacktem Zierrand

Guatemala
SPÄTES 20. JAHRHUNDERT
Ledersandalen für Frauen

Frankreich
FRÜHES 20. JAHRHUNDERT
Kindersandalen mit Holzsohlen und Filzoberteilen, aus der Zeit des Ersten Weltkriegs

Brasilien
FRÜHES 20. JAHRHUNDERT
Pantoffeln für Mädchen mit Holzsohlen und Oberteilen aus Leder

Venezuela
FRÜHES 20. JAHRHUNDERT
Alpargata-Sandalen mit Ledersohlen und Oberteilen aus Stoff

Indien
MITTE 20. JAHRHUNDERT
Damensandaletten aus Leder mit Golddrahtstickereien

Türkei
FRÜHES 20. JAHRHUNDERT
Damen-Opanken aus Leder mit Spiegeln, Münzen und Pompons

Mexiko
FRÜHES 20. JAHRHUNDERT
Damensandalen mit Lacklederriemen und Ledersohlen

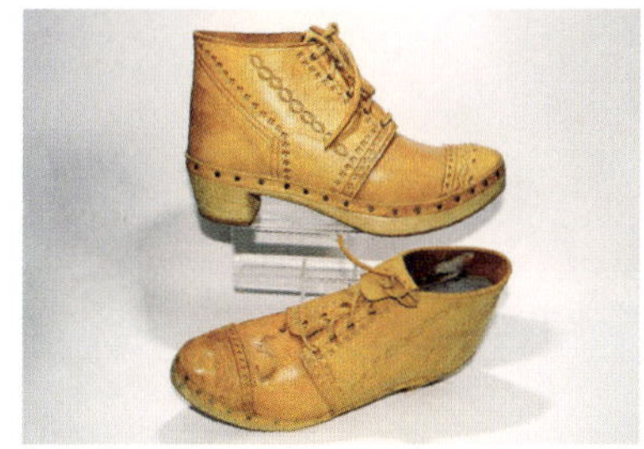

Portugal
MITTE 20. JAHRHUNDERT
Damenstiefeletten aus punziertem Leder mit Holzsohlen und Absätzen, Laufflächen mit Gummi besetzt

Kapitel 2

DIE FERTIGUNG DER SANDALEN

Sobald Sie Ihr Werkzeug zusammengestellt und Ihr Modell entworfen haben, kann es losgehen. Wählen Sie als Arbeitsplatz einen standfesten, gut beleuchteten Tisch in einem Raum, in dem sie ungestört sind. Ein Paar Sandalen anzufertigen kann vier bis acht Stunden dauern. Einige Stunden muss man für die Herstellung des Oberteils mit Brandsohle veranschlagen, einige weitere für die Herstellung der Laufsohle, ihre Verbindung mit der übrigen Sandale und das Abschleifen und Versiegeln der Kanten. In diesem Kapitel wird die komplette Sandalenfertigung beschrieben. Lesen Sie es sich sorgfältig durch, bevor Sie mit Ihrem eigenen Projekt beginnen.

Sandalenoberteil mit Brandsohle

In diesem Kapitel geht es um die Herstellung des gesamten Oberteils sowie der Brandsohle (dies ist die Schicht, auf der der Fuß steht). Die Fertigung der oberen Sandalenteile, die genau an die Füße angepasst werden müssen, für die sie bestimmt sind, nimmt beim Sandalenmachen die meiste Zeit in Anspruch. Viel Spaß beim Tüfteln!

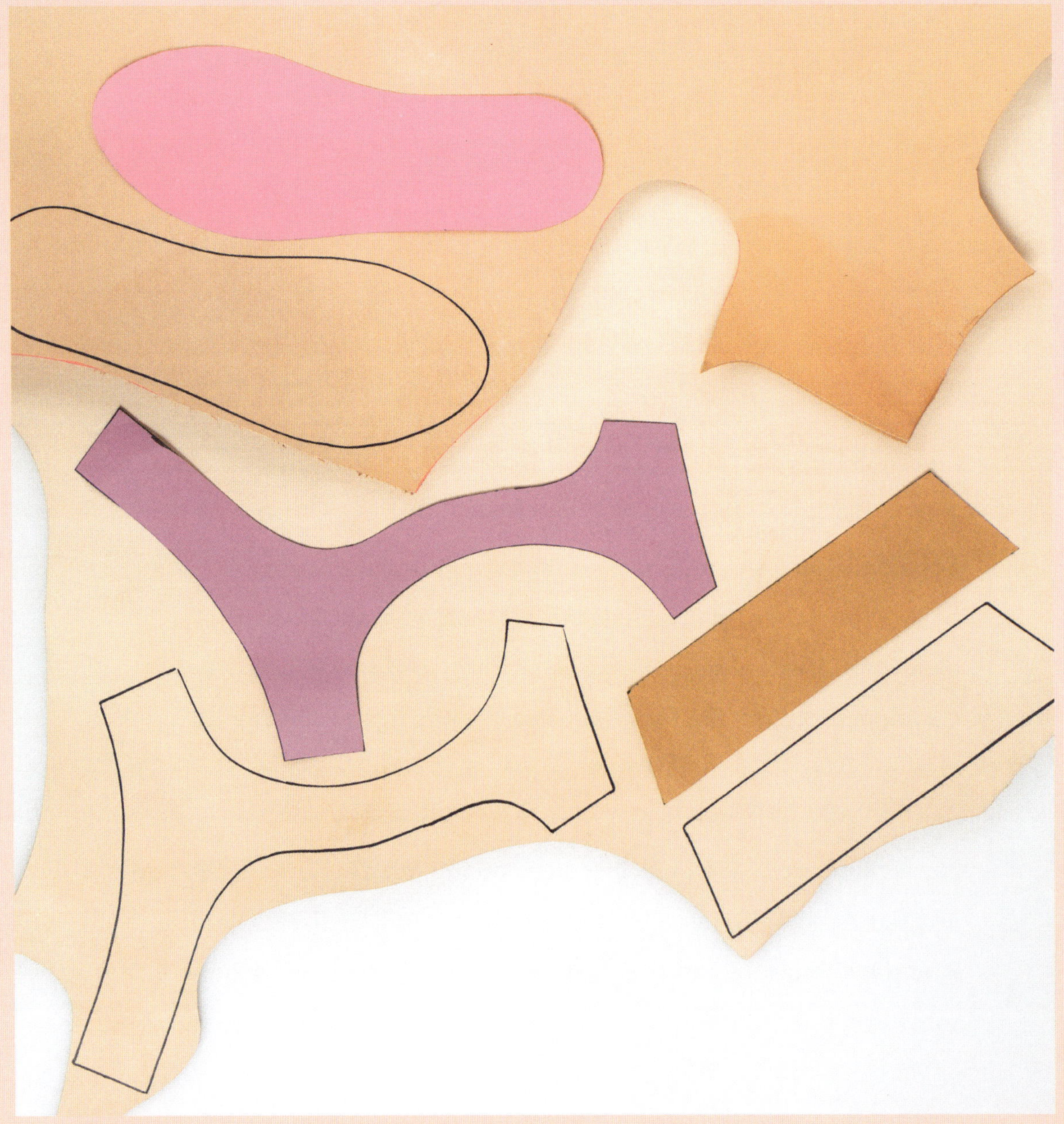

VORZEICHNEN

Verwenden Sie für helles Leder einen Permanentmarker und für dunkles Leder einen Bleistift oder eine Ahle. Zeichnen Sie stets auf der Oberseite des Leders, damit Sie alle Stellen bemerken, die Sie umgehen sollten, wie etwa Brandzeichen oder Kratzer.

1 Zeichnen Sie die Umrisse der linken Brandsohle auf dickes Leder (auf dessen Oberseite wird der Fuß stehen). Legen Sie die Schablone dann umgekehrt auf das Leder auf, um die rechte Brandsohle vorzuzeichnen. Achten Sie darauf, die Sohlen tatsächlich gegengleich auszuschneiden. Ein typischer Anfängerfehler besteht darin, zwei linke oder rechte Brandsohlen herzustellen.

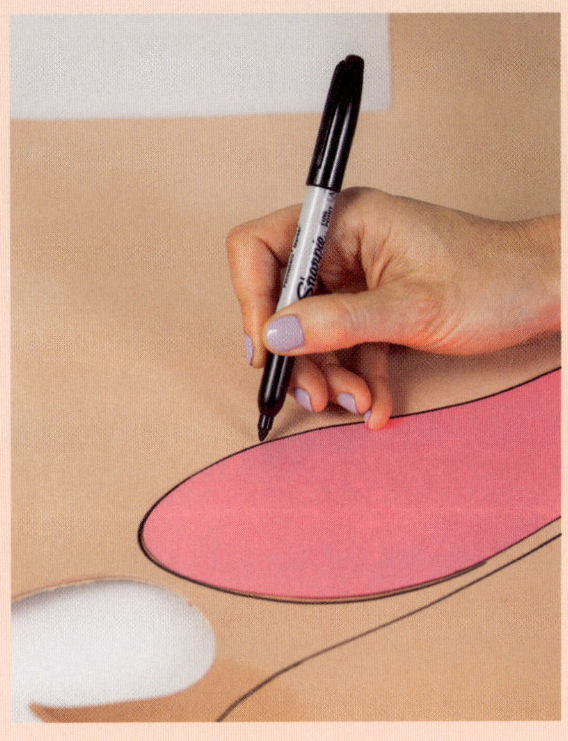

2 Zeichnen Sie auf dem dünneren Leder die Umrisse der Riemen für die linke Sandale auf. Für die Riemen der rechten Sandale legen Sie die Schablone anschließend umgekehrt auf das Leder und zeichnen die Konturen nach.

3 Zeichnen Sie nun auf das dünne Leder die Umrisse eines Fersenriemens. Legen Sie die Schablone für den zweiten Fersenriemen umgekehrt auf das Leder auf. Zeichnen Sie gegebenenfalls weitere Sandalenteile auf. Legen Sie die Schablonen zum Schluss beiseite.

ZUSCHNEIDEN

1 Legen Sie das Brandsohlleder auf die Schneidematte und vergewissern Sie sich, dass Sie sowohl eine rechte als auch eine linke Brandsohle aufgezeichnet haben. Versuchen Sie nun bitte nicht, die Sohle in einem Zug zuzuschneiden. Ziehen Sie den Cutter zunächst leicht auf der vorgezeichneten Linie entlang und üben Sie bei einem zweiten und dritten Durchgang mehr Druck auf den Cutter aus. Verfahren Sie bei der zweiten Brandsohle genauso.

2 Aus dem dünneren Leder werden die Oberteile ausgeschnitten, dabei verwendet man für die geraden Linien einen Cutter, und für die gebogenen die Schere. Schneiden Sie knapp *innerhalb* der vorgezeichneten Linie, damit auf dem Oberteil keine Markierungen zurückbleiben. Es ist leichter, auf ein bis zwei Millimeter des Oberteils zu verzichten, als hinterher markierte Stellen wegschneiden zu müssen und dabei zu riskieren, dass der Rand unregelmäßig wird.

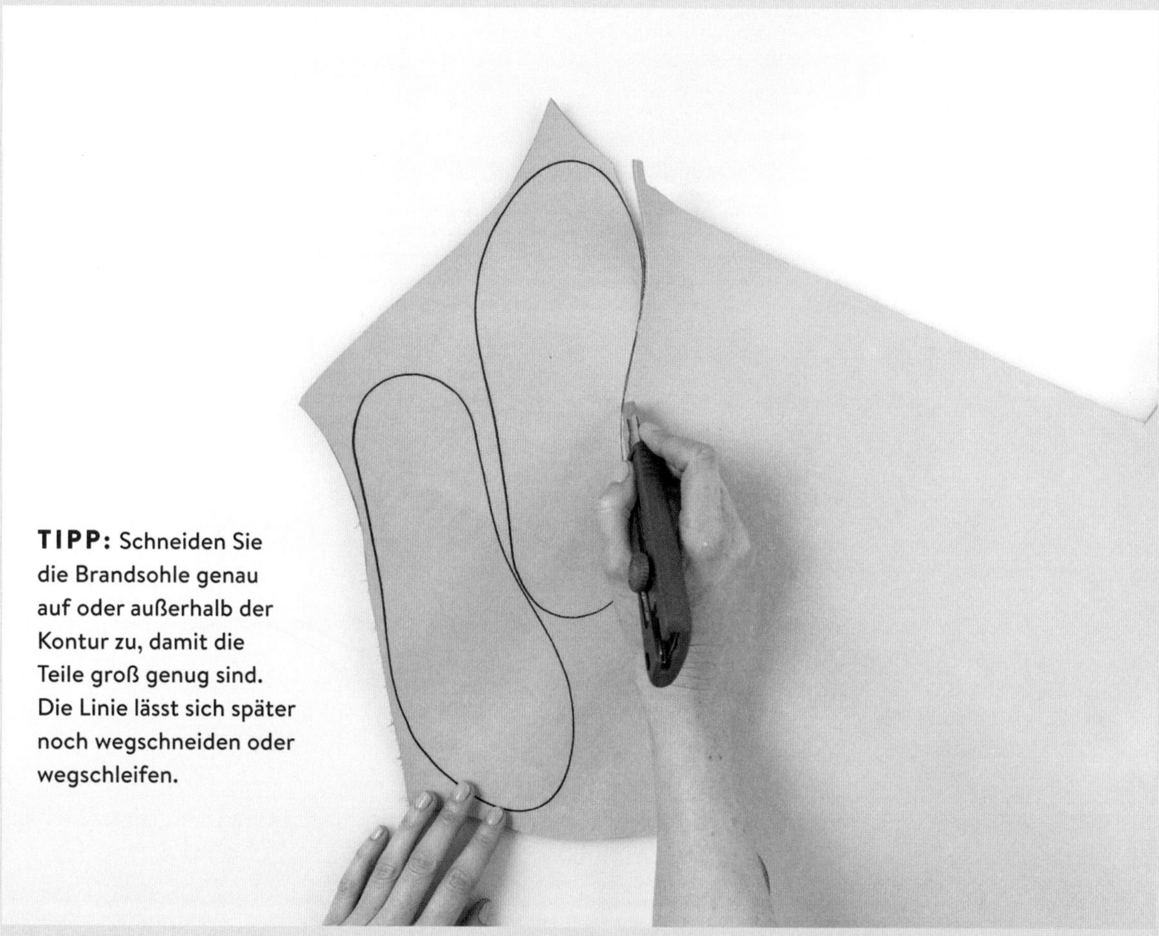

TIPP: Schneiden Sie die Brandsohle genau auf oder außerhalb der Kontur zu, damit die Teile groß genug sind. Die Linie lässt sich später noch wegschneiden oder wegschleifen.

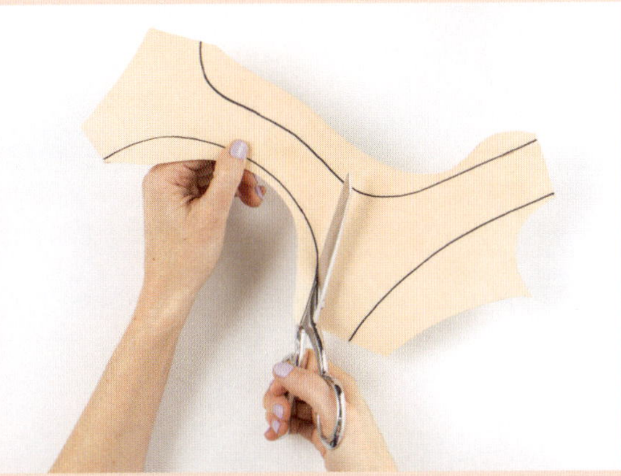

Schneiden mit dem Cutter

+ Halten Sie den Cutter wie einen Stift, sodass Ihre Finger eher auf dem Metallteil aufliegen, als auf dem Griff.

+ Stützen Sie die Schneide-Hand auf dem Leder oder der Unterlage auf, weil sie dadurch ruhiger ist, als wenn Sie sie hoch halten. Mit der anderen Hand halten Sie das Lederstück fest.

+ Die Anzahl der Schneidedurchgänge hängt von der Stärke des Materials ab. Haben Sie Geduld! Ritzen Sie das Leder im ersten Durchgang nur ganz leicht ein. Bei den folgenden Durchgängen können Sie nach und nach mehr Druck auf die Cutter-Klinge ausüben.

+ Enge Bogen in einem Durchgang zu schneiden, ist nicht einfach. Schneiden Sie stattdessen nur längere Abschnitte des Bogens, und setzen Sie immer wieder ab, um die Reste wegzuschieben.

Schneiden mit der Schere

+ Dünnes und mittelstarkes Leder lässt sich gut mit einer Schere zuschneiden. Ein Modell mit scharfer Spitze eignet sich wunderbar für spitze Winkel und auch dafür, behaarte Lederkanten zu entfernen.

+ Schneiden Sie die Oberteile stets innerhalb der vorgezeichneten Linie zu, weil sie sonst danach den markierten Rand nachschneiden müssen.

FÜTTERN

Falls Sie für die Oberteile dünnes Leder (ca. 0,8 bis 1,2 mm stark) ausgewählt haben, sollten Sie sie mit einem anderen dünnen Leder abfüttern. Dadurch ergibt sich die ideale Stärke für einen Sandalenriemen oder ein Schuhoberteil. Die meisten professionellen Schuster nähen Oberleder und Futterleder an den Rändern zusammen, meiner Meinung nach genügt es jedoch, sie zusammenzukleben. Das hat den Vorteil, dass Sie die Ränder bei Nachbesserungsbedarf später noch beschneiden können.

Für Sandalenoberteile eignet sich jedes beliebige dünne Leder als Futter. Nur bei geschlossenen Schuhen sollte das Futterleder immer vegetabil gegerbt sein, damit sie auch ihre Form behalten.

1 Für das Futter verwenden Sie dieselbe Schablone wie für das Oberleder. Allerdings ziehen Sie die Markierungslinie jetzt mit 1 cm Abstand zur Schablone. Diese Zugabe hilft Ihnen, nach dem Zusammenkleben Fehler zu beheben.

2 Schneiden Sie sämtliche Teile aus und bestreichen Sie diese, die gefüttert werden sollen, mit einem Lederkleber auf Wasser- oder Lösungsmittelbasis. Normalerweise raut man Lederflächen vor dem Zusammenkleben auf, bei dünnem Leder würde dies allerdings unschöne Spuren hinterlassen. Die rauen Seiten der Lederteile bieten jedoch aufgrund ihrer Struktur dem Kleber genügend Haftfläche. Sobald er nach ca. fünf Minuten angetrocknet ist, legen Sie die entsprechenden Teile langsam und vorsichtig aufeinander. Achten Sie darauf, dass dabei keine Luftblasen oder Falten entstehen. Klopfen Sie die Flächen abschließend mit einem Hammer zusammen, um die Verbindung zu verfestigen.

3 Legen Sie nun die Schablone auf das gedoppelte Teil, ziehen Sie die Konturen nach und schneiden Sie die Ränder exakt nach.

1. VORZEICHNEN

2. KLEBER AUFTRAGEN
2. HÄMMERN
3. UMRISSE NACHZIEHEN ZUM NACHBESSERN
3. NACHSCHNEIDEN

DRAPIEREN UND MARKIEREN

Wenn alle Teile ausgeschnitten und gegebenenfalls mit Futter unterlegt sind, werden die Stellen markiert, an denen die Oberteile auf die Brandsohle treffen, denn dort sind Schlitze anzubringen. Beachten Sie, dass es bei diesem Schritt um das Platzieren der Oberteile geht, aber noch nicht um die endgültige Passform. Falls Ihre Sandale einen Absatz erhalten soll und Sie ihn selbst aus Lederschichten anfertigen möchten (siehe Seite 54), dann sollten Sie diese vorab herstellen.

Anmerkung: Bringen Sie die Markierungen nur auf einer Brandsohle an! Sobald Sie die Schlitze in eine Brandsohle geschnitten haben, können Sie die Markierungen mit deren Hilfe auf die zweite übertragen. Auf diese Weise wird sichergestellt, dass die Oberteile auf beiden Sandalen an genau den gleichen Stellen sitzen. Die Passform jedes einzelnen Schuhs wird später optimiert.

1 Legen Sie die Brandsohle auf einen niedrigen Hocker und stellen Sie Ihren Fuß darauf. Falls die Sandale einen Absatz erhalten soll, schieben Sie ihn an der korrekten Stelle unter die Sohle.

2 Drapieren Sie die Oberteile (alle Riemen und das Fersenteil) nacheinander so über den Fuß, dass die Enden frei nach unten hängen und Sie die Positionen beliebig ändern können.

+ **Jedes Oberteil (jeder Riemen) muss flach am Fuß anliegen und auf jeder Seite 2 bis 3 cm über den Brandsohlenrand hängen**, damit es später stabil fixiert werden kann.

+ **Suchen Sie die optimalen Stellen** an Ihrem Fuß, an denen die Oberteile am besten sitzen.

+ **Der Zehenriemen muss den kleinen Zeh abdecken.** Diese Position sieht richtig aus und gibt dem Fuß Halt. Ein zu weit hinten aufliegender Zehenriemen kann bewirken, dass man stolpert.

+ **Achten Sie darauf, dass Riemen, die Schnallen erhalten**, korrekt platziert sind und dass Schnürsenkellöcher einander genau gegenüberliegen.

+ **Auf jeden Fall müssen die Oberteile zum Profil des Fußes passen.** Achten Sie darauf, dass das Fersenteil gut anliegt und der Zehenriemen stets den kleinen Zeh bedeckt.

3 Sobald Sie mit den Positionen der Oberteile zufrieden sind, markieren Sie die Eckpunkte, an denen die Oberteilkanten auf die Brandsohle treffen. Beugen Sie sich über den Anprobefuß, halten Sie den ersten Riemen mit einer Hand fest und machen Sie mit der anderen mit Bleistift oder Ahle Punkte in die Brandsohle, und zwar mit knapp 1 cm Abstand zum Sohlenrand.

4 Nachdem Sie die vier Eckpunkte für den ersten Riemen markiert haben, legen Sie diesen beiseite und wiederholen für jedes der übrigen Oberteile die Schritte 2 und 3.

5 Prüfen Sie, ob alle Punkte knapp 1 cm vom Brandsohlenrand entfernt sind. Sind sie zu nahe am Rand, stanzen Sie sie später ein Stück nach innen versetzt aus.

LÖCHER UND SCHLITZE

1. LÖCHER STANZEN

1 Stellen Sie die Lochzange auf die kleinste Lochgröße ein (ca. 2 mm). Damit die Stanze scharf bleibt und ders Lochrand sauber wird, legen Sie beim Ausstanzen ein kleines Lederstück unter den markierten Punkt.

2 Stanzen Sie alle Löcher aus und legen Sie die Brandsohle mit der Oberseite nach unten auf die noch ungelochte Sohle. Markieren Sie durch die Löcher hindurch mit Bleistift oder Ahle die Eckpunkte. So werden die Oberteile beider Sandalen später exakt an denselben Positionen sitzen. Stanzen Sie auch diese Löcher aus.

3 Verbinden Sie nun jedes Lochpaar durch zwei parallele Schnitte. So entstehen Schlitze, durch die die Oberteilenden gefädelt werden. Dafür ziehen Sie zunächst von der linken Seite des einen Lochs eine Linie zur linken Seite des anderen, und dann eine parallele Linie dazu auf der rechten Lochseite. Da der Sohlenrand gerundet ist, müssen die Linien dazu parallel verlaufen, also auch gebogen. Die Breite der Schlitze entspricht dem Durchmesser der gestanzten Löcher, darf also 2 mm nicht überschreiten.

4 Für den ersten Schlitz ziehen Sie den Cutter mit nur leichtem Druck entlang einer Linie vom ersten Loch zum zweiten, stoppen aber kurz vor diesem. Machen Sie dann zwei oder drei weitere Durchgänge, aber stoppen Sie stets knapp vor dem zweiten Loch. Schneiden Sie die Sohle auf diese Weise auch entlang der angrenzenden parallelen Linie ein. Drehen Sie die Brandsohle herum und schneiden Sie, vom zweiten Loch ausgehend, auf den angeschnittenen Linien. Indem Sie auf diese Weise die Schnitte von den beiden Löcher «zu sich herziehen», wird verhindert, versehentlich durch und hinter das zweite Loch zu schneiden. Drücken Sie zum Schluss den schmalen Lederstreifen heraus.

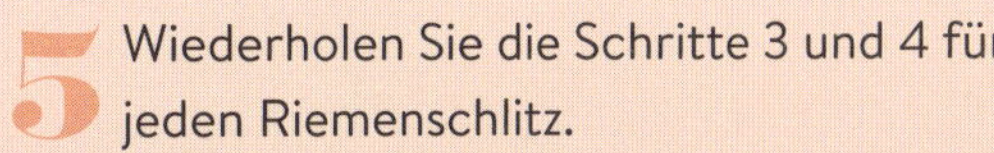

5 Wiederholen Sie die Schritte 3 und 4 für jeden Riemenschlitz.

Anmerkung: Manche Anfänger scheuen sich vor dem Ausschneiden der Schlitze, weil sie denken, dass dieser Schritt sehr viel Präzision erfordert. Jedoch sind kleine Ungenauigkeiten hier unerheblich, weil die Innenseiten der Schlitze nicht mehr sichtbar sind, sobald die Riemen durchgefädelt sind. Auch die Außenseite der Schlitze wird später größtenteils vom Oberteil abgedeckt werden. Geben Sie ganz einfach Ihr Bestes, es wird schon gut gehen!

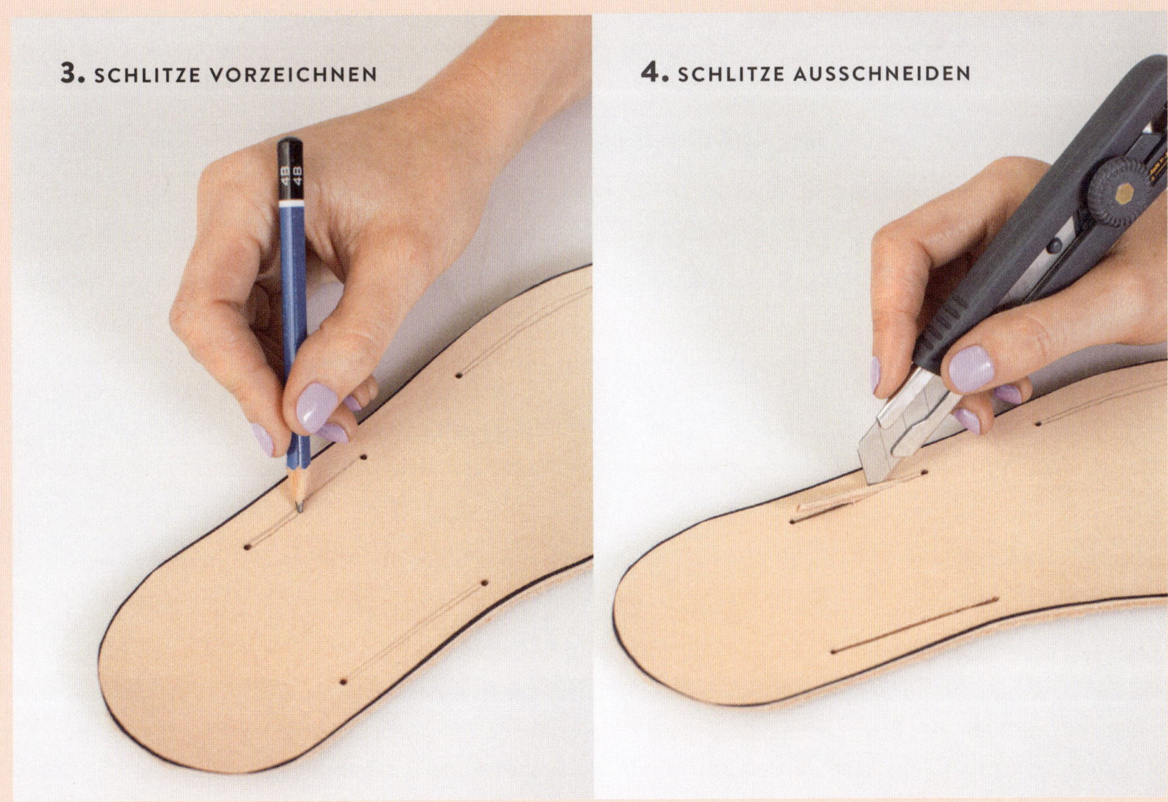

3. SCHLITZE VORZEICHNEN

4. SCHLITZE AUSSCHNEIDEN

AUSSTANZEN MIT LANGLOCHEISEN

Langlocheisen

In manchen Fällen ist es besser, die Oberteilschlitze mit einem Langlocheisen auszustanzen. Diese Methode eignet sich besonders für Sandalen mit vielen, gleich schmalen Riemen.

Auch kann man mit einem kleinen Langlocheisen unter Umständen an Stellen stanzen, die man mit der Lochzange nicht erreicht.

+ Schlagen Sie das Langlocheisen mit einem Hammer aus Holz oder Rohhaut. So vermeiden Sie großen Lärm durch Hämmern. Außerdem bekommt ein Metallhammer Kerben, wenn man damit auf ein Metallwerkzeug schlägt.

+ Legen Sie das zu bearbeitende Teil immer auf einen dicken Lederrest, damit das Langlocheisen glatt durchdringt, auf dem Lederrest aufkommt und dadurch nicht stumpf wird. Je nachdem, wie scharf Ihr Langlocheisen ist, können Sie es beim Hämmern auch leicht hin und her «schaukeln», damit die Eisenkanten bei jedem Schlag mit leicht verändertem Winkel durch das Leder dringen.

+ Ideal ist es, dabei über einem Amboss zu arbeiten; notfalls eignet sich aber auch eine Schneidematte als Unterlage. Auf jeden Fall aber sollten Sie auf einem sehr stabilen Tisch arbeiten, oder aber einen unempfindlichen Fußboden als Arbeitsplatz wählen.

Zierpunzierung

Mit Zier- oder Musterpunzen können Sie in das Leder Muster oder aber Buchstaben und Zahlen einprägen. Erhältlich sind diese Punzen über den Lederfachhandel und im Bastelbedarf.

Probieren Sie Ihre Verzierungen zuerst an einem Lederrest aus, um zu sehen, wie die Punzen am besten zu platzieren sind und wie fest Sie schlagen müssen. Vegetabil gegerbtes Leder feuchtet man vorher mit einer Sprühflasche oder einem feuchten Tuch an, um die Muster tief einprägen zu können. Auch hier empfiehlt sich ein Amboss oder ein stabiler Tisch als Unterlage.

ANPASSEN

Nun können Sie die Oberteilenden durch die Schlitze ziehen. Falls diese sehr eng sind, schneiden Sie die Enden schräg ab, um sie leichter einfädeln zu können, oder ziehen sie mithilfe einer Zange durch. Es macht nichts, wenn die Schlitze breiter wirken als die Oberteilenden, denn sobald diese in ihre korrekte Position gezogen sind, wird dieser scheinbar «leere Raum» verschwinden.

1 Setzen Sie sich so hin, dass Sie das «Anprobierbein» auf dem anderen Knie abstützen können. Schlüpfen Sie vorsichtig in die Sandale und ziehen Sie die Oberteile fester.

2 Falls ein Oberteilende so lang ist, dass es unter der Brandsohle mit anderen Enden überlappt, kürzen Sie es mit der Schere. Achten Sie jedoch darauf, dass dabei kein Teil zu kurz wird. Jedes durch die Brandsohle durchgezogene Oberteilende sollte mindestens 2,5 cm lang sein.

3 Straffen Sie jedes Teil so weit, dass es sich für den Fuß bequem anfühlt, und fixieren Sie jedes Ende mit je einem Kreppbandstreifen, damit Sie es individuell justieren können. Passen Sie so jedes Teil einzeln nach und nach an.

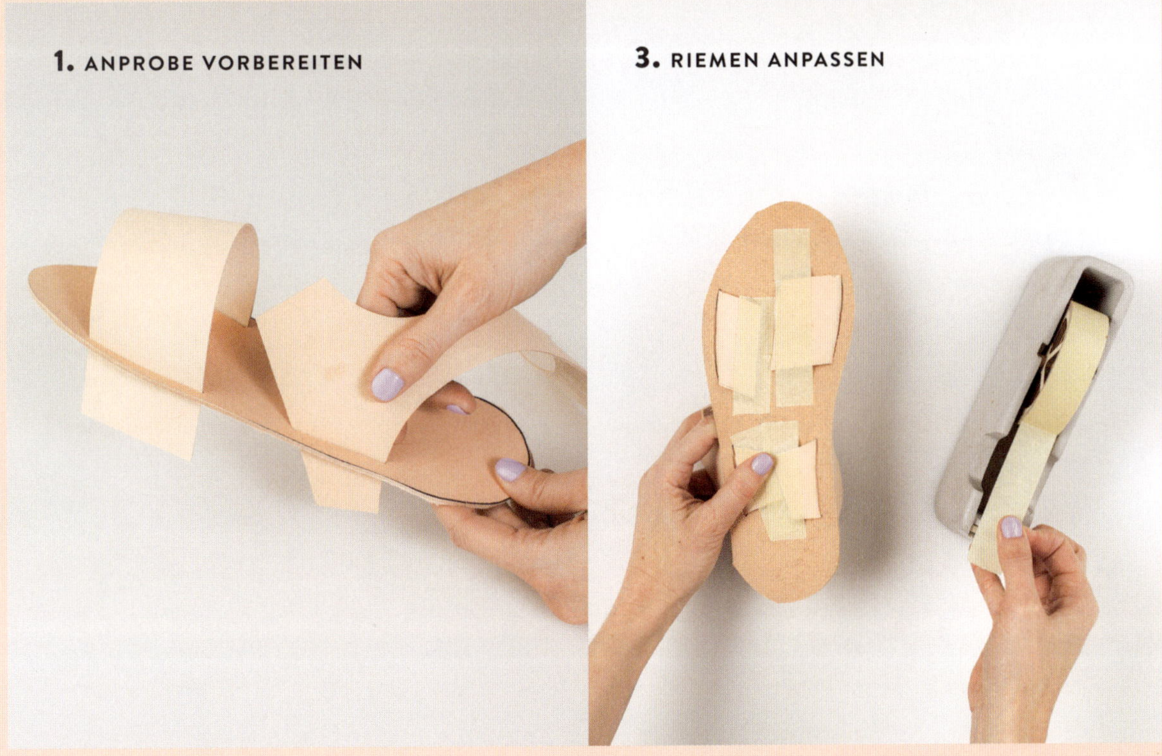

4 Wenn alle Oberteilenden mit Kreppband fixiert sind, stehen Sie mit der anprobierten Sandale auf und belasten die Brandsohle. Achten Sie darauf, ob und wo etwas drückt und bessern Sie bei Bedarf nach, wobei Sie jedes Mal die Länge der unter der Brandsohle befindlichen Oberteillasche und die Position des Oberteils über dem Fuß verändern. Ziel dieses Schrittes ist es, dass sich die Teile in gewünschter Straffheit und im richtigen Winkel um den Fuß schmiegen. Falls Ihre Sandale einen Absatz haben soll, dann schieben Sie ihn unter die Ferse, um zu prüfen, ob die Absatzhöhe die Passform des Oberteils verändert.

Die Nachjustierung ist abgeschlossen, wenn

+ jede Riemenlasche unter der Brandsohle mit ca. 2,5 cm lang genug ist, um durch das Kleben stabil fixiert zu werden.

+ die Sandale sich an den Fuß anschmiegt, ohne ihn einzuengen. Nichts darf drücken oder auch nur danach aussehen! Beachten Sie: Sobald die Laschen fest zwischen die Sohlenlagen geklebt sind, wird sich das Oberteil etwas straffer anfühlen als bei der provisorischen Fixierung.

+ Der Zehenriemen sollte so locker anliegen, dass Sie genau einen Finger bequem zwischen Riemen und Zehen schieben können, aber keine zwei Finger nebeneinander!

+ Das Fersenteil sollte sich auf einer Höhe, auf der sie es nicht als störend empfinden, an die Ferse und um das Knöchel schmiegen.

+ Die Passform beider Schuhe sollte sich gleich anfühlen. Achten Sie darauf, dass nicht eine Sandale enger als die andere sitzt oder sich am Fuß beim Bewegen anders verhält.

Keile an den Riemenlaschen

Bei breiteren Riemen ist es hilfreich, aus den Enden Keile herauszuschneiden, denn sie bewirken eine leichte Wölbung des Riemens über dem Fuß. Für einen solchen Keil passt man den Riemen wie beschrieben an und schneidet dann aus der Riemenlasche unter der Brandsohle ein großzügiges Dreieck heraus. Je tiefer man in das Riemenende einschneidet, desto wirkungsvoller die Maßnahme. Danach ziehen Sie die beiden Teile der Riemenlasche zusammen (aneinanderstoßend, aber nicht überlappend) und fixieren sie wieder mit Kreppband (siehe Foto oben rechts auf der gegenüberliegenden Seite). Nur durch das Zusammenziehen wird die gewünschte Wirkung erzielt.

KEILE AUS RIEMENLASCHEN HERAUSSCHNEIDEN

ZEHENRIEMENLASCHEN AN DER BRANDSOHLENUNTERSEITE, VOR UND NACH DEM AUSSCHNEIDEN DER KEILE

ZEHENRIEMEN VOR UND NACH DEM AUSSCHNEIDEN DER KEILE

MARKIEREN

Sobald die Oberteilenden passend fixiert sind, zeichnen Sie die Umrisse mit einem Permanentmarker nach, damit Sie die Laschen an den richtigen Stellen fest verkleben können.

1 Nehmen Sie das Kreppband von einer Lasche vorsichtig ab, und achten Sie darauf, dass diese nicht verschoben wird.

2 Ziehen Sie die Laschenkontur mit einem Permanentmarker auf der Unterseite der Brandsohle nach und markieren Sie auf der Lasche die Stelle, an der sie aus dem Schlitz hervorkommt. Falls die Lasche verrutscht, haben Sie dadurch trotzdem die korrekte Position.

3 Kleben Sie das Kreppband jetzt am Schlitz über Lasche und Sohle, damit es wie ein Scharnier funktioniert. Dadurch kommen Sie leichter an die später zu bearbeitenden Stellen von Brandsohle und Lasche heran.

4 Wiederholen Sie die Schritte 1 bis 3 für alle Laschen, damit diese auf der Brandsohle deutlich umrissen und provisorisch fixiert sind.

AUFRAUEN UND KLEBEN

Nun müssen sämtliche zu klebenden Oberflächen aufgeraut werden, damit der Kleber gut hält.

1 Mit einer Ahle oder einer Aufraubürste rauen Sie nun alle Laschenunterseiten auf, ebenso sämtliche an der Brandsohlenunterseite markierten Bereiche. Ein sehr glattes Leder muss besonders gründlich aufgeraut werden. Andererseits kann man sich bei einem ohnehin schon rauen Leder diesen Arbeitsschritt sparen.

2 Tragen Sie den Kleber auf die Laschenunterseiten und die markierten Flächen auf der Brandsohle auf. Lassen Sie den Kleber fünf Minuten lang antrocknen, bis er zäh und durchsichtig wird. (Falls er noch am Finger hängenbleibt, sollten Sie noch etwas warten.) Drücken Sie nach und nach jede Lasche genau auf die dafür markierte Stelle der Brandsohlenunterseite.

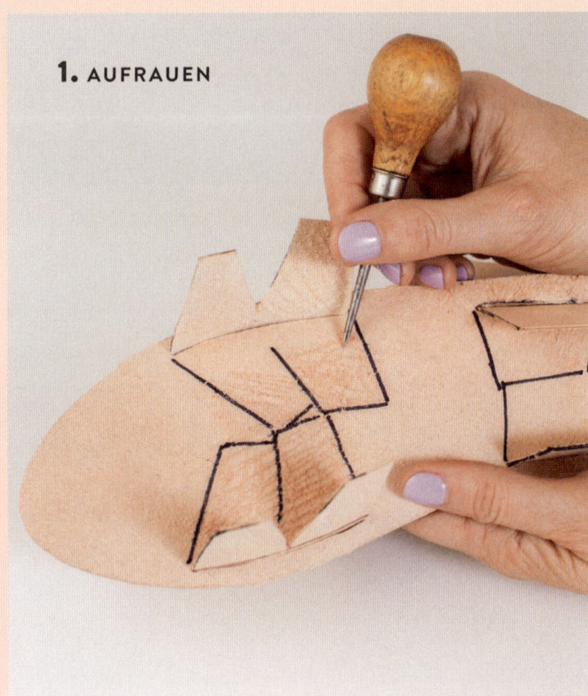

1. AUFRAUEN

2. MIT KLEBER BESTREICHEN

TIPP: Für diesen Arbeitsschritt kann man Kleber auf Wasserbasis verwenden, weil er keine giftigen Dämpfe abgibt und die Belastung der Oberteile geringer sein wird als die der Laufsohle.

3 Drücken Sie alle Laschen auf die entsprechenden Stellen und schlüpfen Sie dann in die Sandalen, um zu kontrollieren, ob sie nirgends drücken und ob beide auf die gleiche Weise passen. Falls ein Teil korrigiert werden muss, können Sie es jetzt noch mit der Zange von der Brandsohle lösen. Bestreichen Sie die entsprechenden Stellen erneut mit Kleber, warten Sie ein paar Minuten und kleben Sie das Ende erneut fest.

4 Wenn Sie mit der Passform der Riemen restlos zufrieden sind, klopfen Sie die Laschen und die Brandsohle mit dem Hammer zusammen, um die Klebeverbindungen zu verfestigen. Falls Sie über einen Schusteramboss verfügen, sollten Sie ihn als Unterlage nutzen. Oder aber Sie stellen die Sandale auf einen stabilen Tisch und hämmern behutsam auf die Klebeverbindungen. Dabei halten Sie die Oberteile ab, damit sie nicht berührt werden. Zusätzlich können Sie danach die Schuhe anziehen und sich daraufstellen, sodass Ihr Körpergewicht die geklebten Schichten zusammendrückt.

Hinweise zur Verwendung von Kleber

Bei den meisten Schuhprojekten muss mehrfach geklebt werden. Für das Verbinden von Oberteilen und Brandsohle verwende ich einen Lederkleber auf Wasserbasis, und nur für das Befestigen von Laufsohlen und Absätzen einen Kleber auf Lösungsmittelbasis.

Lederkleber auf Wasserbasis wie der von Eco-Weld ist vegan und kann bedenkenlos in Innenräumen verwendet werden. Er ist ideal für das Verbinden von Oberteilen mit Futter, für das Fixieren von Riemenlaschen und das Befestigen der Zwischensohle. Im Grunde kann man ihn für alles verwenden, außer für das Befestigen von synthetischen Laufsohlen und Absätzen.

Man trägt den Kleber stets auf beide zu verbindende Flächen auf und wartet fünf bis zehn Minuten, bis er angetrocknet ist. Sobald er nicht mehr weiß ist, sondern durchsichtig zu werden beginnt, können die Teile aufeinandergedrückt werden.

Einen Kleber auf Lösungsmittelbasis sollte man nur außerhalb des Hauses an einem gut belüfteten Ort anwenden. Auch dieser Kleber wird auf beide zu verbindende Flächen aufgetragen. An den Sohlenrändern wird der Kleber besonders großzügig aufgetragen, da sie sich dort am ehesten voneinander lösen. Warten Sie fünf bis zehn Minuten, bis der Kleber zäh und matt wird und verbinden Sie dann die Teile. Ebenso wie beim Kleber auf Wasserbasis muss man, wenn man Teile wieder voneinander trennen will, eine Zange zu Hilfe nehmen. Nach dem Justieren wird erneut Kleber aufgetragen, gewartet, bis er angetrocknet ist, dann werden die Teile zusammengedrückt und über einem Amboss oder Tisch festgeklopft.

Die beiden Kleberarten gelten als Kontaktkleber und halten am besten, wenn die bestrichenen Teile fest zusammengepresst werden. Man muss sie nicht über Nacht trocknen lassen. Jede Art von Druck hilft, die Verbindung zu verfestigen; man kann die Schuhe sogar nach dem Kleben anziehen. Auf dem Oberteil gelandete Tropfen zieht man nach dem Trocknen einfach ab. Aber reiben Sie bitte nicht daran, solange sie noch feucht sind!

Schuhkleber funktioniert in einer warmen Umgebung am besten. In einem kühlen Klima könnte ein Heißluftföhn helfen, den Kleber vor dem Verbinden der Teile zu aktivieren.

KANTEN AUSSCHÄRFEN ODER ZWISCHENSOHLEN EINFÜGEN

Natürlich haben Sie beim Anprobieren die Laschen unter der Sohle gespürt. Es gibt zwei Möglichkeiten, dieses Druckgefühl zu beseitigen. Wenn das Oberteilleder dünn ist (ca. 1,2 bis 1,6 mm), merkt man von den Enden fast nichts. In diesem Fall können Sie zu Seite 47 weiterblättern, wo es um das Vorbereiten und Befestigen der Laufsohle geht. Meist empfiehlt es sich jedoch, die Enden auszudünnen (das nennt man *ausschärfen*), um die Übergänge unter der Brandsohle auszugleichen. Bei sehr dickem Oberteilleder (ca. 2 bis 2,4 mm) ist eine Zwischensohle hilfreich: eine zusätzliche Lederschicht mit Ausschnitten, in die sich die Laschen einfügen. Dafür ist ein Schusteramboss erforderlich. Alternativ können Sie bei allen Projekten in diesem Buch auf das Ausschärfen ausweichen.

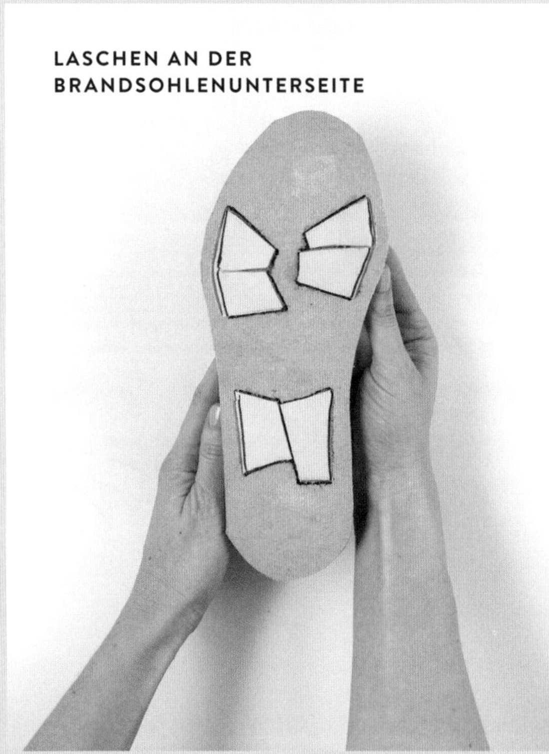
LASCHEN AN DER BRANDSOHLENUNTERSEITE

Kanten ausschärfen

Dabei hobelt man Leder ab, damit es dünner wird. Schärft man die an der Brandsohlenunterseite festgeklebten Laschen aus, dann werden ihre Kanten so dünn, dass sie beim Tragen der Schuhe nicht mehr zu spüren sind. Auch Riemen, an denen eine Schnalle befestigt werden soll, schärft man vorher aus, weil der Riemen umgelegt werden muss und nicht zu sehr auftragen darf.

Man kann für das Ausschärfen einen Kantenhobel verwenden, doch ist er nicht einfach anzuwenden; außerdem ist es aufwendig, die Klingen auszutauschen. Deshalb benutze ich lieber einen Cutter, dessen Klinge ich zuvor 5 cm weit (etwas mehr als üblich) herausgeschoben habe. Ich halte und drehe den Schuh dann so, dass ich mit dem Cutter alles im richtigen Winkel ausschärfen kann.

Ausschärfen ist ein bisschen so wie schnitzen: Mit beiden Techniken entfernt man schrittweise Material. Es dauert immer ein Weilchen, sich diese besondere motorische Fähigkeit anzueignen, aber sobald man den Kniff raus hat, ist sie sehr nützlich. Gehen Sie bitte sehr vorsichtig ans Werk!

1 Bevor Sie mit dem Ausschärfen beginnen, führen Sie den «Prinzessin-auf-der-Erbse-Test» durch. Schlüpfen Sie in die halb fertigen Schuhe, stellen Sie sich auf eine ebene Fläche und schließen Sie die Augen. Erspüren Sie aufmerksam alle störenden Stellen, wie unter dem Fußballen, in Zehennähe oder unter der Ferse. Merken Sie sich all diese Stellen, um sie anschließend auszuschärfen. Empfehlenswert ist es, alle Laschen anzugleichen, auch wenn sie nicht stören.

2 Verwenden Sie einen neuen Klingenabschnitt an Ihrem Cutter, damit die Klinge scharf ist. Verlängern Sie sie auf ca. 5 cm.

3 Setzen Sie sich in den Schneidersitz und legen Sie sich die Sandale mit dem Oberteil nahe am Körper auf den Schoß.

4 Schieben Sie Ihre nicht-dominante Hand in das Sandalenoberteil, damit sie vor der Klinge geschützt ist und Sie mit den Fingerspitzen von innen Druck auf die auszuschärfende Stelle ausüben. Dies ermöglicht das glatte Ausschärfen.

5 Legen Sie den unteren Teil der Klinge (und nicht die Spitze!) auf einem auszuschärfenden Laschenende an und schneiden Sie langsam und gleichmäßig auf sich zu. Die Schneiderichtung mag zunächst riskant wirken, doch ich finde sie trotzdem sicherer, weil man so mehr Kontrolle über die Klinge hat.

6 Verändern Sie bei Bedarf die Position des Oberteils, um den bestmöglichen Zugang zu dem auszuschärfenden Bereich zu erhalten. Streichen Sie zwischendurch immer wieder mit den Fingerspitzen über die Laschen, um zu prüfen, ob die Übergänge bereits ausgeglichen sind. Bearbeiten Sie aber nie den Laschenabschnitt in unmittelbarer Nähe des Schlitzes, das würde das Leder schwächen.

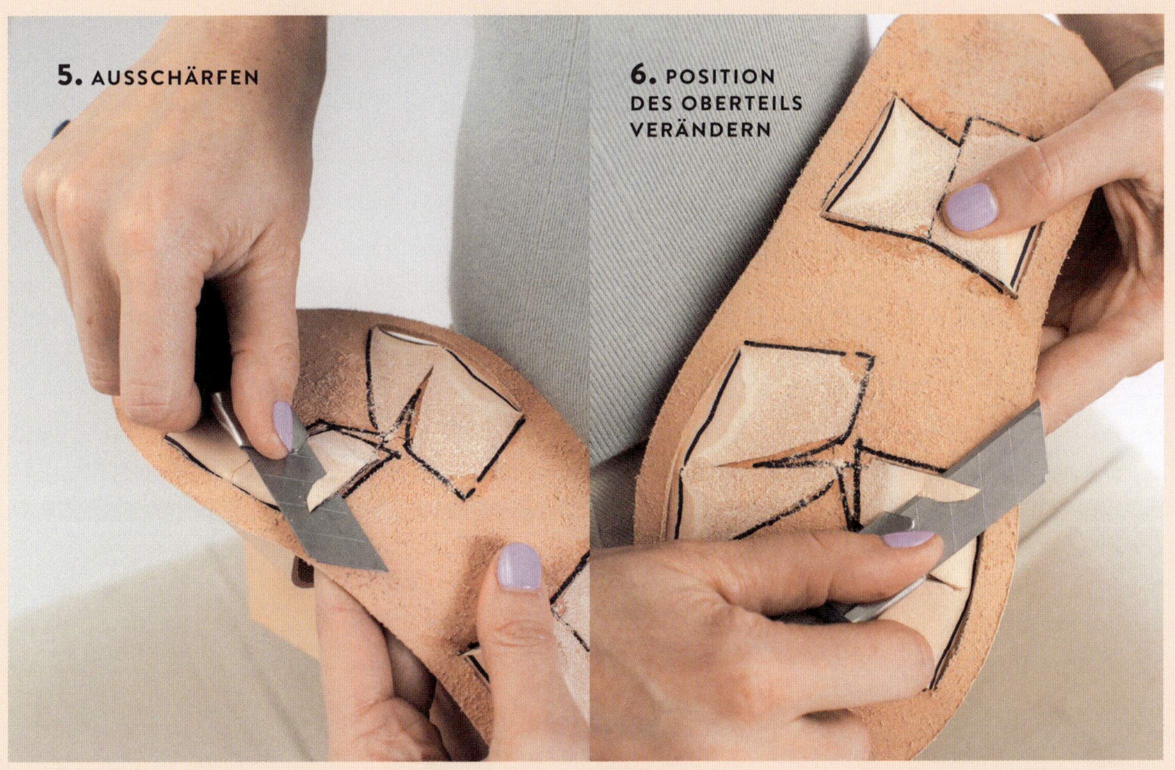

5. AUSSCHÄRFEN

6. POSITION DES OBERTEILS VERÄNDERN

Zwischensohlen einfügen

Anstatt die Laschenenden auszuschärfen, können Sie auch eine Zwischensohle einfügen. Weil diese am fertigen Schuh unsichtbar bleibt, kann man dafür auch Leder mit Makeln verwerten. Wichtig ist nur, dass die Stärke der Zwischensohle der des Oberleders entspricht (also ca. 1,6 bis 2 mm). Vegetabil gegerbtes Leder eignet sich hierfür am besten, weil sich in dieses die erforderlichen Abdrücke beim Zusammenklopfen von Brand- und Zwischensohle gut einprägen lassen. Auch andere Lederarten können verwendet werden, sollten aber vorab auf die Prägefähigkeit geprüft werden.

1 Zeichnen Sie auf das Zwischensohlenleder zwei Sohlen und geben Sie dabei ringsherum für die eventuellen Anpassungen 1 cm hinzu. Schneiden Sie die Sohlen mit der Schere aus.

2 Schieben Sie die Sandale mit dem Oberteil auf den Schusteramboss, die Laschen und die Brandsohlenunterseite zeigen nach oben.

3 Feuchten Sie die glatte Seite der Zwischensohle mit der Sprühflasche an oder ziehen Sie sie kurz unter einem Wasserstrahl durch. Positionieren Sie die Zwischensohle mit der glatten Seite nach unten so auf der Brandsohle, dass ihr Rand gleichmäßig 1 cm übersteht.

4 Beginnen Sie bei den Zehenriemenlaschen und vergewissern Sie sich, dass der Bereich gut vom Amboss abgestützt ist. Klopfen Sie mit dem Hammer auf die Laschen, damit sich diese auf der Zwischensohle abzeichnen. Halten Sie diese so fest, dass sie sich beim Hämmern nicht verschiebt. Sobald Sie über alle Laschen geklopft haben, nehmen Sie die Zwischensohle ab und prüfen die Abdrücke: Sie müssen sich deutlich abzeichnen. Ziehen Sie die Umrisse auf der glatten Seite der Zwischensohle dann mit einem Permanentmarker nach, damit die Abdrücke auch nach dem Trocknen des Leders sichtbar sind.

5 Schneiden Sie die markierten Bereiche mit dem Cutter aus der Zwischensohle heraus. Das muss nicht perfekt aussehen, weil die Sohle zwischen den Lagen verschwinden wird. Damit diese Schicht gut unter die Brandsohle passt, besser zu viel als zu wenig wegschneiden.

TIPP: Dieser Arbeitsschritt verzeiht kleine Fehler. Hat man zu viel weggeschnitten, lassen sich Lücken mit kleinen Lederstücken ausfüllen, was später nicht auffällt. Falls zu wenig weggeschnitten ist und die Zwischensohle mit einem Laschenende überlappt, markieren Sie die Stelle und beheben den Fehler.

6 Nun prüfen Sie, ob sich die Zwischensohle gut in den Schuh einfügt. Schneiden Sie alles ab, was übersteht. Mit der an ihren Platz geschobenen Zwischensohle stülpen Sie den Schuh nun so über den Amboss, dass die Laschen auf der Fersenseite abgestützt werden. Wiederholen Sie die Schritte 3 bis 5 für die hintere Schuhhälfte.

7 Überprüfen Sie, ob sich die Zwischensohle gut eingefügt hat. Führen Sie nun mit dem zweiten Schuh die Schritte 2 bis 6 durch.

8 Rauen Sie mit einer Ahle oder Aufraubürste die Oberseite der Zwischensohle und die Unterseite der Brandsohle, jeweils in den entsprechenden Bereichen auf. Achten Sie dabei besonders auf die Ränder, da sich dort Sohlen am ehesten voneinander zu lösen beginnen.

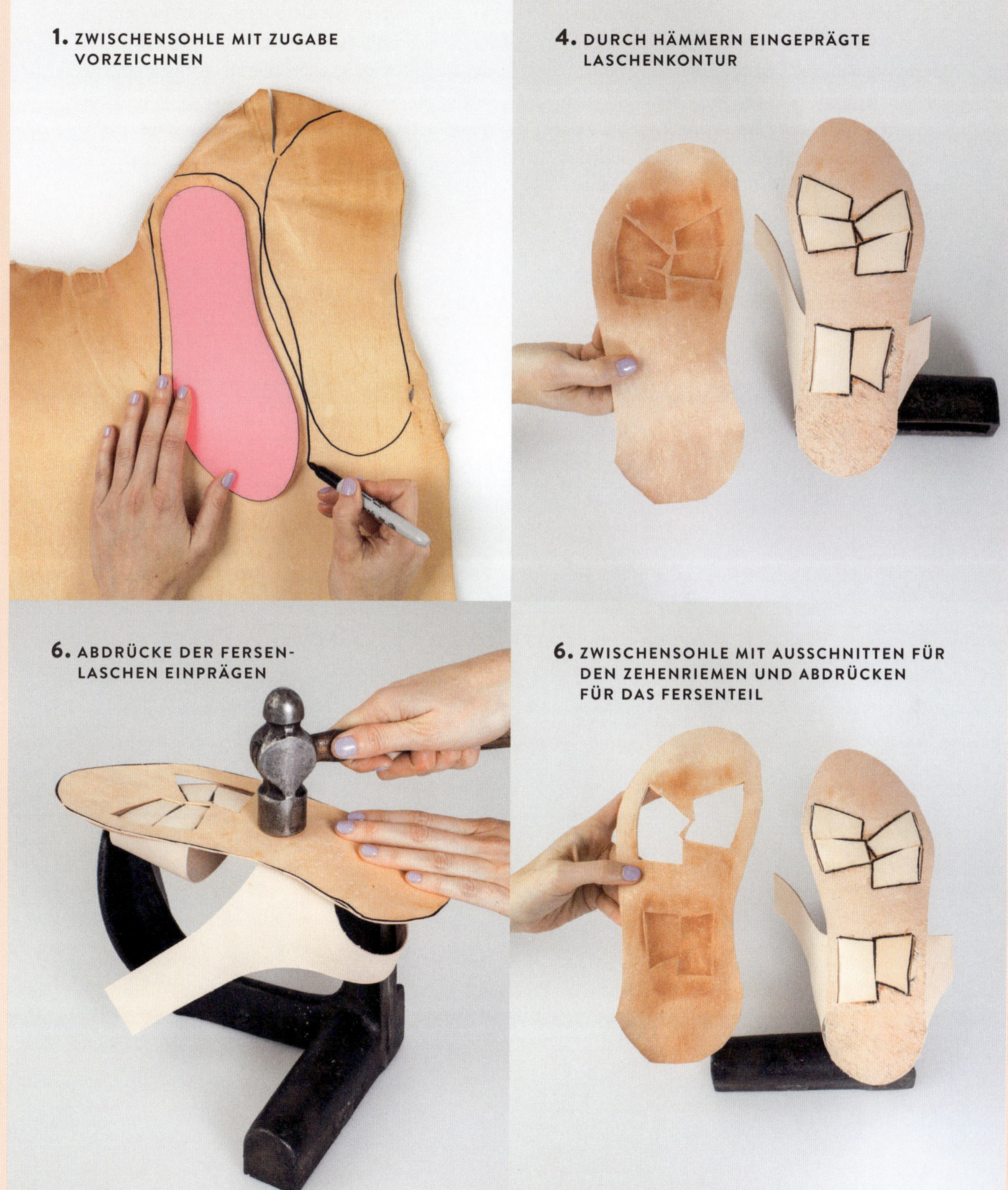

1. ZWISCHENSOHLE MIT ZUGABE VORZEICHNEN

4. DURCH HÄMMERN EINGEPRÄGTE LASCHENKONTUR

6. ABDRÜCKE DER FERSEN-LASCHEN EINPRÄGEN

6. ZWISCHENSOHLE MIT AUSSCHNITTEN FÜR DEN ZEHENRIEMEN UND ABDRÜCKEN FÜR DAS FERSENTEIL

9 Tragen Sie den Kleber auf die Oberseite der Zwischensohlen und die Unterseite der Brandsohlen auf. Lassen Sie ihn ca. fünf Minuten lang antrocknen, bevor Sie die Sohlen sorgfältig miteinander verbinden. Legen Sie dazu das Oberteil nach unten in den Schoß oder auf den Amboss und legen Sie die Zwischensohle vorsichtig zuerst in der Mitte und dann an Zehe und Ferse auf die Brandsohle. Bedenken Sie, dass der Kleber sehr stark ist und die Teile schon beim ersten Kontakt miteinander verbindet.

10 Klopfen Sie die Sohlen auf dem Amboss ringsherum mit dem Hammer fest, um die Verbindung aller Teile zu verfestigen. Entfernen Sie anschließend mit einer Schere oder dem Cutter den Überstand der Zwischensohle.

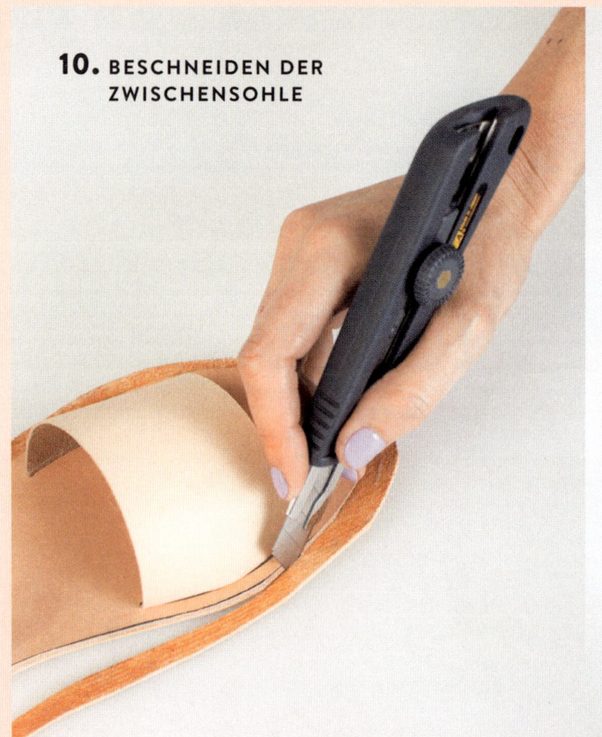
10. BESCHNEIDEN DER ZWISCHENSOHLE

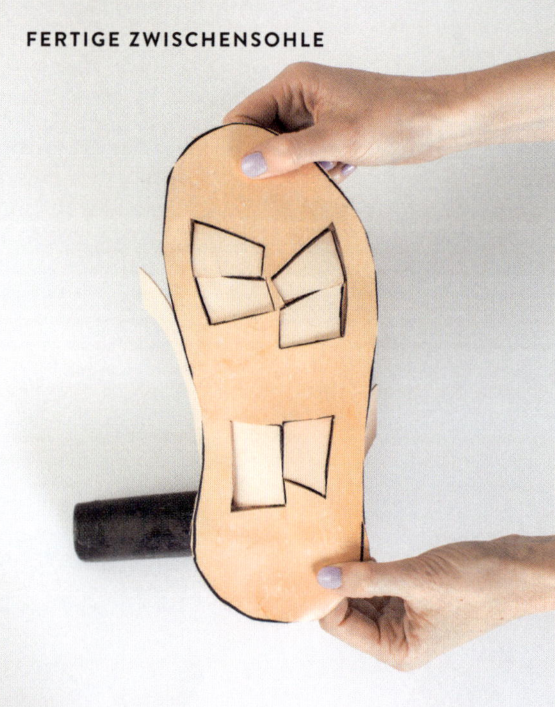
FERTIGE ZWISCHENSOHLE

Vorbereiten und Befestigen der Laufsohle

Herzlichen Glückwunsch! Ihr Oberteil mit Brandsohle ist fertig. Nun wird es Zeit, das Material für die Laufsohle auszuwählen. Das ist derjenige Teil des Schuhs, der Kontakt zum Boden hat. Ich verwende zwei verschiedene Arten von Laufsohlen: entweder eine Gummisohle, die lässig aussieht und stoßdämpfend wirkt, oder eine Sohle aus sehr dickem und steifem Leder. Diese forme ich in nassem Zustand und kombiniere sie meist mit einem niedrigen oder mittelhohen Absatz aus Lederschichten. Beide Methoden führen zu schönen und bequemen Schuhen.

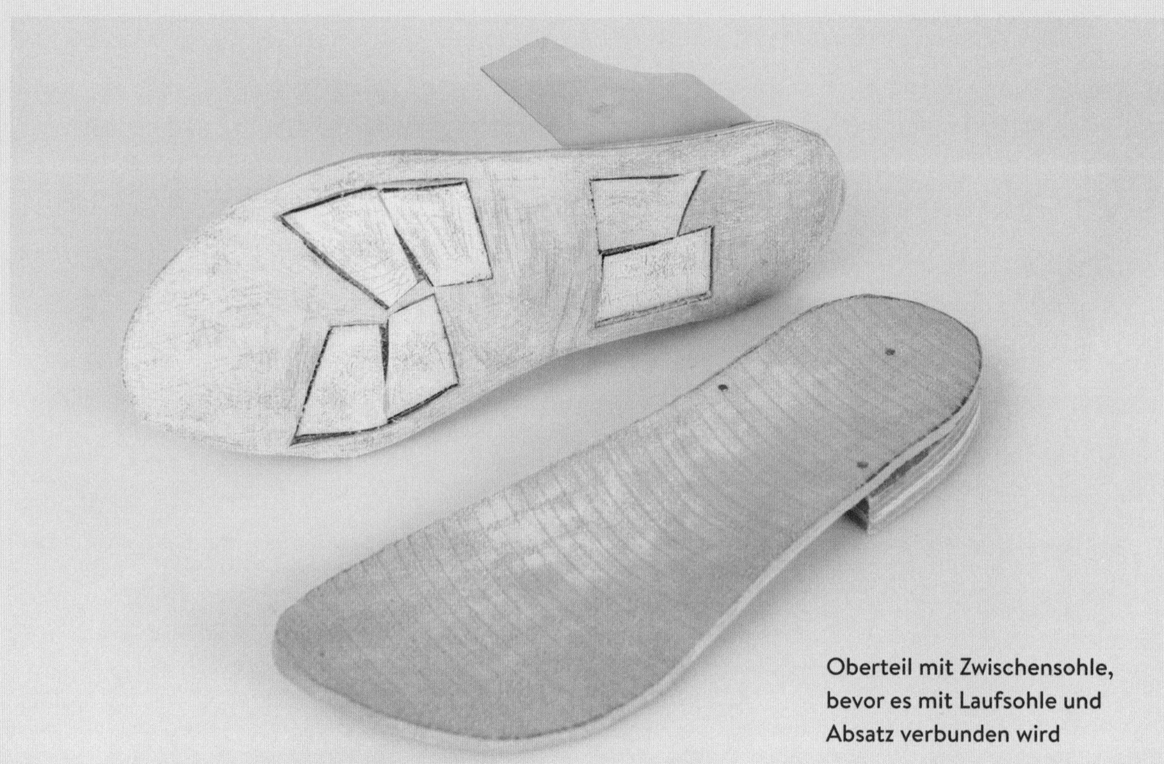

Oberteil mit Zwischensohle, bevor es mit Laufsohle und Absatz verbunden wird

GUMMISOHLEN

Sohlenplatten werden in verschiedenen Stärken, Farben und Texturen angeboten. Es gibt auch vorgeschnittene Sohlen (meist in Männergrößen), die man auf die gewünschte Größe verkleinert. Meist besteht Sohlengummi aus einer Mischung aus natürlichem Kautschuk und synthetischen Komponenten. Er muss immer mit einem Kleber auf Lösungsmittelbasis befestigt werden.

VORBEREITEN

1 Zeichnen Sie die rechte und linke Sohle auf der glatten Seite der Sohlenplatte vor, mit ca. 1,3 cm Zugabe ringsherum. Diese erleichtert das Verbinden mit dem Oberteil. Schneiden Sie die Sohlen dann grob mit dem Cutter aus.

2 Rauen Sie die Brand- oder die Zwischensohle mit einer Ahle oder Aufraubürste auf. Rings um den Rand müssen ca. 1,3 cm besonders rau sein, damit sich die Verbindung dort später nicht auflöst. Achten Sie beim Aufrauen darauf, nicht versehentlich Laschen zu lockern.

3 Legen Sie an einem gut belüfteten Ort, am besten im Freien, ein großes Stück Papier (wie einen Zeitungsbogen) als Unterlage aus. Tragen Sie einen Kleber auf Lösungsmittelbasis (siehe Seite 41) großzügig und unter Einbeziehung der Ränder auf die glatten Seiten der Gummisohlen sowie auf die Unterseiten der Brand- bzw. Zwischensohlen auf. Warten Sie fünf bis zehn Minuten, bis der Kleber angetrocknet ist. Für einen verstärkten Klebeeffekt können Sie eine zweite Schicht Kleber auftragen. (Berücksichtigen Sie auch die Anweisungen des Herstellers.)

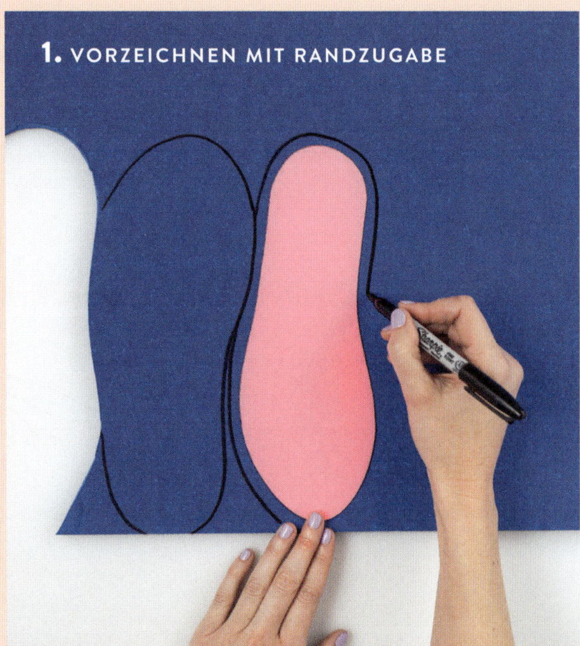

1. VORZEICHNEN MIT RANDZUGABE

1. GROB AUSGESCHNITTENE LAUFSOHLEN

ANKLEBEN

Weil synthetische Sohlen biegsam sind, können Sie auf die Art und Weise der Verbindung von Oberteil und Laufsohle Einfluss nehmen und dadurch einen bequemeren und stärker stützenden Schuh erzielen. Es ist möglich, den Zehen-, Spann- oder Fersenbereich einer Sandale zu formen. Bereits bei Ihrem ersten Paar können Sie einige Biegungen einfügen, die den Schuh attraktiver machen.

1 Verbinden Sie Oberteil und Laufsohle schrittweise, arbeiten Sie sorgfältig und punktgenau. Halten Sie ein Sandalenoberteil mit Brand- bzw. Zwischensohle über die Laufsohle und bringen Sie sie zuerst nur im breitesten Zehenbereich zusammen (Fersen und Zehenspitzen noch auseinanderhalten). Anstatt den Zehenbereich auf die Laufsohle zu drücken, *heben Sie diese an*, sodass sie sich mindestens 1,3 cm hoch aufbiegt, bevor sie Kontakt zur Sandalenspitze bekommt. Dadurch entsteht die sogenannte Zehenfeder.

2 Dieselbe Technik setzen Sie ein, um dem Fußgewölbe (unter dem Spann) Unterstützung zu bieten. Im mittleren Drittel jeder Sandale (oder etwas weiter hinten) heben Sie den inneren Rand der Laufsohle leicht der Brand- bzw. Zwischensohle entgegen. Drücken Sie mit den Fingerspitzen die Brandsohle in den Bereichen rings um die Fußgewölbeunterstützung nach unten. Auf diese Weise formen Sie schöne Wölbungen in Ihre Sandale. Und glauben Sie mir: Es wird funktionieren!

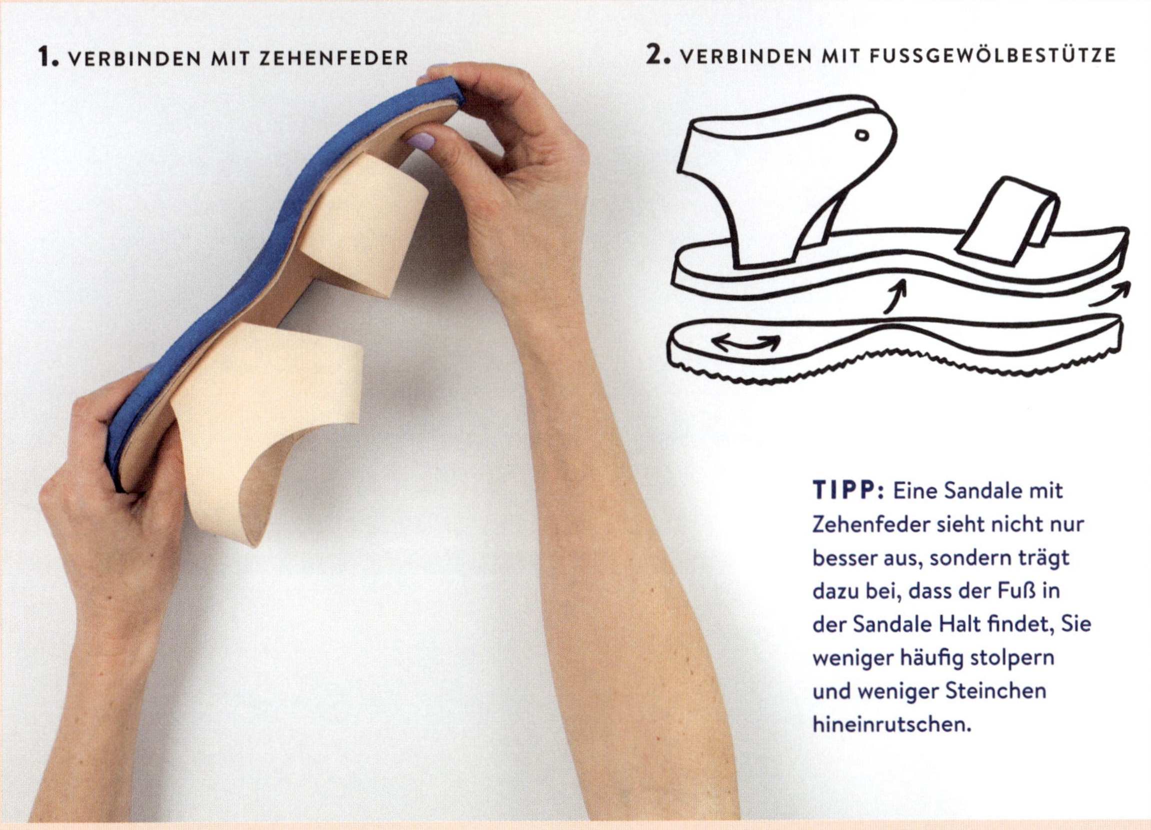

TIPP: Eine Sandale mit Zehenfeder sieht nicht nur besser aus, sondern trägt dazu bei, dass der Fuß in der Sandale Halt findet, Sie weniger häufig stolpern und weniger Steinchen hineinrutschen.

3 Verbinden Sie nun behutsam den Zehenbereich. Sie können dann für die Ferse eine Vertiefung formen, indem Sie die Brandsohle mittig im Fersenbereich hinunterdrücken und gleichzeitig den Gummisohlenrand anheben.

4 Sind Oberteil und Sohlen perfekt verbunden, pressen Sie die Lagen fest aufeinander. Dafür gibt es mehrere Möglichkeiten:

+ Drücken Sie das Oberteil mit den Fingerspitzen auf die Laufsohle. Die Teile sollen sich in allen Bereichen fest miteinander verbinden.
+ Ziehen Sie die Schuhe an, damit sich die inneren Sohlenbereiche durch Ihr Körpergewicht zusammendrücken.
+ Schieben Sie den Schuh mit der Laufsohle nach oben auf den Schusteramboss und klopfen Sie rundherum mit dem Hammer auf die Laufsohle.
+ Schieben Sie den Schuh mit dem Oberteil nach oben auf einen Amboss oder stellen Sie ihn auf einen stabilen Tisch. Klopfen Sie mit einem Hammer den Randbereich ringsherum fest.

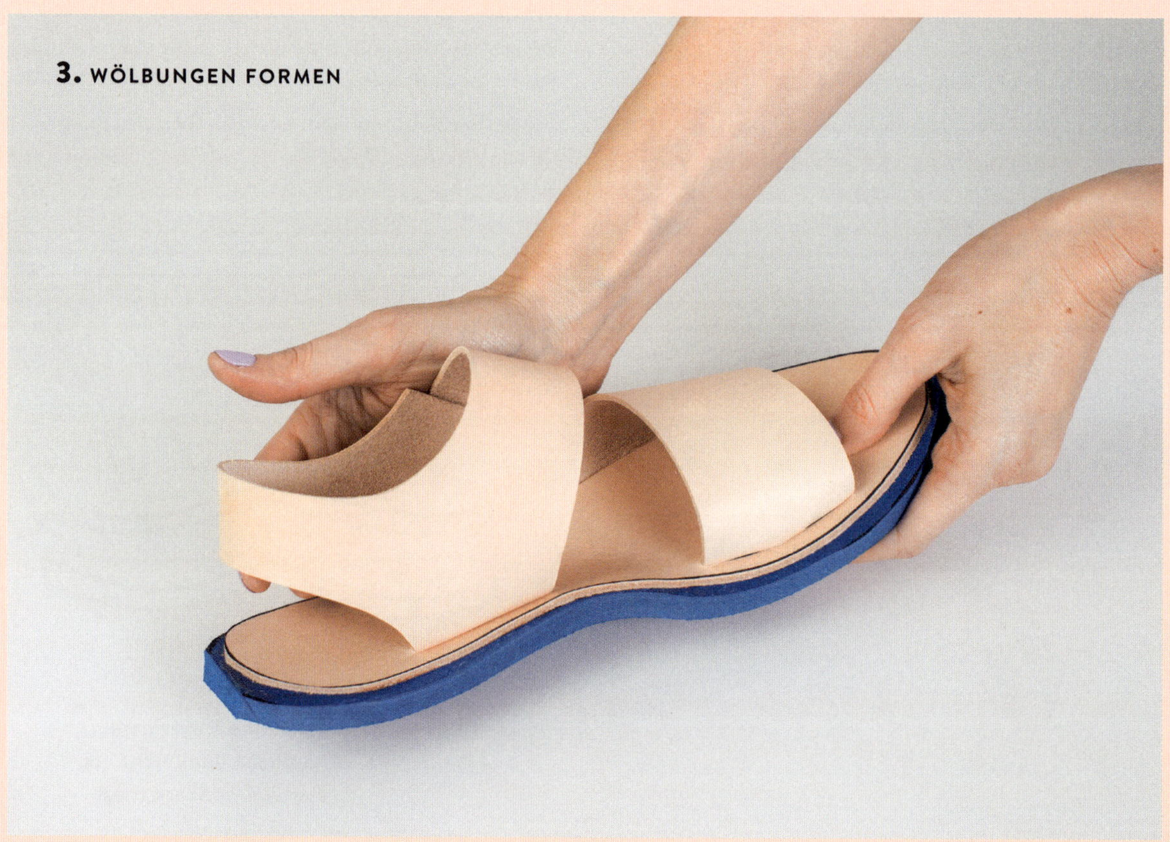
3. WÖLBUNGEN FORMEN

BESCHNEIDEN

+ **Möchten Sie die Sohlenränder abschleifen,** können Sie beim Beschneiden großzügig arbeiten, denn das Schleifen gleicht kleine Ungenauigkeiten aus. Stellen Sie die Sandale auf eine Schneidematte und entfernen Sie den Überstand am Sohlengummi mit dem Cutter.

+ **Haben Sie keine Möglichkeit, die Sohlenränder abzuschleifen,** können Sie auch allein durch Beschneiden einen glatten Abschluss erzielen, doch setzt dies etwas Erfahrung voraus. Setzen Sie dafür eine frische Klinge in den Cutter ein und halten Sie die Sandale nahe am Körper. Halten Sie das Oberleder ab, damit es nicht im Weg ist, und führen Sie den Cutter senkrecht zum Brandsohlenrand. Drücken Sie die Klinge in den überstehenden Gummisohlenrand und ziehen Sie sie langsam und möglichst fortlaufend um den Sohlenrand (siehe Foto rechts).

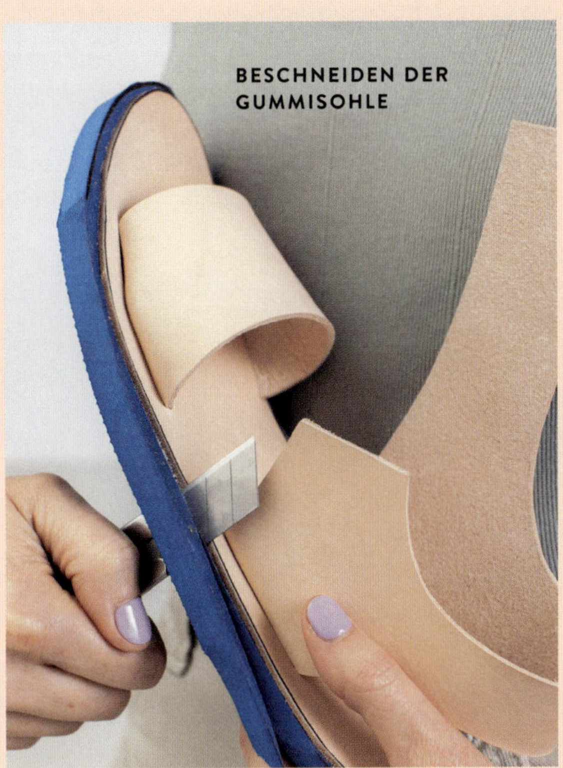

BESCHNEIDEN DER GUMMISOHLE

STEIFE LEDERSOHLEN

Als es noch keine synthetischen Materialien gab, hatten alle Schuhe Sohlen aus Leder, Holz oder geflochtenen Pflanzenfasern. Heute trifft man Ledersohlen überwiegend bei handgemachten Schuhen und Designerschuhen an. Ledersohlen sind anfangs glatt, deshalb sollte man beim ersten Spaziergang mit ihnen vorsichtig sein. Ich empfehle, damit auf einer Betonfläche hin- und herzurutschen, um sie aufzurauen. Natürlich kann man auf die Unterseite auch eine dünne Gummisohle kleben. Bis eine Ledersohle durch Tragen gründlich aufgeraut ist, kann es bis zu einem Jahr dauern.

VORBEREITEN

Diese Laufsohlen braucht man nur grob auszuschneiden, denn der Rand wird später abgeschliffen. Schneiden Sie knapp außerhalb der vorgezeichneten Linie, denn durch das Formen in nassem Zustand wird das Leder etwas schrumpfen.

1 Zeichnen Sie auf dem steifen Sohlenleder eine linke und eine rechte Sohle vor.

1. SOHLENKONTUR AUF SOHLENLEDER AUFZEICHNEN

2 Falls Sie einen Multi-Cutter besitzen, oder eine Tischlerbandsäge, können Sie das Leder auch damit schneiden. Andernfalls feuchten Sie das Leder leicht an und schneiden die Sohlen dann sorgfältig mit dem Cutter aus.

Schneiden Sie dabei in kurzen Abschnitten, und jeweils in mehreren Durchgängen, denn dieses Leder ist sehr dick. Beim ersten Durchgang üben Sie nur leichten Druck auf die Klinge aus, um eine Linie einzuritzen. Beim zweiten Durchgang auf der gleichen Linie verstärken Sie den Druck. Beim dritten Durchgang beginnt die Klinge die Unterseite des Leders zu durchtrennen. Führen Sie die Klinge beim Schneiden der einzelnen Abschnitte jeweils in sanfter Kurve nach außen, sodass abgetrennte Lederstücke entfernt werden können.

3 Legen Sie die vorgefertigten Absätze bereit, oder kleben Sie sie aus Lederflecken selbst zusammen (siehe Seite 54).

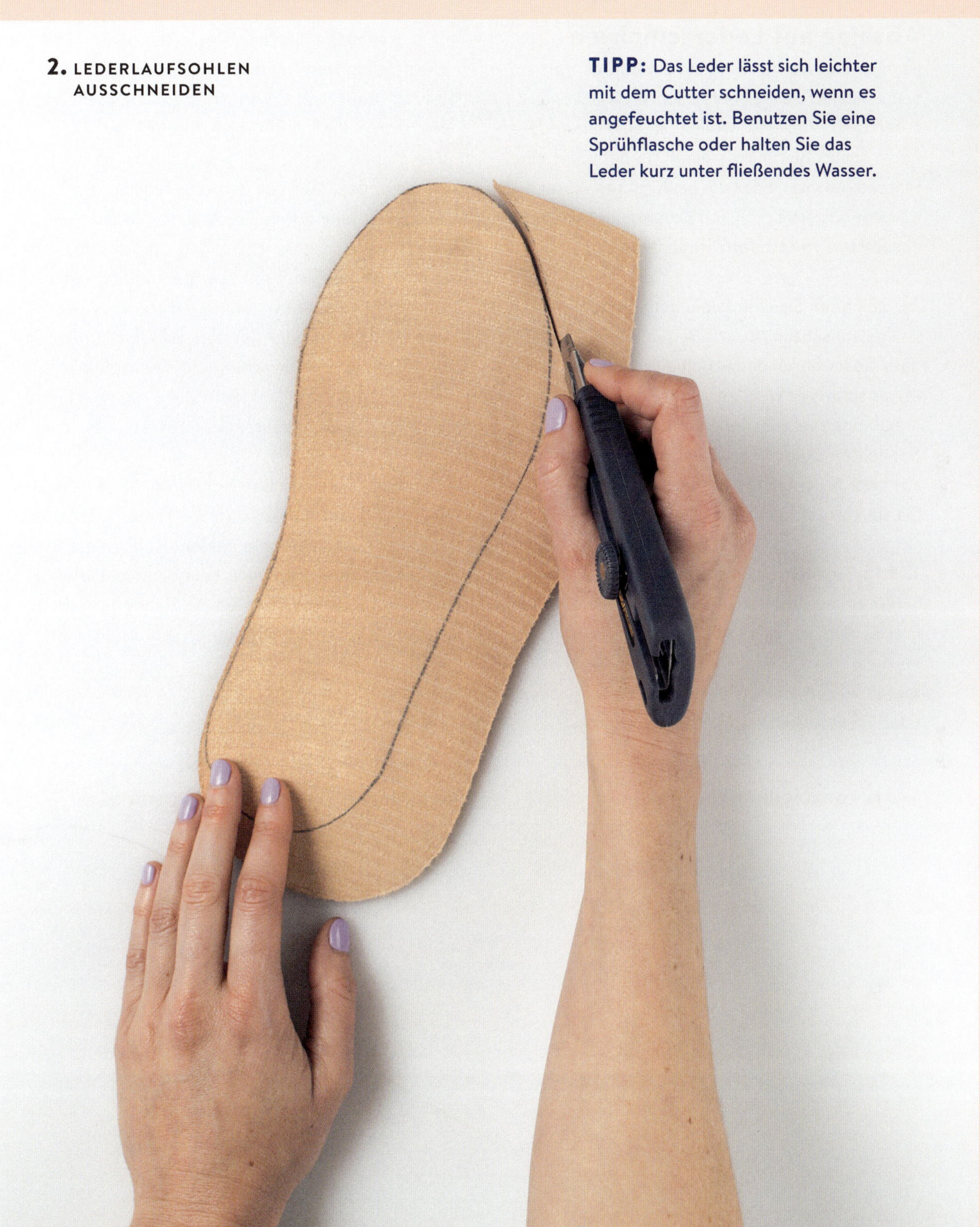

2. LEDERLAUFSOHLEN AUSSCHNEIDEN

TIPP: Das Leder lässt sich leichter mit dem Cutter schneiden, wenn es angefeuchtet ist. Benutzen Sie eine Sprühflasche oder halten Sie das Leder kurz unter fließendes Wasser.

Absätze aus Lederschichten

Irgendwann werden Sie Lust darauf bekommen, selbst Absätze aus Lederschichten (*Flecke*) anzufertigen. Vielleicht wollen Sie eine besondere Form ausprobieren (wie einen runden oder einen Plateau-Absatz), oder die gewünschte Absatzform ist nirgends erhältlich. Ich baue meine Absätze oft aus Resten von steifem Sohlenleder.

1 Zeichnen Sie eine Papierschablone für den gewünschten Absatz. Bedenken Sie dabei, dass dieser durch das Abschleifen zum Schluss etwas schmäler wird. Zeichnen Sie mithilfe der Schablone mehrere Teile auf das steife Leder. Schneiden Sie die Flecke mit einem Multi-Cutter aus oder feuchten Sie das Leder an und schneiden Sie sie sorgfältig mit dem Cutter zu.

TIPP: Für einen niedrigen Absatz brauchen Sie pro Schuh ein bis zwei Lederflecke, für einen höheren drei bis fünf. Für einen Absatz, der höher als 2,5 cm ist, benötigen Sie ein *Gelenkstück*, das zwischen Brand- und Laufsohle eingesetzt wird. Dies zu finden oder selbst zu bauen, ist jedoch aufwendig.

2 Rauen Sie die Lederflecke auf beiden Seiten bis hin zum Rand auf und verbinden Sie sie mit Kleber auf Lösungsmittelbasis. Kleben Sie nach und nach ein Teil auf das andere (bzw. den Stapel). Klopfen Sie jede Schicht mit dem Hammer fest. Auf das unterste Teil können Sie als Abschluss eine dünne Gummilage kleben.

3 Arbeiten Sie in die oberste Schicht (die mit der Laufsohle verbunden wird) mit Cutter und Sandpapier oder mit dem Bandschleifer eine leicht gewölbte Vertiefung ein. Sie wird später nicht sichtbar sein und dient dazu, dass die Ferse in der Mitte des Absatzes gut aufliegt.

4 Falls Sie einen Bandschleifer haben, glätten Sie damit die Absatzfrontfläche. Sobald der Absatz an die Laufsohle geklebt ist, ist diese Stelle schwer zu erreichen. Falls kein Bandschleifer vorhanden ist, gleichen Sie die Ränder mit dem Cutter aus. Sandpapier eignet sich dafür nicht.

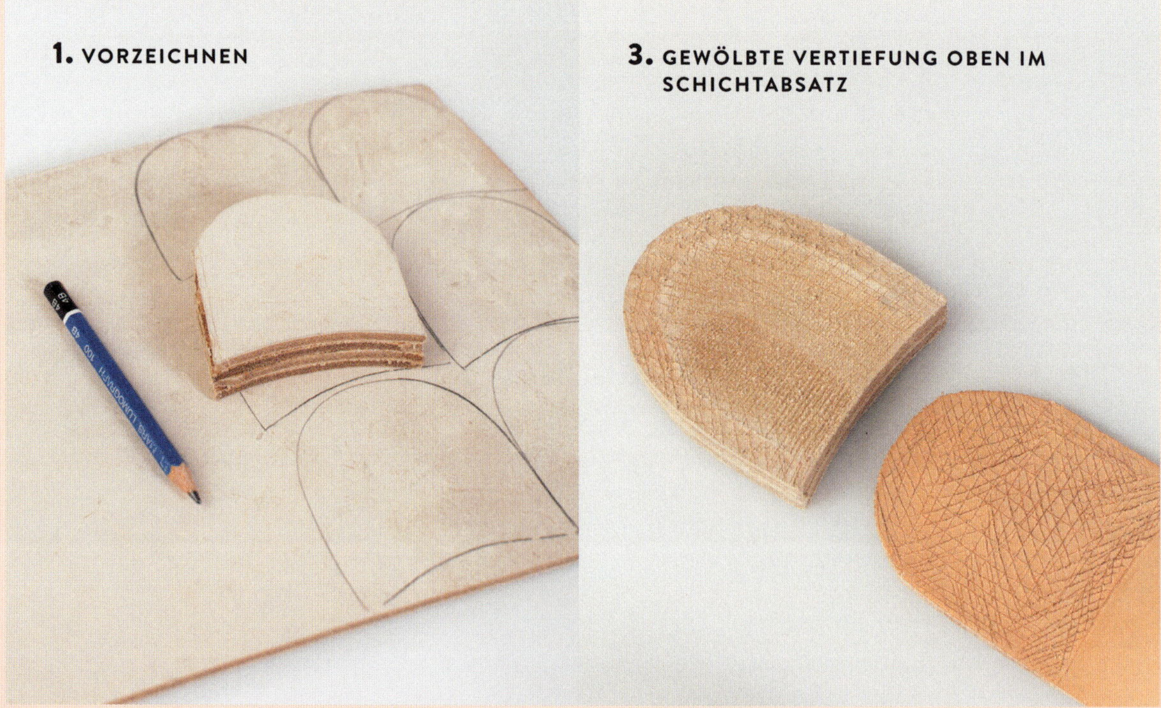

1. VORZEICHNEN

3. GEWÖLBTE VERTIEFUNG OBEN IM SCHICHTABSATZ

LEDERSOHLEN FORMEN

Nachdem die Laufsohlen aus Leder ausgeschnitten sind, werden sie in feuchtem Zustand geformt.

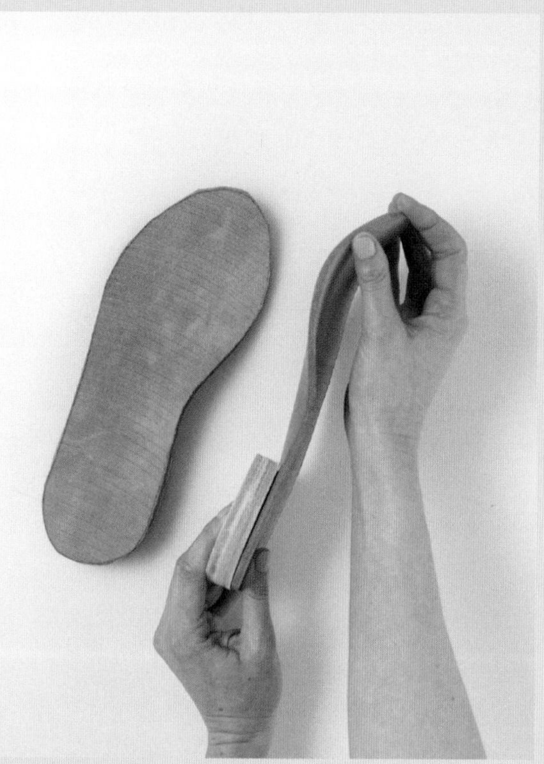

1 Halten Sie jede Sohle ca. 15 Sekunden lang unter einen Wasserstrahl, damit sich das Leder komplett vollsaugt. Beachten Sie, dass die raue Seite (Fleischseite) als Oberseite und die glatte Seite (Narbenseite) als Unterseite dient. Arbeiten Sie zunächst an einer Sohle und biegen Sie den Fußgewölbebereich (innen im mittleren Sohlendrittel) nach oben. Ich lege die Stelle am Sohleninnenrand dafür auf den Rand einer Arbeitsfläche oder eines Waschbeckens und drücke die Bereiche ringsherum nach unten. Danach ziehen Sie das vordere Drittel nach oben, um die Zehenfeder zu formen. Formen Sie den Fersenbereich (im hinteren Drittel) so, dass er gut in die Absatzvertiefung (siehe Schritt 3) passt.

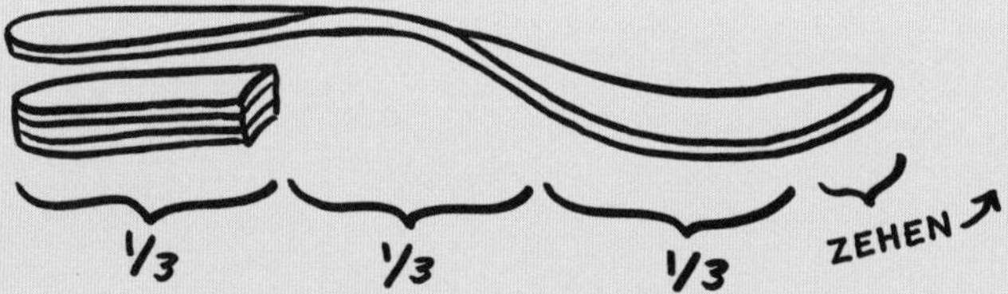

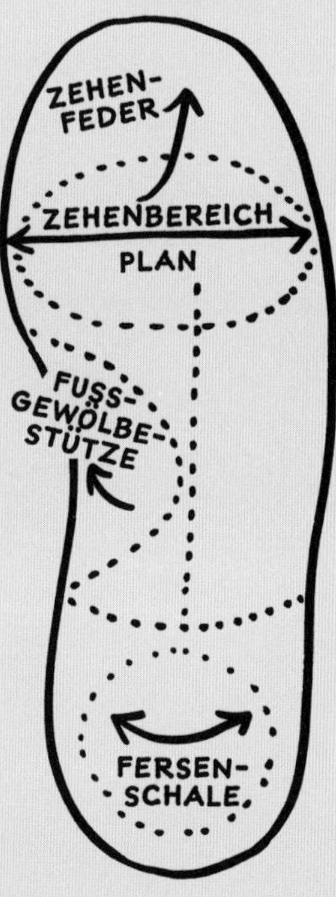

2 Stellen Sie sich mit nackten Füßen auf die Laufsohlen, schieben Sie, falls vorhanden, die Absätze darunter, und prüfen Sie, ob die Wölbungen zu Ihren Füßen passen.

3 Sobald Sie mit der Form beider Sohlen zufrieden sind, legen Sie sie nebeneinander auf den Tisch und prüfen, ob sie symmetrisch sind. Lassen Sie sie trocknen; das dauert, je nach Luftfeuchtigkeit, drei bis 24 Stunden. Um das Trocknen zu beschleunigen, können Sie die Sohlen auch in die Sonne oder an die Heizung legen.

3. WÖLBUNGEN VERGLEICHEN

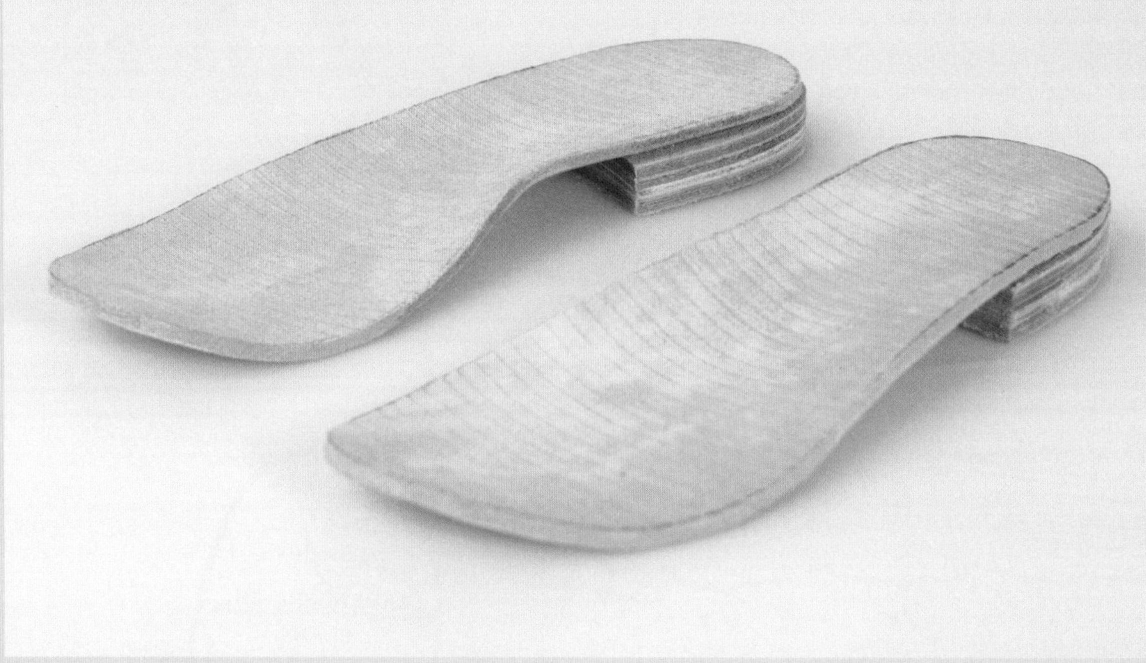

SOHLE UND ABSATZ VERBINDEN

1 Drehen Sie die Laufsohle um und stellen Sie jeden Absatz auf die für ihn bestimmte Stelle. Unebenheiten des Sohlenrands werden später weggeschnitten. Ziehen Sie mit einer Ahle dort eine Linie, wo die Absatzfrontfläche auf der Sohlenunterseite aufliegt. Rauen Sie mit Ahle oder Aufraubürste den Absatzbereich der Sohle sowie die Auflagefläche des Absatzes auf.

2 Bestreichen Sie die aufgerauten Flächen mit Kleber. Weil diese Teile stark belastet werden, verwendet man hierfür besser einen Kleber auf Lösungsmittelbasis (auch einer auf Wasserbasis eignet sich). Lassen Sie den Kleber fünf bis zehn Minuten lang antrocknen.

3 Drücken Sie den Absatz auf die Laufsohle, orientieren Sie sich dabei an der Markierung. Stellen Sie das Ganze mit dem Absatz nach unten auf einen Tisch oder einen Amboss und klopfen Sie mit dem Hammer die Verbindung fest. Wiederholen Sie dies für den zweiten Schuh.

4 Verbinden Sie Laufsohle und Absatz zusätzlich mit je drei Absatznägeln. Bohren Sie die Löcher mit der Ahle vor, stecken Sie je einen Nagel hinein und klopfen Sie ihn mit dem Hammer ein, bis der Kopf plan aufliegt. Sichern Sie ggf. weitere Stellen mit Nägeln.

TIPP: Falls sich ein Nagel verbiegt, ziehen Sie ihn mit der Zange heraus und befestigen einen neuen.

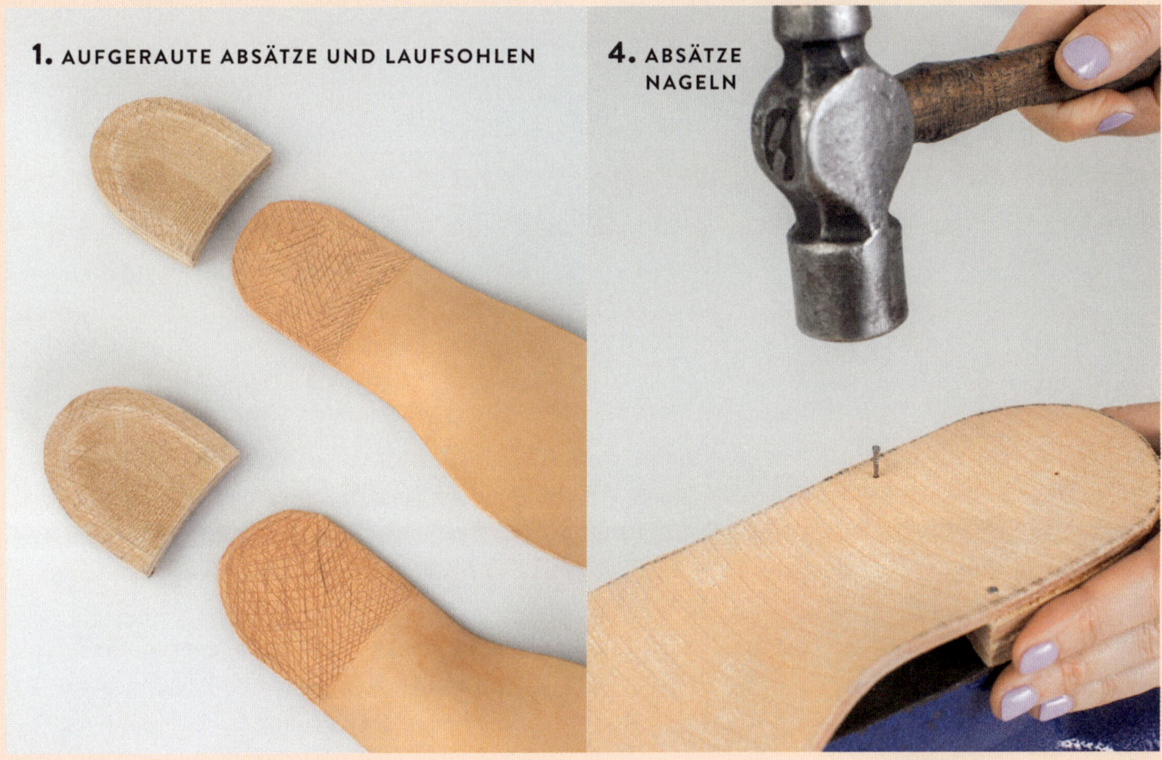

1. AUFGERAUTE ABSÄTZE UND LAUFSOHLEN

4. ABSÄTZE NAGELN

OBERTEIL UND LEDERSOHLE VERBINDEN

1 Rauen Sie mit Ahle oder Aufraubürste die Oberseite der Laufsohle und die Unterseite der Brand- oder Zwischensohle auf. Arbeiten Sie an den Rändern besonders gründlich, weil die Verbindung hier besonders gut halten muss.

2 Bestreichen Sie diese Flächen großzügig mit Kleber und lassen Sie ihn fünf bis zehn Minuten lang antrocknen.

3 Halten Sie das Oberteil über die zugehörige Laufsohle, bevor Sie es langsam und schrittweise so absenken, dass es genau an der richtigen Stelle landet. Achten Sie darauf, dass das Oberteil nicht an die Klebeflächen gerät. Gehen Sie mit dem zweiten Schuh genauso vor.

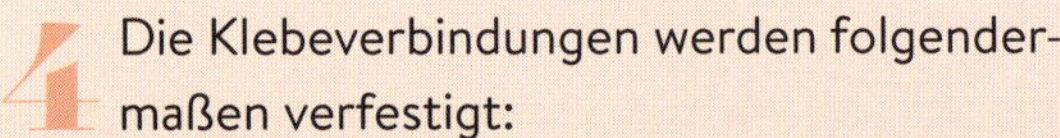

4 Die Klebeverbindungen werden folgendermaßen verfestigt:

+ Pressen Sie mit den Fingerspitzen die Lagen zusammen, und zwar besonders sorgfältig entlang des Randbereichs.
+ Stellen Sie sich in die Schuhe und drücken Sie die Lagen mit Ihrem Körpergewicht zusammen.
+ Schieben Sie den Schuh mit der Sohle nach oben auf einen Schusteramboss und klopfen Sie mit dem Hammer die Unterseite fest.
+ Stellen Sie den Schuh auf einen Amboss oder Tisch und klopfen Sie mit dem Hammer von oben ringsherum auf den Sohlenrandbereich.

Schusternägel

Schusternägel sind nicht zwingend notwendig, halten aber auf jeden Fall die Lagen fester zusammen. Mir persönlich macht das Nageln großen Spaß, weil ich mir dabei wie ein richtiger Schuster vorkomme. Wenn man die Löcher mit der Ahle vorbohrt, gleitet der Nagel leichter durch die Lagen, und seine Spitze wird durch das Aufkommen auf dem Amboss umgebogen, sodass er wie eine Tackerklemme fungiert. Bei Modellen mit Riemen platziere ich jeweils einige Nägel gleich neben den Riemenschlitzen. Verwenden Sie ca. 11 mm lange Schusternägel (siehe Seite 12) und einen Schusteramboss. Bei den meisten Oberteilen schlägt man die Nägel von unten durch die Laufsohle, bei den Fersenteilen dagegen von oben.

1 Stellen Sie die Sandale so auf einen Amboss oder Schusteramboss, dass die zu nagelnde Stelle gestützt wird. Bohren Sie mit der Ahle ein etwa 6 mm tiefes Loch neben dem Fersenteilschlitz. Stecken Sie einen Sohlennagel in das Loch und schlagen Sie ihn so ein, dass er durch alle Lagen dringt und auf dem Amboss ankommt. Dies verbindet die Sohlenlagen und erzeugt an der Unterseite ein Grübchen. Falls das vorgebohrte Loch über dem Absatz sitzt, schlagen Sie den Nagel genauso ein. Zwar wird sich seine Spitze nicht umbiegen, aber er wird dennoch die Sohlenlagen fixieren und das Fersenteil stabilisieren.

1. NÄGEL VON OBEN SETZEN

2 Gerade bei Innenseiten, an die Sie mit dem Hammer nicht gut herankommen (wie bei Zehenriemen) ist ein Schusteramboss hilfreich. Ziehen Sie die Sandale mit der Sohle nach oben über den Amboss. Schauen Sie sich den Rand genau an, um zu entscheiden, an welchem Punkt der Nagel am besten den Riemen verankert. Bohren Sie mit der Ahle ein Loch (oder mehrere) mit mindestens 1,3 cm Randabstand in die Sohle. Sie entscheiden, wie viele Schusternägel Sie verwenden. Für schmale Riemen (ca. 1,8 cm breit) nehme ich je einen Nagel, für breitere (ab 2,5 cm) jeweils zwei oder drei. Schlagen Sie die Nägel nacheinander ein und prüfen Sie jedes Mal, ob sich die Spitze tatsächlich umbiegt. Wenn Sie innen eine Spitze spüren, dann hatte sie nicht richtig Kontakt zum Amboss. Ziehen Sie die Sandale wieder über den Amboss und klopfen Sie diesen Nagel flach.

2. NÄGEL VON DER UNTERSEITE DER LAUFSOHLE SETZEN

Ich setze die Nägel innerhalb des Zehenriemens von unten und die Nägel am Fersenteil von oben.

Finishing

Der Schuh hat nun seine endgültige Form! Jetzt werden nur noch die Kanten verschönert und eventuell Schnallen, Nieten oder Schnürsenkel angebracht.

ABSCHLEIFEN

Diesen Arbeitsschritt könnten Sie auch delegieren, indem Sie einem Schuster damit beauftragen, die Kanten Ihrer Schuhe abzuschleifen. Dies ist angeraten, falls Sie nicht über die entsprechenden Geräte und einen Arbeitsplatz im Freien verfügen.

Wenn Sie die Kanten selbst glätten möchten, brauchen Sie ein Bandschleifer-Tischgerät, das Sie sich auch ausleihen können. Sie können auch recherchieren, ob es in Ihrer Nähe eine offene Werkstatt gibt, in der ein solches Gerät steht. Der Bandschleifer verursacht viel Staub und sollte am besten im Freien benutzt werden, oder zumindest mit einem Staubabsauger. Ganz gleich, ob Sie drinnen oder draußen arbeiten: Tragen Sie bei der Arbeit unbedingt eine Staubmaske und eine Schutzbrille.

Sandpapier, ein Handschleifgerät oder ein von Hand geführter Bandschleifer eignen sich für diesen Arbeitsschritt leider nicht, weil man den Schuh mit beiden Händen gegen einen stabilen Widerstand halten muss, damit die Kanten schön glatt werden.

1 Halten Sie die Sandale mit beiden Händen gegen das waagerecht verlaufende Band des Schleifgeräts und so, dass die Riemen nicht im Weg sind. Reiben Sie vorab den Sohlenrand manuell gegen das Schleifband und probieren Sie aus, wie viel Druck notwendig ist, damit abstehendes Material abgeschliffen wird. Für jeden Randabschnitt sind mehrere Durchgänge nötig. Passen Sie die Position der Sandale in Ihren Händen zwischendurch immer wieder neu an und achten Sie dabei stets darauf, dass die Riemen nicht an das Band geraten. Üben Sie starken Druck aus, damit der Rand schön glatt wird (bei zu leichtem Druck kann er uneben werden).

TIPP: Das Abschleifen einer Sandale dauert einige Minuten. Drücken Sie den Sohlenrand gleichmäßig und fest gegen das Schleifband.

2 Sobald Sie mit der Glätte des Sohlenrands zufrieden sind, schleifen Sie die untere Sohlenkante minimal ab, indem Sie sie leicht schräg gegen das Band halten. Dadurch ergibt sich eine abgeschrägte Kante (eine sogenannte Fase), und somit optisch ein weicherer Übergang. Danach ist die Sandale voller Staub. Auch der obere Rand der Brandsohle ist etwas zu kantig, und durch das Schleifen hat sich ein minimaler Überstand ergeben. Darum werden Sie sich im folgenden Schritt kümmern.

KANTE BESCHNEIDEN

Nach dem Abschleifen werden die Sandalen mit einem feuchten Tuch abgewischt und dann die Oberkante der Brandsohle leicht abgeschrägt. Dafür schneiden Sie den schmalen Überstand an der Brandsohle von Hand ab: entlang der gebogenen Linien des Zehen- und des Fersenendes mit einer Schere, an den geraderen Seiten mit dem Cutter. Die Klingen müssen scharf sein, damit die Schnittkanten sauber und glatt werden. Entfernen Sie so wenig Leder wie möglich, mit langen, gleitenden Schnitten, und setzen Sie die Schere oder den Cutter stets leicht schräg an, in einem 45-Grad-Winkel.

BRANDSOHLENKANTE BESCHNEIDEN

KANTENFINISHING

Der Sohlenrand kann auf mehrere Arten behandelt werden. Ich lasse ihn am liebsten unversiegelt. Falls Sie aber glänzende Kanten bevorzugen, können Sie sie mit transparenter oder farbiger Kantenfarbe bestreichen (siehe Seite 13). Oder aber Sie reiben die Kanten mit einem Lederpflegemittel auf Bienenwachsbasis ein und arbeiten mit einer Polierscheibe aus Baumwolle nach.

UNBEHANDELT

TRANSPARENTE KANTENFARBE

LEDERPFLEGE MIT BIENENWACHS, DANN MIT SCHEIBE POLIERT

LEDERPFLEGE MIT BIENENWACHS, DANN VON HAND POLIERT

BUNTE KANTENFARBE

DUNKLE KANTENFARBE

SCHNÜRSENKEL UND METALLZUBEHÖR

Es ist ratsam, Schnürsenkel und Metallteile wirklich erst ganz am Schluss anzubringen, weil man vorher nie genau weiß, wie die Oberteile über den Fuß verlaufen. Es kann problematisch sein, einen Riemen oder ein Fersenteil vorschnell zu kürzen oder in seiner Form zu verändern.

Schnürsenkel

1 Probieren Sie die Sandalen an und markieren Sie dann mit einem Bleistift sorgfältig die Positionen der Senkellöcher.

2 Stellen Sie die Lochzange so ein, dass der Durchmesser der Stanze dem der Senkel entspricht, und lochen Sie die markierten Stellen.

3 Ziehen Sie einen Schnürsenkel durch die Löcher ein. Er muss so lang sein, dass man eine Schleife binden kann. Kürzen Sie den Senkel auf die gewünschte Länge, und schneiden Sie dann einen gleichlangen zweiten Senkel ab.

Nieten

Mithilfe von Metallnieten lassen sich zwei Lederschichten dauerhaft zusammenhalten. So kann man mit ihnen etwa Riemen und Schnallen befestigen.

1 Markieren Sie mit dem Bleistift die Positionen für die Nieten. Stellen Sie die Lochzange auf die Stanze (hier 3 mm Durchmesser) ein und lochen Sie die zu verbindenden Lederschichten.

2 Stecken Sie das Unterteil der Niete von unten durch die beiden Lederschichten. Stecken Sie das Oberteil so darauf, dass das Leder zwischen den beiden Teilen eingeklemmt ist.

3 Drücken Sie die Nietenteile fest zusammen, bis es klickt. Positionieren Sie die Riemen (z. B. im richtigen Winkel) und fixieren Sie sie mit den Fingern oder mit Kreppband. Sobald die Niete festgeklopft ist, kann man die Positionen der verbundenen Teile nicht mehr verändern.

4 Legen Sie das genietete Teil auf einen Amboss oder stabilen Tisch und schlagen Sie mit dem Hammer das Oberteil der Niete ganz flach. Man kann dafür auch Spezialwerkzeug verwenden, doch ich klopfe den Nietenkopf gern flach. Nach Wunsch die Rückseite des Riemens knapp hinter der Niete abschneiden.

Knopfnieten

Die kleinen Knopfnieten bringt man an einer einzigen Lederschicht an; ein knopflochartiger Schlitz in einer zweiten Lederschicht ermöglicht es, die beiden Teile beweglich miteinander zu verbinden. Die Knopfniete wird mit einem Stift fixiert, den man mit einem Schraubendreher befestigt. Falls Sie die Knopfniete an eine andere Stelle versetzen wollen, schrauben Sie sie einfach auf, stanzen ein neues Loch und fixieren dort die Knopfniete, über die dann der bereits existierenden Knopflochschlitz gezogen werden kann.

4. ÜBER EINEM AMBOSS FLACH GEKLOPFTE NIETE

1 Probieren Sie die Sandalen an und legen Sie fest, wo die Knopfniete und der Knopflochschlitz sitzen sollen. Markieren Sie mit einem Bleistift nur die Position des Schlitzes; die der Knopfniete wird später bestimmt.

2 Stanzen Sie den Schlitz mit einem Knopflocheisen in das Leder. Alternativ können Sie das größtmögliche Loch mit der Lochzange einstanzen und mit dem Cutter einen kurzen Schlitz zum längeren Riemenende hin anfügen.

Anmerkung: Die Knopflochniete sollte beim Tragen des Schuhs unter dem runden Loch sitzen, nicht unter dem Schlitz. Überlegen Sie bei der Anprobe gut, wie der Schlitz auszurichten ist und bedenken Sie, dass der Fuß den Riemen beim Tragen spannt.

3 Legen Sie das Riemenende mit dem Knopflochschlitz über die untere Lederlage und markieren Sie die Position für die Knopfniete.

4 Lochen Sie den Riemen am markierten Punkt mit der 3-mm-Stanze der Lochzange.

5 Stecken Sie den Nietenstift von unten durch das Leder, dann das Oberteil darauf und ziehen Sie es mit einem Schraubendreher fest.

6 Für einen verstellbaren Verschluss stanzen Sie zu beiden Seiten der Knopfniete je ein weiteres Loch in das Fersenteil. Diese werden vom oberen Riemenende verdeckt. Auf diese Weise kann die Knopfniete so umgesetzt werden, dass der Riemen enger oder lockerer schließt.

2. KNOPFLOCH STANZEN

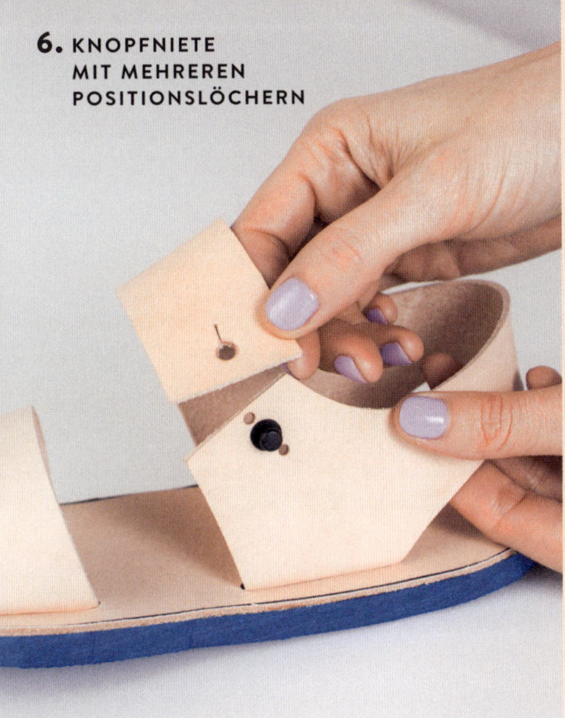

6. KNOPFNIETE MIT MEHREREN POSITIONSLÖCHERN

Schnallen

Der Riemen sollte in etwa ebenso breit oder etwas schmäler als der Mittelsteg der gewählten Schnalle sein. Ziehen Sie den Riemen probeweise durch die Schnalle und kontrollieren Sie, ob er gut hindurchpasst. Klemmt er, dann sollten Sie ihn etwas schmäler schneiden. Nachdem die Schnalle platziert ist, wird sie mit einer Niete fixiert.

1 Markieren Sie die Stelle am Riemen, an der die Schnalle sitzen soll. Sie muss ca. 4 cm von einem Riemenende entfernt sein, damit man den Riemen umschlagen kann.

2 Mit einem Langlocheisen (Breite je nach Dornbreite, ca. 8 bis 12 mm) stanzen Sie an der Markierung für die Schnalle einen mittig und parallel zu den Längskanten des Riemens verlaufenden Schlitz. Auch ohne Langlocheisen können Sie Schlitze in das Leder schneiden (siehe Seite 33): Sie stanzen zwei runde Löcher aus und verbinden sie durch zwei parallele Cutterschnitte.

3 Schieben Sie die Schnalle so auf den Riemen, dass der Dorn durch den Schlitz passt und das Riemenende um den Mittelsteg der Schnalle geklappt werden kann. Wenn die Schnalle an ihrem Platz sitzt und der Dorn sich frei bewegen kann, halten Sie die beiden Lederlagen zusammen fest und markieren die Platzierung für die Niete: Sie soll gleich hinter der Schnalle sitzen; ist sie zu nah daran, wird es schwierig, sie mit dem Hammer einzuschlagen; ist sie weiter entfernt, kann die Schnalle verrutschen.

4 Stellen Sie bei der Lochzange die 3-mm-Stanze ein und stanzen Sie an der Markierung ein Loch durch beide Riemenlagen.

5 Stecken Sie das Unterteil der Niete von unten durch das Loch und legen Sie das Nietenoberteil darauf. Drücken Sie die beiden Teile zusammen, bis es klickt.

6 Legen Sie den Riemen an der genieteten Stelle auf einen Amboss oder stabilen Tisch und klopfen Sie mit dem Hammer das Nietenoberteil ganz flach. Das Riemenende auf der Innenseite können Sie nun kürzen. Wiederholen Sie die Schritte 1 bis 6 mit der anderen Sandale.

7 Sobald die Schnallen angebracht sind, probieren Sie die Sandalen an und schieben die langen Riemenseiten durch die Schnallen. Markieren Sie mit einem Bleistift die Positionen für die Löcher: Suchen Sie zuerst die ideale Position und markieren Sie dann ober- und unterhalb davon jeweils ca. 1 cm voneinander entfernte Punkte, in beliebiger Anzahl.

8 Stanzen Sie mit der Lochzange alle Riemenlöcher aus. Stellen Sie dafür eine Stanze ein, die zur Breite des Schnallendorns passt. Meist ist es die zweit- oder drittkleinste Stanze.

MIT NIETE FIXIERTE SCHNALLE

Geschlossene Schuhe

Wenn Sie einige Sandalen gemacht haben, werden Sie von geschlossenen Schuhen träumen. Das traditionelle Schusterhandwerk ist eine zeit- und arbeitsintensive Tätigkeit, die eine Ausbildung, spezielles Werkzeug und hohe Präzision erfordert. Meine Methode, geschlossene Schuhe anzufertigen, ist einfacher.

In diesem Abschnitt zeige ich Ihnen, wie ich feuchtes Leder forme und es mit den Sohlenschichten eines Schuhs verbinde. Das Verfahren ähnelt der Sandalenherstellung und ist ein erlernbarer Schritt zum Anfertigen von Schuhen. Sie sammeln Erfahrung darin, Leder über einen Leisten zu formen und einen passenden Schuh herzustellen. Auf dieser Grundlage aufbauend werden Sie eine Vielfalt unterschiedlicher Oberteile anfertigen können.

Um einen gut sitzenden Schuh zu machen, brauchen Sie ein Paar Leisten, die in etwa Ihre Größe haben. Weil meine Methode große Flexibilität ermöglicht, dürfen die Leisten auch eine Nummer kleiner oder größer als Ihr Fuß sein. Falls Sie beispielsweise Größe 39 tragen, sind Leisten zwischen Größe 38 und 40 durchaus brauchbar.

Bevor Sie mit der eigentlichen Arbeit an Ihrem Projekt beginnen, sollten Sie an der Unterseite Ihrer Leisten eine dicke Schicht Leder befestigen. Diese schafft den Platz, den Sie, sobald Sie die Oberteile gefertigt haben, für Ihre Brandsohlenschicht benötigen. Dazu zeichnen Sie die Umrisse der Leistenunterseiten auf dickes Leder, schneiden die Teile aus, rauen sie auf einer Seite auf und kleben und nageln sie an die Unterseite der Leisten. Oder Sie befestigen die Ledersohlen provisorisch mit Tackerklemmen und sorgen mit Kreppband für glatte Ränder. Natürlich kann man die Ledersohle für die Leisten auch weglassen, wie ich es bei der Herstellung der Spangenschuhe von Seite 155 getan habe, doch wird der Fuß dann im fertigen Schuh insgesamt weniger Platz haben.

DIE FORM DES LEISTENS BESTIMMT DIE FORM DES SCHUHS.

SCHABLONEN ANFERTIGEN

Für den ausgewählten Leisten muss die Form der Schablonen individuell erstellt werden.

1 Stellen Sie einen Leisten auf ein Blatt Papier. Zeichnen Sie die Umrisse unter Berücksichtigung der nachfolgenden Punkte mit dem Bleistift nach und schneiden Sie die Form aus: Dies ist Ihre Brandsohlenschablone. Markieren Sie die entsprechenden Seiten mit «linke Brandsohle» und «rechte Brandsohle».

+ Falls Ihr Schuh hinten offen sein soll, geben Sie rings um die Ferse ca. 3 bis 6 mm zu, um dem Knöchel etwas Bewegungsfreiheit zu lassen. Soll der Schuh auch hinten geschlossen sein, kann die Brandsohle hinten schmal bleiben.
+ Zeichnen Sie die Brandsohle an der Ferse ca. 1,2 cm länger. Womöglich brauchen Sie den Platz in diesem Bereich, ansonsten können Sie die Brandsohle später immer noch kürzen.

2. ANFERTIGUNG DER LAUFSOHLENSCHABLONE

2 Für die Laufsohlenschablone zeichnen Sie die Umrisse der Brandsohlenschablone mit ringsherum 3 mm Zugabe auf. Diese Schablone ist etwas größer als die fertige Laufsohle, weil das Leder beim Nassformen schrumpfen wird. Schneiden Sie die Schablone aus und markieren Sie die linke und die rechte Seite für jeden Fuß.

3 Für die Oberteilschablonen drapieren Sie Papier um die Leisten, zeichnen darauf die gewünschten Formen auf und schneiden diese mit den benötigten Zugaben aus. Zwar lässt sich Papier nicht so perfekt über Leisten modellieren, doch bekommen Sie dadurch ungefähre Richtlinien. Auf jeden Fall muss das über den Leisten gespannte Papier mindestens 2,5 cm über den unteren Rand hängen: Das ist die Leistenzugabe.

Anmerkung: Wenn Schuhmacher Oberteile entwerfen, überziehen Sie den Leisten mit mehreren Lagen Kreppband und zeichnen ihren Entwurf direkt auf dieses auf. Die Kreppschicht wird dann abgenommen und so zurechtgeschnitten, dass man sie plan auf Papier auflegen kann. Nach dem Nachzeichnen der Umrisse wird die Schablone ausgeschnitten. Ich finde, dass diese Methode fast ebenso ungenau wie meine ist, und deshalb orientiere ich mich bei einfachen Schuhformen an meiner. Probieren Sie die beiden Methoden einfach mal aus!

OBERTEILE HERSTELLEN

Für die Oberteile empfehle ich vegetabil gegerbtes Leder, denn dieses wird nach dem Trocknen zwar fest, bleibt aber biegsam. Ich arbeite gern mit Leder der Stärke 1,2 bis 1,6 mm, das auch für Anfänger gut geeignet ist. Zwar ist Leder der Stärke 1,6 bis 2 mm robuster, doch lässt es sich auf dem Leisten etwas schwerer formen. Sie könnten auch dünnes Leder der Stärke 0,8 bis 1,2 mm doppeln, um eine Dicke zu erhalten, die sowohl bei der Fertigung als auch beim Tragen ideal ist.

Anmerkung: Falls Sie das Oberteil füttern wollen, verwenden Sie dafür das dünnste erhältliche Leder (Stärke ca. 0,8 mm), um eine Gesamtstärke von knapp 1,6 mm zu erzielen. Ist das Futterleder zu dick, wird das Formen über dem Leisten knifflig und der Zehenbereich wird klobig wirken. (Eine Übersicht über Lederstärken finden Sie auf Seite 17.)

Durch das Tragen bekommen die Schuhe im vorderen Bereich Falten. Um dem vorzubeugen, könnte man eine Zehenverstärkung einfügen. Man kann sie aus dünn gespaltenem vegetabil gegerbtem Leder selbst herstellen oder aber fertig kaufen. Ich gehe hier aber nicht weiter darauf ein, weil man viel Erfahrung braucht, um eine Zehenverstärkung nahtlos einzufügen. Abgesehen davon finde ich die Gehfalten nicht störend. Doch wenn Sie mehr Erfahrung in der Schuhherstellung gesammelt haben, könnten Sie darüber nachdenken, dies einmal auszuprobieren.

SOHLEN VORBEREITEN

1 Zeichnen Sie auf dickem Brandsohlleder eine linke und ein rechte Brandsohle vor und schneiden Sie beide aus.

2 Wiederholen Sie diesen Arbeitsschritt mit dem steifen Laufsohlenleder und schneiden Sie diese Sohlen mit dem Cutter aus. Nach dem Anfeuchten formen Sie die Laufsohlen (siehe Seite 55), unter Berücksichtigung von Zehenfeder, Fußgewölbestütze und Fersenschale. Dabei müssen die Wölbungen Ihrer Laufsohlen nicht exakt denen der Leisten entsprechen.

3 Falls die Schuhe Absätze erhalten sollen, wählen Sie diese in entsprechender Form aus oder stellen sie selbst her (siehe Seite 54). Für die endgültige Ausformung von Zehenfeder und Fußgewölbestütze sollte der Absatz unter die Sohle geschoben werden. Auch während des drei- bis 24-stündigen Trocknens bleibt der Absatz unter der Sohle. Sie können das Trocknen beschleunigen, indem Sie die Sohlen in die Sonne oder an eine Heizung legen.

LEDER ÜBER DEN LEISTEN ZIEHEN

Bei diesem Arbeitsschritt legt man die feuchten Oberteile auf den Leisten, fixiert sie mit Leistennägeln und lässt ihnen Zeit, zu trocknen, bevor man sie abnimmt und weiter an der Passform arbeitet.

Legen Sie sich an Ihrem Arbeitsplatz die Leisten, das Leder für die Oberteile, Leistennägel und entweder eine Hammerzange oder aber Hammer und Spitzzange bereit. Bevor Sie loslegen, entscheiden Sie, wie Sie das Oberteil auf den Leisten legen, um die erwünschte Form zu erzielen. Markieren Sie auf jedem Leisten die Positionen, an denen Sie das Leder für das Nassformen anlegen.

1 Halten Sie eines der Oberteile 15 Sekunden lang unter einen Wasserstrahl oder tauchen Sie es in Wasser, bis das Leder ganz vollgesogen ist und keine trockenen Stellen mehr aufweist.

2 Breiten Sie das nasse Leder auf dem Leisten aus und streichen Sie alle Luftblasen heraus. Das Leder wird zunächst ungleichmäßig aufliegen, lässt sich aber gut spannen. Fixieren Sie es mit den Leistennägeln, bevor Sie sich den Leisten mit der Unterseite nach oben in den Schoß legen.

3 Befestigen Sie das Leder an der Unterseite des Leistens mit den Nägeln, dabei setzen Sie sie an der breitesten Stelle des Oberteils: einen Nagel rechts und einen links, mit jeweils knapp 1 cm Abstand zum Rand.

4 Spannen Sie das Leder mit der Zange vorn über den Leisten und fixieren Sie es oben unterhalb der Spitze, mit knapp 1 cm Abstand.

5 Von der Leistenspitze an abwärts schlagen Sie nun im Abstand von je ca. 5 mm entlang der rechten und linken Seite des Leistens weitere Nägel ein. Fälteln Sie das nasse Leder dabei am Rand so, dass es an der Oberseite des Leistens glatt bleibt. Dazu müssen Sie an der Unterseite mehrere breite Falten sehr nah beieinander legen und die Nägel jeweils zwischen den Falten einschlagen. Weil das gefaltete und somit doppelt liegende Leder später weggeschnitten wird, spielt es keine Rolle, wenn die Falten dick sind, solange das Leder an der Oberseite vollkommen glatt bleibt. Vorn unter der Schuhspitze werden die meisten Falten liegen, entlang der Seiten entstehen weniger und weiter auseinander liegende Falten, weil dort weniger überschüssiges Leder anfällt. Hier können die Abstände zwischen den Nägeln breiter sein (ca. 12 mm).

Anmerkung: Diesen Arbeitsschritt zum ersten Mal auszuführen, ist aufregend. Mit der Zeit wird man dabei immer geschickter.

6 Nachdem Sie mit dem ersten Schuh fertig sind, wiederholen Sie die Schritte 1 bis 5 für den zweiten Schuh und achten dabei darauf, alles spiegelgleich zum ersten zu machen.

7 Lassen Sie beide Oberteile über Nacht auf ihren Leisten trocknen.

2. FORMEN

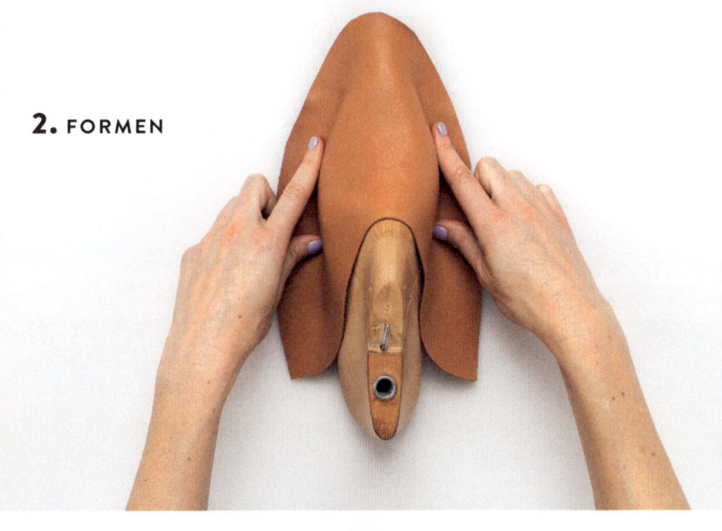

4. PLATZIEREN DER ERSTEN NÄGEL

5. EINSCHLAGEN DER LEISTENNÄGEL

PASSFORM OPTIMIEREN

1 Sobald die Oberteile auf den Leisten vollständig getrocknet sind, entfernen Sie die Leistennägel mit der Zange. Prüfen Sie, ob das Leder auch auf der Rückseite trocken ist, und legen Sie es dann wieder über die Leisten.

2 Legen Sie sich einen Leisten mit der Unterseite nach oben in den Schoß. Mit einer 5 cm langen neuen Klinge des Cutters schneiden Sie dann mit Sägebewegungen die Falten heraus. Arbeiten Sie vorsichtig und achten Sie darauf, nicht die andere Hand zu verletzen. Entfernen Sie nur das abstehende überschüssige Leder und lassen Sie am unteren Querrand mindestens 1 cm stehen, weil diese Zugabe benötigt wird, um Nägel und Kleber zu halten. Für schwer zu erreichende Falten können Sie auch eine Schere verwenden. Wiederholen Sie diesen Arbeitsschritt mit dem anderen Leisten.

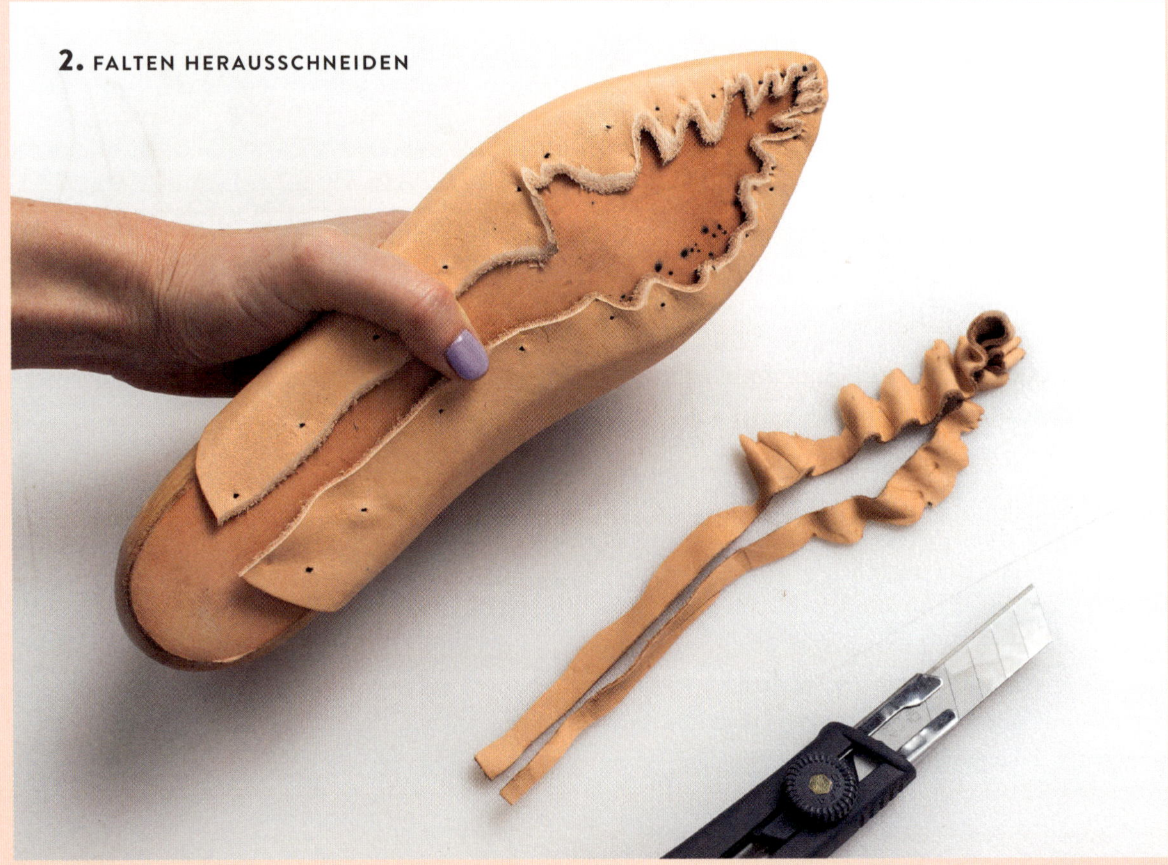
2. FALTEN HERAUSSCHNEIDEN

3 Nehmen Sie die Oberteile von den Leisten ab und schieben Sie die Brandsohlen in die Oberteile. Vergewissern Sie sich, dass sie sich bis zur Spitze hineinstecken lassen. Fixieren Sie die Teile auf der Unterseite mit Kreppband und probieren Sie die Schuhe an, nachdem Sie Laufsohle und Absatz darunter geschoben haben.

4 Falls die Brandsohlen zu breit sind oder sich nicht gut in die Oberteile einfügen, müssen ihre Ränder jetzt begradigt werden. Nach dem Anpassen der Brandsohlen verbinden Sie diese wieder so mit dem Oberteil, dass der Schuh gut passt: Er darf nicht einengen oder drücken, aber auch nicht zu weit sein. Allerdings muss ein wenig Spielraum bleiben, um bequem gehen zu können. Schmale Lücken an den Seiten ermöglichen, dass sich der Schuh mit der Zeit nach Ihrem Fuß formt.

5 Prüfen Sie, ob die Oberteile von linkem und rechtem Schuh identisch sind. Vielleicht muss nur eines beschnitten werden, damit beide gegengleich aussehen. Nachbesserungen sollten jetzt in dieser Phase durchgeführt werden. Fixieren Sie dann das Kreppband wieder so, dass beide Schuhe gut passen.

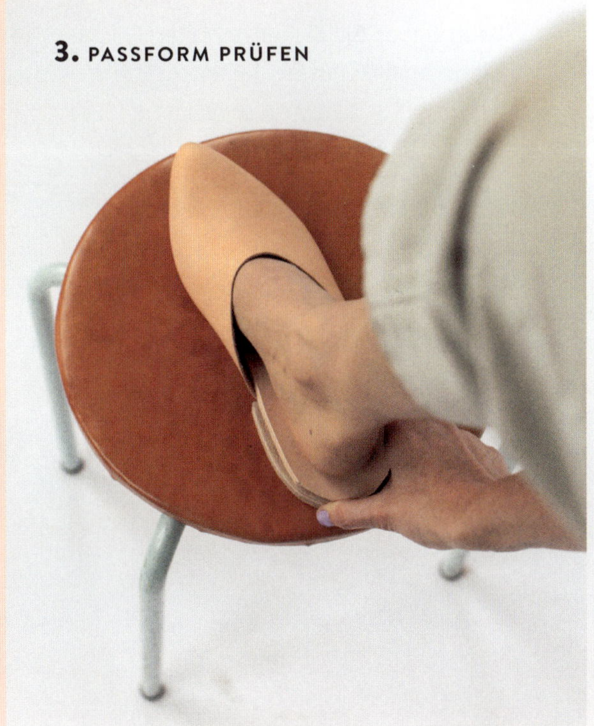

3. PASSFORM PRÜFEN

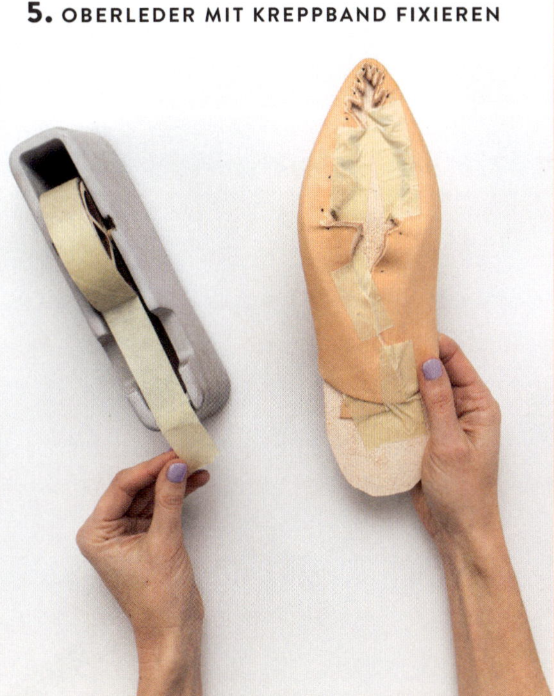

5. OBERLEDER MIT KREPPBAND FIXIEREN

AUFRAUEN UND KLEBEN

Nachdem Sie die Passform des Oberteils korrigiert haben, müssen Sie herausfinden, bis zu welchem Punkt dieses an die Unterseite der Brandsohle geklebt wird.

1 Führen Sie die Ahle innen am Oberteil bis an den Sohlenrand und markieren Sie dort den Randverlauf. Bis zu dieser Linie müssen Sie das Oberteil auf der Bodenseite aufrauen und kleben.

2 Drehen Sie den Schuh um und entfernen Sie vorsichtig nach und nach die Kreppbandstücke. Markieren Sie dabei mit einem Permanentmarker die Linie, an der die Außenkante des Oberteils auf der Brandsohlenunterseite aufliegt.

3 Rauen Sie mit der Ahle das Oberteil innen bis zu der in Schritt 1 markierten Linie auf, und die Brandsohle innerhalb der Markierungen von Schritt 2. In den tiefen Zehenbereich des Oberteils zu gelangen, ist nicht ganz leicht. Falls Sie ungefüttertes Leder verwenden, brauchen Sie nicht viel aufzurauen, da es bereits genügend texturiert ist. Ist das Oberteil jedoch gefüttert, müssen Sie hier sorgfältig aufrauen.

4 Bestreichen Sie die aufgerauten Flächen mit Kleber und lassen Sie ihn antrocknen.

2. RÄNDER DES OBERLEDERS MARKIEREN

4. KLEBEN

TIPP: Um schwer zugängliche Bereiche mit Kleber zu bestreichen, ist ein langer dünner Pinsel hilfreich.

5 Halten Sie ein Oberteil mit der Oberseite nach unten und schieben Sie die Brandsohle vorsichtig hinein, ohne dass die mit Kleber bestrichenen Teile einander berühren. Erst wenn die Brandsohle ganz vorn sitzt, pressen Sie die Teile entlang der Markierungen von Schritt 2 zusammen. Der Kleber wird jetzt haften. Achten Sie also genau darauf, welche Stellen Kontakt miteinander bekommen. Wiederholen Sie die Schritte mit dem zweiten Schuh.

6 Schlüpfen Sie in beide Schuhe, um die Passform zu prüfen. Nicht passende Bereiche können Sie mit der Zange lösen und neu verkleben. Passt die Form, so schieben Sie den Schuh mit der Sohle nach oben auf einen Schusteramboss und klopfen die Verbindung fest – sie muss dabei sicher auf dem Amboss sitzen.

7 Nun können Sie sich um den hinteren Teil des Schuhs kümmern.

Um Schuhe mit Fersenriemen und offener Ferse herzustellen, schlüpfen Sie in den auf Laufsohle und Absatz gestellten Schuh und drapieren und markieren die Fersenriemen (siehe Seite 30). Den hinteren Teil des Schuhs verarbeiten Sie wie den einer Sandale (siehe Seite 32–41).

Für Schuhe mit geschlossener Ferse stellen Sie die Fersenteile wie Vorderteile her (siehe Seite 72). Sobald die Fersenteile getrocknet sind, fixieren Sie sie mit Kreppband am Schuh, um die Passform zu testen. Wahrscheinlich muss die Brandsohle hinten gekürzt und verschmälert werden. Es folgen die Schritte Markieren, Aufrauen und Kleben.

8 Damit die Oberteilränder auf der Sohlenunterseite nicht drücken, können sie ausgeschärft oder durch Einfügen einer Zwischensohle (siehe Seite 44) ausgeglichen werden. Auf dem Foto unten besteht die Zwischensohle aus zwei Einsätzen, die die Lücken zwischen den Seiten des Vorderteils und im Fersenbereich ausfüllen.

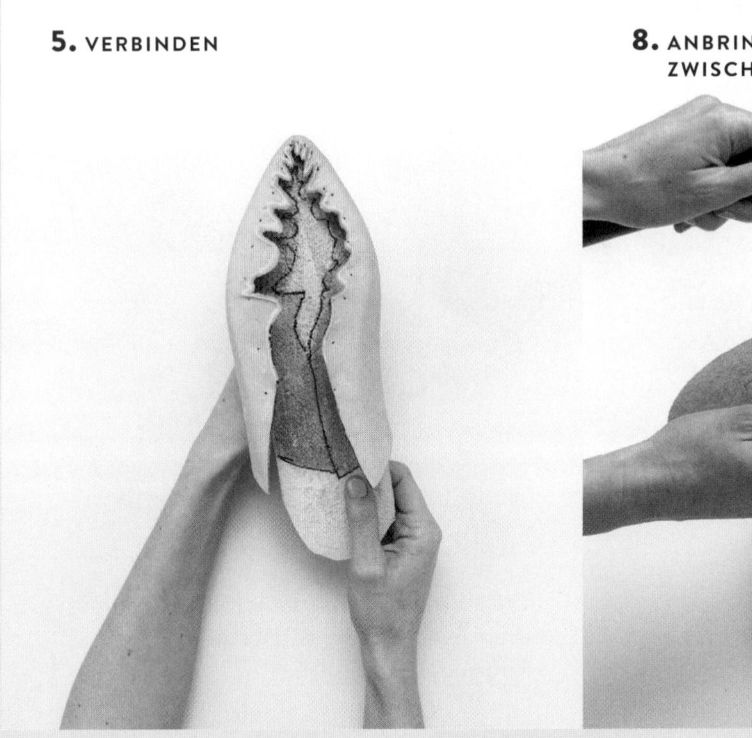

5. VERBINDEN

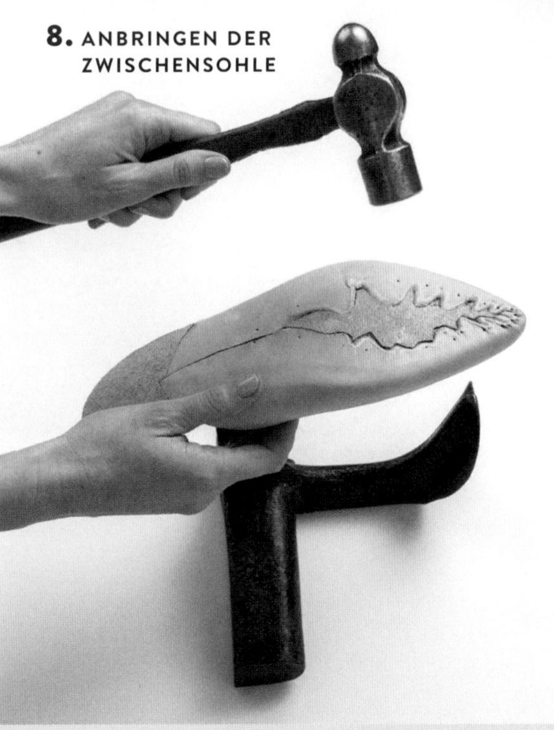

8. ANBRINGEN DER ZWISCHENSOHLE

VERBINDUNG MIT DER LAUFSOHLE

Legen Sie die fertig vorbereiteten Oberteile und Laufsohlen (ggf. mit befestigten Absätzen) bereit.

1 Stellen Sie ein Oberteil (mit Brandsohle) auf seine Laufsohle, um zu prüfen, ob diese auf die Maße der Brandsohle zugeschnitten werden muss. (Die Laufsohle sollte sich an das Oberteil anschmiegen, ohne am Rand überzustehen.) Falls Sie die Laufsohle beschneiden müssen, markieren Sie die entsprechenden Stellen mit dem Bleistift und schneiden Sie sie dann zurecht. Wiederholen Sie diesen Schritt mit dem anderen Schuh. Falls die Laufsohlenränder nur etwas abgeschliffen werden müssen, um passend gemacht zu werden, dann sollte auch das in dieser Phase erfolgen, weil es später nicht mehr möglich ist, ohne die Oberteile zu beschädigen.

2 Nachdem Ihre Laufsohlen die perfekte Passform haben, legen Sie sich ein Oberteil in den Schoß, legen die zugehörige Laufsohle mit der Unterseite nach oben darauf und kontrollieren, ob die Ränder überall plan aufeinanderliegen. Ziehen Sie die Konturen der Laufsohle mit einer Ahle oder einem spitzem Bleistift auf der Brandsohlenunterseite nach. Wiederholen Sie diesen Schritt mit dem zweiten Schuh.

Anmerkung: Bei der Herstellung von Mules (wie hier auf den Fotos) schleift man den hinteren Teil der Sohle und den Absatz erst später ab. Sobald alles zusammengeklebt ist, probieren Sie die Mules an und prüfen, wie viel hinten abgeschliffen werden muss.

1. LAUFSOHLE MARKIEREN UND PASSEND ZUM OBERTEIL ABSCHLEIFEN

2. PLATZIERUNG DER LAUFSOHLE AUF DEM OBERTEIL MARKIEREN

TIPP: Ich verwende dafür eine Ahle oder einen feinen Permanentmarker in der Farbe des Leders.

3 Rauen Sie mit einer Ahle oder Aufraubürste die Unterseite der Brandsohle innerhalb der in Schritt 2 markierten Linien stark auf. Rauen Sie auch die Oberseite der Laufsohle auf, bestreichen Sie alle vier Teile mit Kleber und lassen Sie ihn einige Minuten antrocknen.

4 Legen Sie sich ein Oberteil in den Schoß und pressen Sie, von der Schuhspitze beginnend, langsam die Laufsohle darauf. Achten Sie darauf, dass die beiden Teile präzise aufeinander ausgerichtet sind. Drücken Sie die verbundenen Teile mit den Fingerspitzen zusammen. Wiederholen Sie diesen Schritt beim anderen Schuh. Schlüpfen Sie in beide Schuhe, um die Schichten mit Ihrem Körpergewicht zusammenzupressen. Ziehen Sie anschließend jeden Schuh mit der Laufsohle nach oben über einen Schusteramboss, um die Klebeflächen mit dem Hammer festzuklopfen.

Nägel

Möglicherweise liegen die Kanten von Oberteil und Laufsohle noch nicht fest genug aufeinander. Dies lässt sich durch Schusternägel verbessern, deren Spitzen sich klammerartig umbiegen. Für diesen Schritt benötigen Sie einen Schusteramboss.

1 Ziehen Sie den Schuh mit der Sohle nach oben über den Amboss. Bohren Sie mit der Ahle ein tiefes Loch mit 3 bis 4 mm Randabstand in die Laufsohle und schlagen Sie einen ca. 1 cm langen Schusternagel ein. Er wird durch alle Schichten hindurchgehen. Durch das Auftreffen auf dem Amboss biegt sich die Nagelspitze um und liegt flach im Schuhinneren auf, ohne zu stören. Schlagen Sie mit dem Hammer darauf, bis die Nagelspitze dicht auf der Brandsohle aufliegt.

3. OBERTEIL UND LAUFSOHLE MIT KLEBER BESTREICHEN

4. DURCH KLOPFEN VERBINDEN

2 Schlagen Sie nun am Sohlenrand weitere Nägel im Abstand von ca. 1,5 bis 2 cm ein. Wenn Sie einen Schuh mit runder Spitze fertigen und mit einem Schusteramboss arbeiten, sollte das Setzen der Nägel keine Probleme bereiten. Bei einer engeren Spitze dagegen ist dies schwieriger. Eventuell lohnt sich dafür die Anschaffung eines Ambosses mit spitzem Arm, oder ein Besuch bei einem entsprechend ausgerüsteten Schuster.

3 In manchen Fällen kann man von unten keine Nägel setzen. So kann bei einem Schuh mit geschlossener Ferse der Absatz zu dick sein, um von unten hindurchnageln zu können. Bohren Sie dann die Löcher von oben vor und stellen den Schuh mit der Oberseite nach oben auf den Amboss. Falls Sie dann mit dem Hammer immer noch nicht an den Nagelkopf kommen, stecken Sie den Nagel fest in das vorgebohrte Loch, drehen den Schuh wieder um und vergewissern sich, dass der Nagelkopf über dem Amboss ist. Schlagen Sie nun mit dem Hammer ein- oder zweimal auf die dem Nagel entsprechende Position des Absatzes. Nehmen Sie den Schuh vom Amboss und kontrollieren Sie, ob der Nagel gerade in das Loch gerutscht ist. Wenn das der Fall ist, drehen Sie den Schuh wieder um und klopfen mit stärkerem Krafteinsatz auf den Absatz, bis der Nagelkopf plan auf dem Leder aufliegt. Einen bei den ersten Schlägen schief gesetzten Nagel ziehen Sie mit der Zange heraus und ersetzen ihn durch einen neuen.

2. VON UNTEN NAGELN

3. VON OBEN NAGELN

KANTENFINISHING

1 Falls Ihr Schuh hinten offen ist, wie bei Mules oder Slingbacks, schleifen Sie nun den hinteren Bereich des Sohlenrands ab, damit alles schön glatt wird. Achten Sie darauf, dass das Oberteil nicht an das Schleifband gerät!

2 Beschneiden Sie dann noch den oberen Rand der Brandsohle mit Cutter und Schere.

3 Bringen Sie ggf. Schnallen oder Nieten an, oder stanzen Sie Senkellöcher. Die Ränder können unbehandelt bleiben oder mit Kantenfarbe bestrichen werden. Falls Sie mit der Passform noch nicht zufrieden sind, finden Sie auf Seite 180 Tipps zur Verbesserung.

Herzlichen Glückwunsch! Sie haben «richtige» Schuhe gefertigt, was eine enorme Leistung ist. Da Ledersohlen anfangs rutschig sind, ist es ratsam, sie vor dem Tragen aufzurauen.

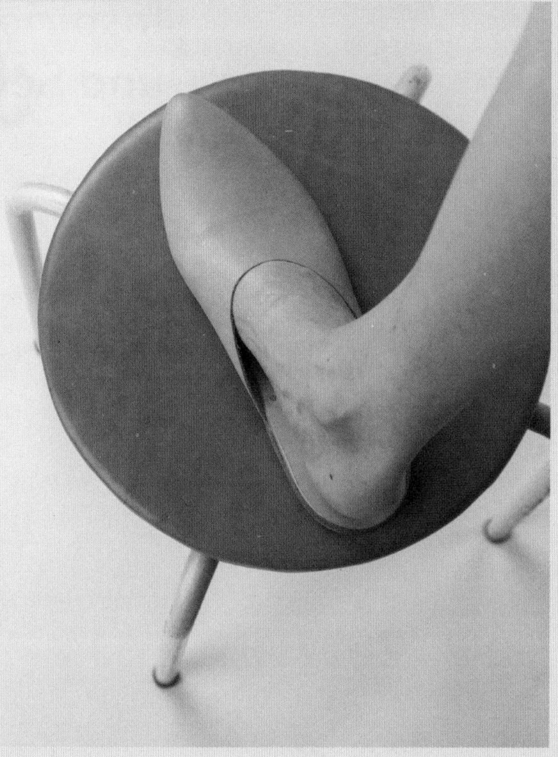

2. OBEREN RAND BESCHNEIDEN

Inspirierende Schuhmacherinnen und Schuhmacher

Schuhmacher kann man auf ganz unterschiedliche Art sein. Während sich viele in der Schuhindustrie beschäftigte Menschen mit einem einzigen Aspekt befassen, wie Design, Produktentwicklung, Materialeinkauf oder Fertigung, macht ein Schuster oder eine Schusterin oft alles selbst. Moderne Schuhmacher entwerfen und fertigen ihre Schuhe nicht nur eigenhändig, sondern sie stellen auch Leisten her und vermarkten ihre Produkte selbst. Um Ihnen einen Eindruck der Vielfalt dieses wieder aktuellen Handwerks zu geben, stelle ich Ihnen hier einige Schuhmacherinnen und Schuhmacher vor, die ich besonders schätze. Ihre Websites finden Sie auf Seite 190.

Amara Hark Weber ist Schuhmacherin, Künstlerin und Lehrerin und lebt in Minnesota. Die Herstellung handgenähter Schuhe erlernte sie bei Janne Melkersson und Marcell Mrsan, die von Westernstiefeln bei D. W. Frommer und die von Highheels bei Chris Francis.

Keiko Hirosue ist Schuhmacherin und Unternehmerin. Ihre Karriere begann sie bei Brooklyn Shoe Space, einer Gemeinschaftswerkstatt von Schustern. Hirosue engagiert sich für die moderne Schuhmacherszene und ist über ihre Live-Unterhaltungen auf Instagram mit vielen Gleichgesinnten vernetzt.

Reid Elrod fertigt traditionelle Maßschuhe für Männer an. Er lernte bei mehreren europäischen Schuhmachern, beteiligt sich an internationalen Wettbewerben und nimmt pro Jahr nur eine Handvoll Kunden an. Der aus Kalifornien stammende Elrod lebt heute in Berlin und arbeitet für Korbinian Ludwig Hess.

Jason Hovatter gibt in seiner Schuhmacherwerkstatt in Portland, Oregon, verschiedene Schuhmacherkurse, deren Teilnehmer lernen können, wie man mit Leder arbeitet und es verziert.

AMARA HARK WEBER

KEIKO HIROSUE

REID ELROD

JASON HOVATTER

Julie Derrick betreibt den Reparaturladen JD's Shoe Repair in Portland, Oregon. Sie lernte bei einigen sehr erfahrenen Schustern im Nordwesten der USA und experimentiert mit neuen Methoden der Schuhreparatur. Sie findet, dass geliebte und nützliche Dinge instandgesetzt anstatt weggeworfen werden sollten.

Faye Smith verliebte sich in Spanien in die Schuhmacherei und gründete 2015 ihr eigenes Label Sevilla Smith. Sie tritt für eine transparente Produktion ein und dafür, dass Leder von Hand über die Leisten gespannt wird. Ihre Designschwerpunkte sind Mittelalter und moderner Minimalismus.

Aldanondoyfdez ist eine von Catuxa Fernandez und Ignacio Aldanondo gegründete Marke handgemachter Schuhe. Beide leben in Barcelona und arbeiteten früher als Architekten. Ihre in traditioneller Handwerkskunst gefertigten Modelle sind von einer verspielten, experimentierfreudigen Ästhetik inspiriert, die sich weder Trends noch Geschlechterrollenkonventionen beugt.

Jeremy Atkinson ist einer der drei zeitgenössischen Clogmacher, die ihre Sohlen immer noch von Hand schnitzen. Mit besonderen Klingen mit langen Griffen wendet er Arbeitstechniken aus dem Mittelalter an. Sobald das Holz getrocknet ist, befestigt er die Oberteile mit geschmiedeten Clognägeln. Sein traditionell eingerichtetes Atelier befindet sich in Kington in England.

Lisa Sorrell, eine Stiefelmacherin aus Oklahoma, beherrscht meisterlich das Sticken der für Westernstiefel typischen Details. Nebenher verkauft sie online Teile fürs Schuhemachen und gibt Kurse. In ihrem Buch *The Art of Leather Inlay and Overlay* erklärt sie, wie Stiefelmacher ihre komplexen Ornamente kreieren.

JULIE DERRICK

FAYE SMITH

ALDANONDOYFDEZ

JEREMY ATKINSON

LISA SORRELL

KAPITEL 3

SANDALEN-PROJEKTE

Auf den folgenden Seiten zeige ich Ihnen einige meiner Lieblingsmodelle, die allesamt aus meinem Repertoire der letzten Jahre stammen. Es sind zeitlose Schuhe, die ich so auswählte, dass jeder etwas für sich finden kann: etwas Modernes, etwas Verspieltes, etwas Klassisches, Sandalen zum Schnüren, Sandalen mit Schnalle, Absatz oder Plateausohle, Pantoletten, sehr feminine Sandalen, maskuline Sandalen, Unisex-Modelle, leicht anzufertigende oder auch anspruchsvollere Konstruktionen ... Sie können die Anleitungen Schritt für Schritt befolgen oder aber nach Lust und Laune improvisieren. Viel Spaß bei der Auswahl Ihres ersten selbst gemachten Sandalenmodells!

Querriemen-sandalen

Ich beginne mit diesem Typ, weil es der einfachste ist: Das unkomplizierte Modell ist praktisch zu meinem Markenzeichen geworden. Es hat pro Fuß nur zwei Oberteile und wird am Knöchel geschnürt. Die Oberteile sind zwischen den Sohlenlagen festgeklebt, und weil ihre Enden am Rand ausgedünnt sind, sind sie nicht zu spüren. Experimentieren Sie ruhig mit der Zehenriemenbreite und der Form des Fersenteils. Anstatt mit breitem Fersenteil und Schnürsenkeln könnte man dieses Modell auch mit schmalen Fersenriemen versehen und mit Knopfniete oder Schnalle schließen.

WERKZEUG

- Bleistift und Permanentmarker
- Schere
- Lineal
- Cutter
- Ahle oder Aufraubürste
- Lochzange
- Hammer
- Bandschleifgerät (optional)

MATERIAL

- Vorlagen (siehe Ausklappseite D) und Papier
- 1,5 Quadratfuß mittelstarkes Oberleder (1,6 bis 2 mm stark)
- 1 Quadratfuß (ca. 30 x 30 cm) dickes Brandsohlleder (3,6 bis 4 mm stark)
- Kreppband
- Schuhkleber auf Lösungsmittelbasis
- ca. 30 x 30 cm Sohlenplatte
- Schnürsenkel

1 **Schablonen vorbereiten:** Vorlagen von Ausklappseite D abpausen oder eigene Vorlagen erstellen, jeweils für Sohle, Fersenteil und Querriemen. Die Sohle sollte etwas größer sein als angenommen. Schablonen ausschneiden und am Fuß ausprobieren. Ggf. Vorlagen anpassen. Wenn die Teile straff am Fuß anliegen, sollten sie an jedem Ende mindestens 2,5 cm überhängen.

Nicht vergessen: Eine Seite jeder Schablone ist für den rechten Fuß, die andere für den linken.

2 **Vorzeichnen und ausschneiden:** Fersenteil und Querriemen auf dem mittelstarken Oberleder vorzeichnen und die Sohlenform auf dem dickerem Brandsohlleder. Schablonen umdrehen, um alles für den anderen Fuß vorzuzeichnen! Bei geraden Abschnitten mit einem Lineal arbeiten. Die Teile knapp innerhalb der Konturen ausschneiden, damit auf den Schuhen später keine Markierungen zu sehen sind.

3 **Drapieren und markieren:** Brandsohle auf Hocker legen, Fuß daraufstellen und Oberteile über Fuß drapieren. Das Fersenteil sollte passend anliegen, der Querriemen *nur* den kleinen Zeh bedecken, seine Enden verlaufen leicht schräg nach hinten, damit die Öffnung an den Zehen etwas enger als die zum Spann hin ist. Dann mit Bleistift oder Ahle die Eckpunkte markieren, an denen die Kanten der Oberteile auf die Brandsohle treffen, und zwar mit ca. 1 cm Abstand zum Sohlenrand.

4 **Löcher und Schlitze:** Mit der kleinsten Stanze der Lochzange die Markierungen von Schritt 3 aus einer Brandsohle ausstanzen. Anschließend die Brandsohlen mit den Oberseiten aufeinanderlegen, um die Positionen der Löcher zu übertragen. Auch diese Löcher ausstanzen. Dann bei beiden Brandsohlen die Löcher durch parallele Schnitte zu Schlitzen für die Oberteile erweitern.

5 **Anpassen:** Bei beiden Sandalen die Oberteilenden durch die entsprechenden Schlitze fädeln und die Teile spannen, bis sie optimal passen. Unter Umständen muss man sie dazu schräg ziehen oder in die Enden Keile schneiden (siehe Seite 36). Durch Letzteres entsteht am Querriemen eine leichte Wölbung, was die Sandale wiederum attraktiver macht. Oberteilenden an der Brandsohlenunterseite mit Kreppband fixieren.

6 **Markieren:** Wenn beide Schuhe gut passen, die Umrisse der Laschen mit Permanentmarker auf der Brandsohlenunterseite nachzeichnen. Dabei das Kreppband nach und nach lösen und nun scharnierartig anlegen, damit die Laschen während des Klebens nicht verrutschen.

7 **Aufrauen und kleben:** Mit der Ahle all jene Bereiche der Laschen und der Brandsohlenunterseite aufrauen, die geklebt werden sollen. Kleber auftragen, antrocknen lassen. Dann jedes Oberteilende sorgfältig innerhalb der in Schritt 6 gezeichneten Umrisse aufdrücken. Schuhe anprobieren. Wenn die Passform stimmt, die Klebeverbindungen durch Klopfen mit dem Hammer verfestigen. Sollten Korrekturen notwendig sein, das betreffende Ende mit der Zange abziehen und in der verbesserten Position festkleben.

8 **Ausschärfen:** Die Laschen vorsichtig mit der Cutterklinge ausschärfen, damit sie später nicht zu spüren sind. Dann die Sandalen anprobieren, um sicherzugehen, dass nichts drückt. Nun die gesamte Fläche von Brandsohlenunterseite und Laschen gründlich aufrauen.

9 **Gummisohlen vorbereiten:** Sohlen auf dem Gummimaterial mithilfe der Schablone aufzeichnen, dabei ringsherum ca. 1 cm Zugabe hinzufügen. Die größere Laufsohle erleichtert später das Kleben und Beschneiden. Gummisohlen grob mit dem Cutter ausschneiden.

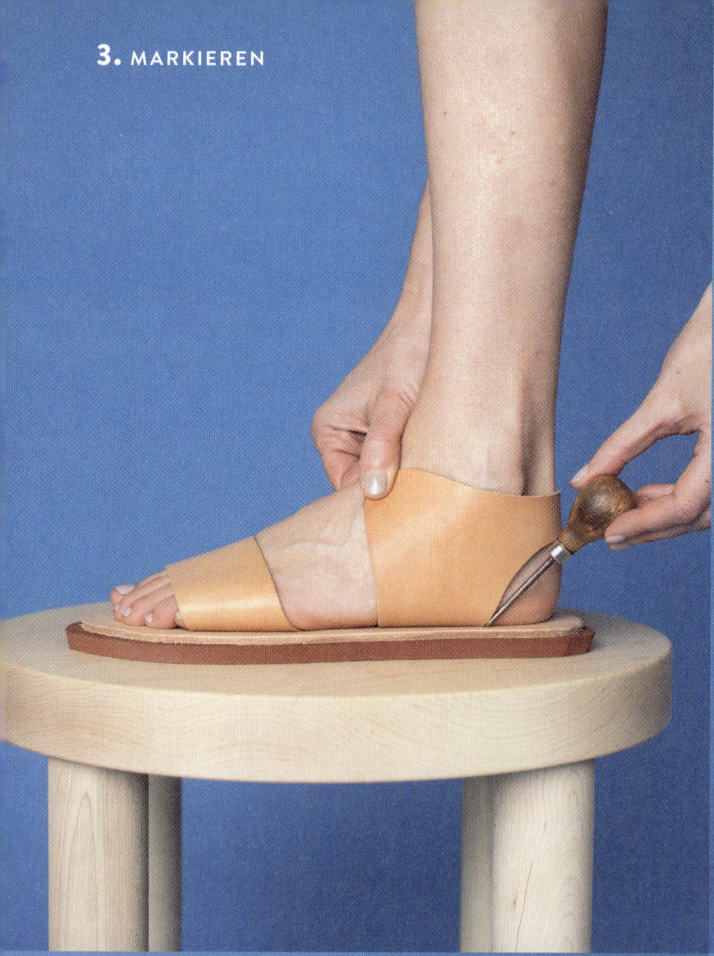

3. MARKIEREN

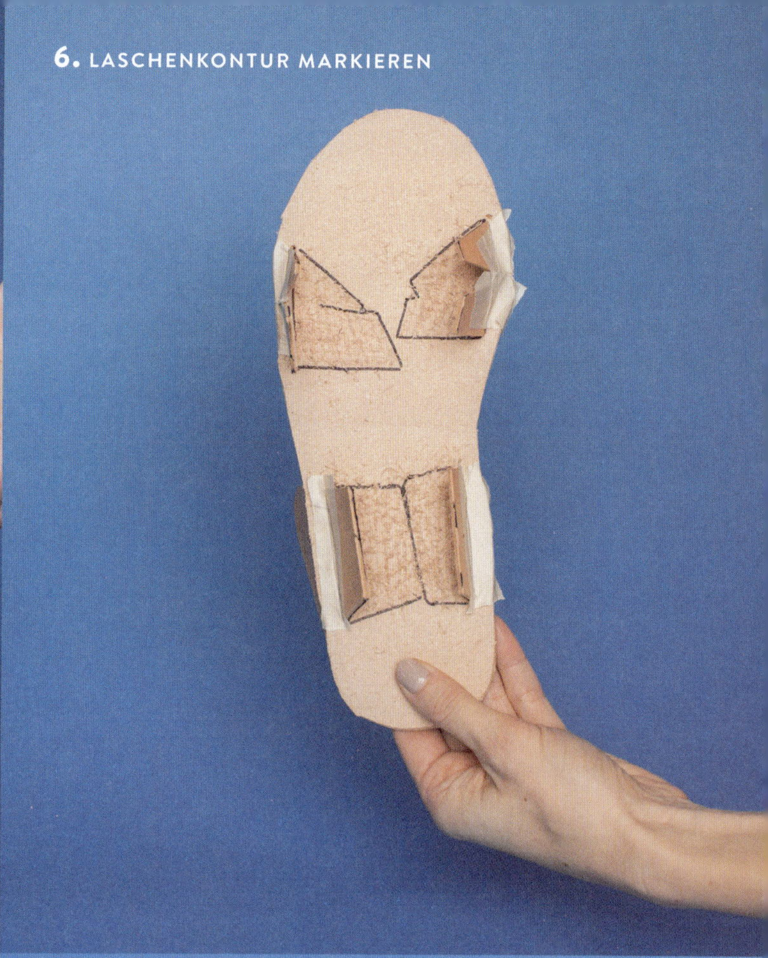

6. LASCHENKONTUR MARKIEREN

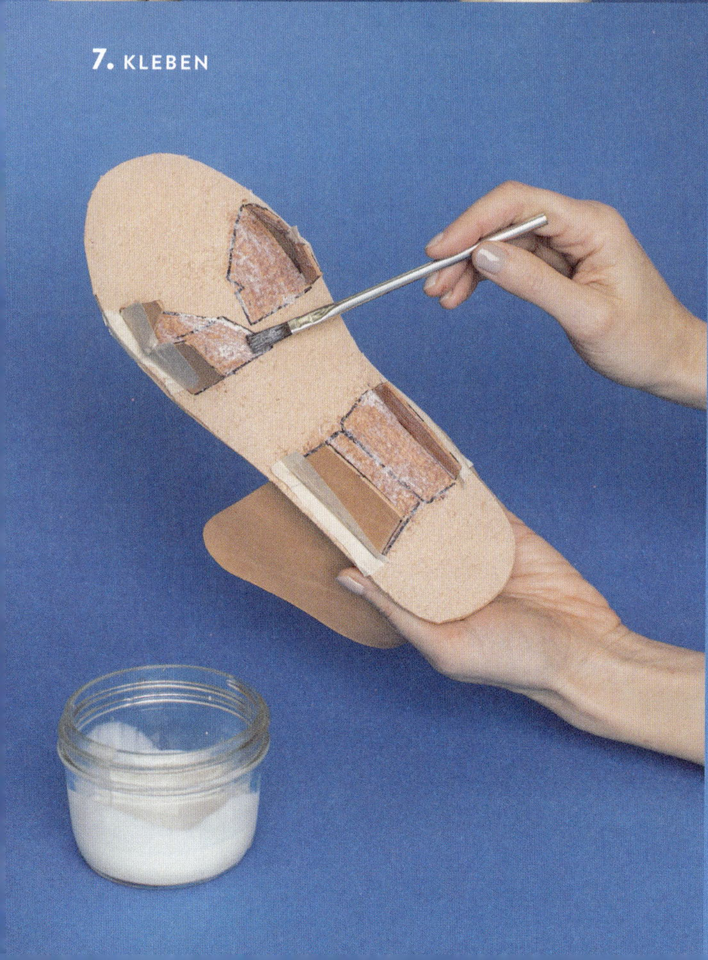

7. KLEBEN

8. AUSSCHÄRFEN

11. BESCHNEIDEN

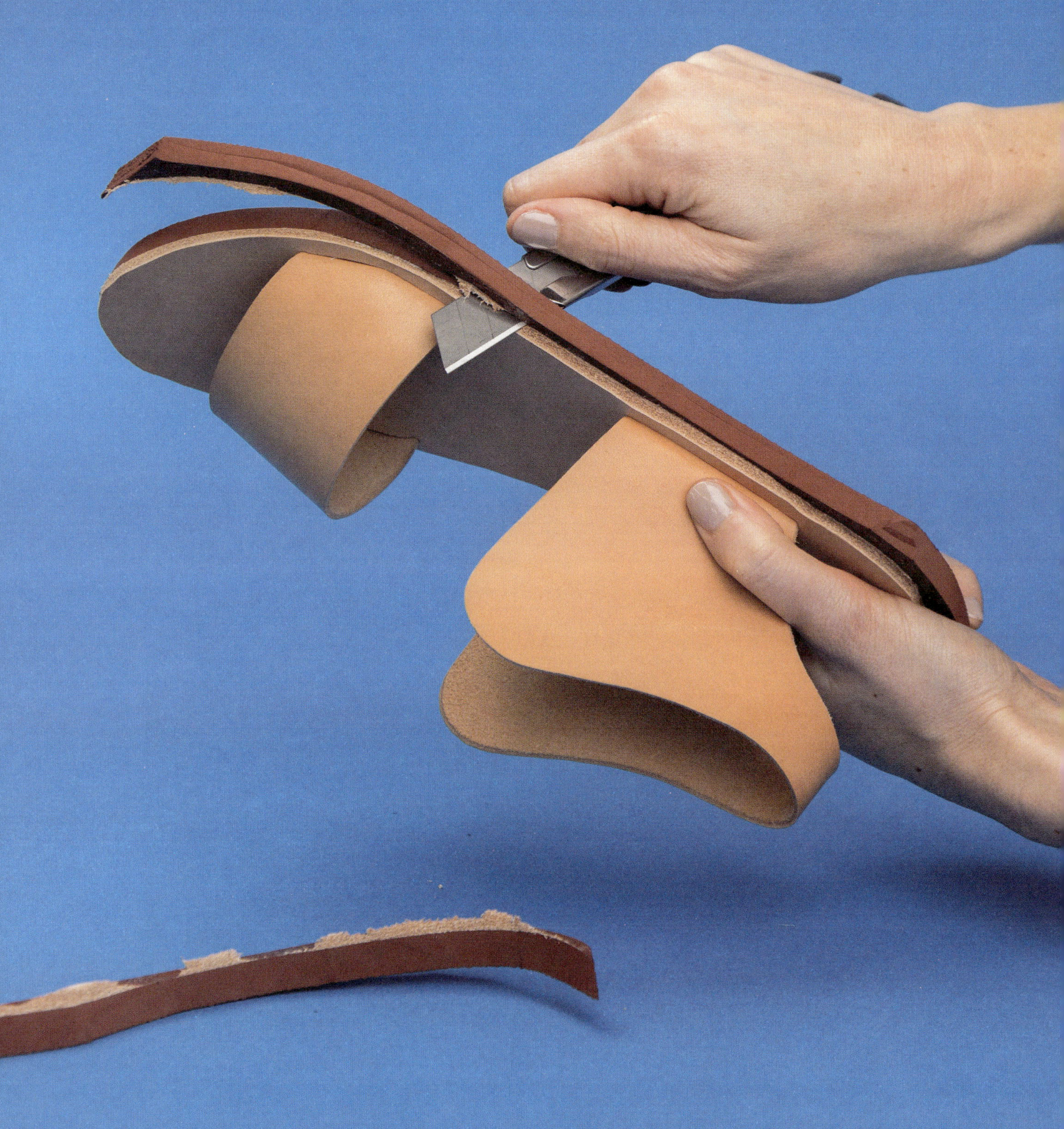

10 Anbringen der Gummisohle: An einem gut belüfteten Ort die Brandsohlenunterseite und die glatte Seite der Gummilaufsohle mit Kleber bestreichen, antrocknen lassen. Dann alle zu verbindenden Oberflächen erneut mit Kleber bestreichen, antrocknen lassen und die Teile sorgfältig zusammendrücken. Den Zehenbereich leicht zur Zehenfeder aufbiegen, den inneren mittleren Bereich zur Fußgewölbestütze (siehe Seite 55). Oberflächen mit den Fingerspitzen zusammenpressen, anschließend behutsam mit dem Hammer festklopfen. Sandalen anprobieren und die Klebeverbindung durch das Körpergewicht verfestigen.

11 Gummisohlen beschneiden: Falls kein Bandschleifgerät vorhanden ist, die Sohlenränder mit einem Cutter beschneiden. Dazu jede Sandale einzeln in den Schoß legen und mit der auf 5 cm verlängerten Cutter-Klinge den überstehenden Gummirand abschneiden. Die Riemen dabei so halten, dass sie der Klinge nicht im Weg sind und die Klinge senkrecht zur Gummisohle führen. Entlang des Brandsohlenrands die Klinge gleichmäßig und flüssig durch den Gummi ziehen.

12 Abschleifen: Falls ein Bandschleifer vorhanden ist, vorab den überstehenden Gummirand beider Sandalen mit dem Cutter grob abschneiden. Anschließend die Ränder der Sandalen abschleifen (siehe Seite 62). Oder die Schuhe für diesen Schritt zum Schuster bringen.

13 Brandsohlenrand beschneiden: Nach dem Beschneiden oder Abschleifen steht der Brandsohlenrand minimal hoch. Die Überstände an den geraden Stellen mit einem Cutter und an den Rundungen mit einer Schere entfernen. Dabei so wenig Rand wie möglich wegnehmen und Kanten in einem 45-Grad-Winkel abschrägen. Die Sandalenränder am besten nicht versiegeln, da Leder und Gummi unterschiedlich darauf reagieren können.

14 Schnürsenkel: Die Schnürposition ist frei wählbar: Auf jeder Seite können ein oder zwei Löcher eingestanzt werden. Sandalen anprobieren und die Stellen für die Schnürung mit einem Randabstand von ca. 1 cm markieren. Die Löcher in passender Größe ausstanzen. Die Schnürsenkel einfädeln und zur Schleife binden.

Zehentrenner

Ein traditioneller griechischer Sandalentyp in minimalistisch vereinfachter Form. Manche Leute sind große Fans des Rings für die große Zehe, während andere dieses spezielle Tragegefühl nicht mögen. Ich gehörte anfangs eher zur zweiten Gruppe, habe diese Sandalen mit der Zehenschlaufe jedoch mit der Zeit zu schätzen gelernt, weil sie dem Fuß sicheren Halt bieten, man gleichzeitig aber auch schnell hinein und heraus schlüpfen kann. Sobald die Zehenschlaufe durch das Tragen weicher geworden ist, nimmt man sie kaum noch bewusst wahr.

WERKZEUG

- Bleistift und Permanentmarker
- Schere
- Lineal
- Cutter
- Ahle oder Aufraubürste
- Lochzange
- Hammer
- Bandschleifgerät (optional)

MATERIAL

- Vorlagen (siehe Ausklappseite C) und Papier
- 1 Quadratfuß (ca. 30 x 30 cm) Oberleder (1,6 bis 2 mm stark)
- 1 Quadratfuß dickes Brandsohlleder (3,6 bis 4 mm stark)
- Kreppband
- Schuhkleber auf Lösungsmittelbasis
- ca. 30 x 30 cm Sohlenplatte

1 Schablonen vorbereiten: Vorlagen von Ausklappseite C abpausen oder eigene Vorlagen herstellen. Benötigt werden ein schmaler Riemen als Zehenschlaufe und ein breiter Riemen für den Spann. Sohlenschablonen mit etwas Zugabe zuschneiden.

2 Vorzeichnen und ausschneiden: Zehenschlaufe und Hauptriemen auf dem Oberleder vorzeichnen (Lineal verwenden) und die Sohle auf dem dickerem Brandsohlleder. Die Sohlen gegengleich für beide Füße vorzeichnen. Die Oberteile knapp innerhalb der Linien ausschneiden, damit später keine Markierungen zu sehen sind. Die Brandsohlen dagegen direkt auf den vorgezeichneten Linien ausschneiden, damit sie nicht zu klein werden.

3 Drapieren und markieren: Einen Fuß auf das Brandsohlleder stellen und die Riemen über den Fuß drapieren. Bei diesem Sandalentyp liegt der Riemen über dem Spann relativ weit hinten; das stabilisiert und verhindert, dass die Ferse beim Gehen hin und her rutscht. Der Riemen über dem Spann wird im steilen Winkel aus den Schlitzen in der Brandsohle kommen, deshalb die Enden unter der Brandsohle in Richtung Ferse ziehen. Die Zehenschlaufe passend an der Außenseite des großen Zehs anlegen und an der Brandsohlenunterseite unter dem großen Zeh fixieren. Das andere Schlaufenende verläuft unter den kleineren Zehen, sodass die Enden unter der Brandsohle nicht überlappen. Winkel und Position der Zehenschlaufe sorgfältig anpassen. Der Abstand zwischen den Schlitzen für die Zehenschlaufe beträgt möglicherweise nur ca. 2,5 cm. Die optimalen Positionen für diese Riemenenden ermitteln und die Eckpunkte an der Brandsohlenunterseite (mit ca. 1 cm Randabstand, nur der innere Schlaufenschlitz liegt weiter innen) mit Bleistift oder Ahle markieren.

4 Löcher und Schlitze: Mit der kleinsten Stanze der Lochzange an den markierten Eckpunkten von Schritt 3 je ein Loch aus einer der Brandsohlen ausstanzen. Die Stellen für den inneren Schlaufenschlitz sind schwer erreichbar, deshalb diese Löcher mit der Ahle vorbohren. Dann die Brandsohlen mit den Oberseiten aufeinanderlegen, die Lochpositionen mit Ahle oder Bleistift übertragen, ebenfalls ausstanzen. Bei beiden Brandsohlen die Löcher mit parallelen Schnitten zu Schlitzen für die Riemen erweitern.

5 Anpassen: Bei beiden Sandalen die Riemenenden durch die Schlitze fädeln und die Riemen spannen, bis sie optimal passen. Die Enden so kürzen, dass sie etwa mittig an der Brandsohlenunterseite liegen. Ein Ende der Zehenschlaufe unter den großen Zeh legen, das andere unter die restlichen Zehen. Wenn alles passt, die Laschen an der Brandsohlenunterseite mit Kreppband fixieren. Riemen aus vegetabil gegerbtem Leder sollten eher straff anliegen, da sich dieses durch das Tragen allmählich weitet und gut an den Fuß anschmiegt. Ein stärker verarbeitetes Leder oder Riemen aus zwei dünnen Lederlagen sollten Zehe und Fuß von Anfang an mehr Raum lassen. Um die Passform zu prüfen, vorsichtig in den Sandalen umhergehen.

6 Markieren: Die Umrisse der Laschen mit Permanentmarker auf der Brandsohlenunterseite nachzeichnen. Das Kreppband nach und nach lösen und nun scharnierartig anlegen, damit die Laschen nicht aus ihren Positionen rutschen.

7 Aufrauen und kleben: Mit der Ahle nun alle Klebebereiche der Laschen und der Brandsohlenunterseite aufrauen. Kleber daraufstreichen, antrocknen lassen, dann die Lagen zusammendrücken. Die Sandalen anprobieren. Eventuelle Korrekturen sollten zu diesem

2. VORZEICHNEN

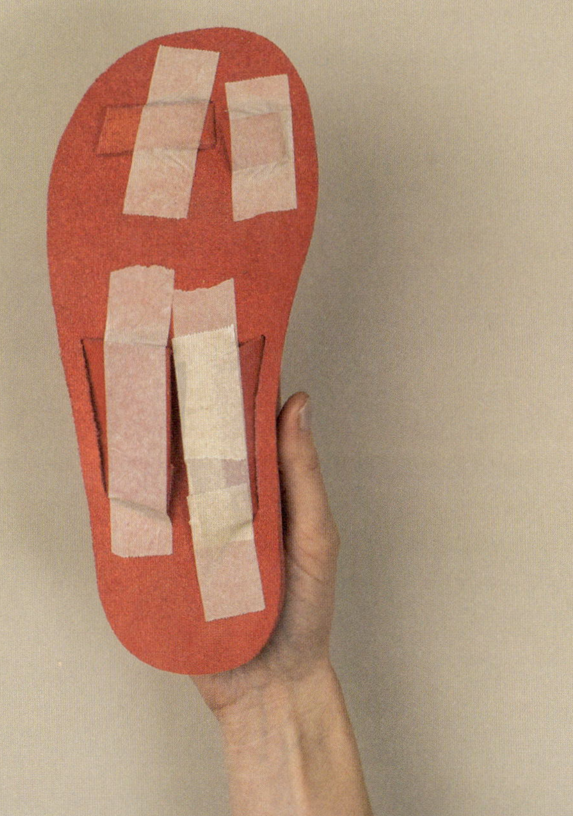

5. ANPASSEN

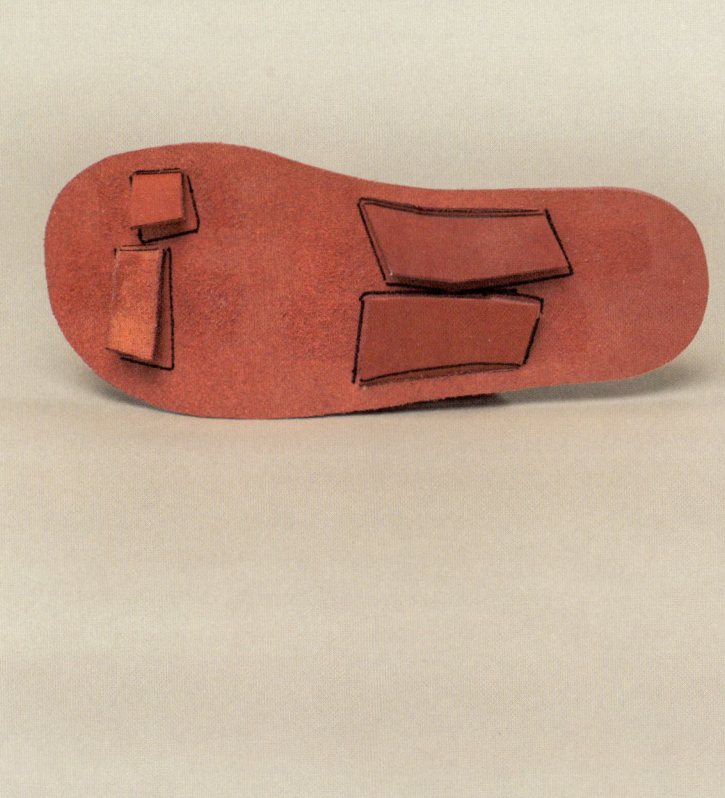

6. MARKIEREN

Zeitpunkt vorgenommen werden. Wenn die Passform stimmt, den Schuh auf einen Tisch, einen Amboss oder den Fußboden legen und nur die Verbindungsstellen behutsam mit einem Hammer festklopfen. Der Bereich an der Zehenschlaufe ist mit dem Hammer allerdings kaum zu erreichen. Diese Stelle deshalb fest mit den Fingern zusammenpressen. Anschließend die Zehentrenner anziehen, um die Verbindung durch das eigene Körpergewicht zu verfestigen.

8 **Ausschärfen:** Die Laschen vorsichtig mit der Cutterklinge ausschärfen, damit sie beim Gehen nicht stören. Bei der Zehenschlaufe besonders behutsam vorgehen, damit nicht zu viel Material entfernt wird. Bei diesem Modell liegt der Schwerpunkt hierbei vor allem auf den hinteren Querkanten des Hauptriemens und den Bereichen am großen Zeh. Wichtig ist, die Laschen nur an den Kanten auszuschärfen, also nicht auf ganzer Fläche. Zwischendurch die Sandalen anprobieren und prüfen, ob noch etwas drückt. Danach die gesamte Brandsohlenunterseite mitsamt der Laschen flächig aufrauen, und zwar insbesondere im Randbereich, damit die Klebeverbindung auch hier lange hält.

9 **Gummisohlen vorbereiten:** Rechte und linke Sohle auf dem Gummimaterial mithilfe der Schablone aufzeichnen, dabei ringsherum ca. 1 cm Zugabe hinzufügen. Die größere Laufsohle erleichtert später das Kleben und Beschneiden. Gummisohlen grob mit dem Cutter ausschneiden.

10 **Anbringen der Gummisohle:** An einem gut belüfteten Ort die Brandsohlenunterseite und die glatte Seite der Gummilaufsohle mit Kleber bestreichen, fünf bis zehn Minuten antrocknen lassen. Eine weitere Schicht Kleber auftragen, wieder antrocknen lassen und die Lagen dann sorgfältig verbinden. Den Zehenbereich leicht zur Zehenfeder aufbiegen, den inneren mittleren Bereich zur Fußgewölbestütze (sieheSeite 55). Oberflächen mit den Fingerspitzen zusammenpressen, anschließend behutsam mit dem Hammer zusammenklopfen. Sandalen anprobieren und die Klebeverbindung durch das eigene Körpergewicht verfestigen.

11 **Gummisohlen beschneiden:** Falls kein Bandschleifgerät vorhanden ist, die Sohlenränder von Hand sorgfältig mit einem Cutter beschneiden. Dazu jede Sandale einzeln in den Schoß legen und mit der auf 5 cm verlängerten Klinge des Cutters den überstehenden Gummirand abschneiden. Die Riemen dabei abhalten und die Klinge senkrecht zur Gummisohle führen. Die Klinge entlang der Außenkante der Brandsohle gleichmäßig und flüssig durch den Gummi ziehen. Dabei auf den Daumen und die freie Hand achten, damit diese nicht gefährdet werden!

12 **Abschleifen:** Falls die Ränder selbst abgeschliffen werden sollen, zuvor den Großteil des abstehenden Gummirands mit dem Cutter entfernen. Dabei auf einem Tisch arbeiten und abschnittsweise schneiden. Die Ränder der Gummisohlen abschleifen (siehe Seite 62).

13 **Brandsohlenrand beschneiden:** Nach dem Abschleifen oder Beschneiden von Hand wird der Brandsohlenrand minimal hochstehen. Die Überstände an den geraden Stellen mit einem Cutter und an den Rundungen mit einer Schere entfernen. Dabei so wenig Rand wie möglich wegnehmen und die Kante abschrägen, in einem 45-Grad-Winkel. Die Sohlenränder können anschließend unbehandelt bleiben, da Leder und Gummi möglicherweise unterschiedlich auf eine Randversiegelung reagieren.

8. AUSSCHÄRFEN

11. BESCHNEIDEN

Plateau-pantoletten

Plateausohlen zu bauen macht großen Spaß! Beim Übereinanderstapeln der Sohlenschichten wird einem bewusst, dass die Schuhmacherei einen bildhauerischen Aspekt hat. Im Fachhandel sind Sohlenplatten in vielen verschiedenen Farben und Stärkegraden erhältlich, sodass sich eine Vielfalt an Kombinationsmöglichkeiten ergibt. Die breiten Riemen dieses Modells werden den Konturen des Fußes angepasst und sollten daher aus weichem, nachgiebigem Leder (1,2 bis 1,6 mm stark) gefertigt werden.

WERKZEUG

- Bleistift und Permanentmarker
- Schere
- Lineal
- Cutter
- Ahle oder Aufraubürste
- Lochzange
- Hammer
- Bandschleifgerät (optional)

MATERIAL

- Vorlagen (siehe Ausklappseite C) und Papier
- 1 Quadratfuß (ca. 30 x 30 cm) Oberleder (1,2 bis 1,6 mm stark)
- 1 Quadratfuß Brandsohlleder (3,6 bis 4 mm stark)
- Kreppband
- Schuhkleber auf Lösungsmittelbasis
- ca. 30 x 30 cm Sohlenplatte mit Profil
- ca. 30 x 30 cm bis 60 x 30 cm (je nach gewünschter Sohlenhöhe) Sohlenplatte ohne Profil (0,5 bis 2,5 cm stark)

1 Schablonen vorbereiten: Vorlagen von Ausklappseite C abpausen oder eigene herstellen. Benötigt werden Schablonen für die Sohle und für die beiden langen Rechtecke, die ein X bilden werden. Diese Riemen müssen beim Anprobieren seitlich jeweils mindestens 2,5 cm weit über die Sohle hängen.

2 Vorzeichnen und ausschneiden: Die Riementeile auf dem dünnen Oberleder vorzeichnen und die Sohle auf dem dickerem Brandsohlleder. Schablonen umdrehen, um alles für den anderen Fuß vorzuzeichnen! Beim Zuschnitt der Riemen mit einem Lineal arbeiten. Die Teile knapp innerhalb der Linien ausschneiden, damit auf den Schuhen später keine Markierungen zu sehen sind.

3 Drapieren und markieren: Fuß auf die Brandsohle stellen und die Riemen in X-Form darüber drapieren. Bei diesem Modell müssen die breiten Riemen so gelegt werden, dass alle Zehen *bis auf den kleinen* sichtbar bleiben. Sobald die Riemen optimal positioniert sind, mit Bleistift oder Ahle die Eckpunkte markieren, an denen die Riemenenden auf die Brandsohle treffen, und zwar mit ca. 1 cm Abstand zum Sohlenrand.

4 Löcher und Schlitze: Mit der kleinsten Stanze der Lochzange die markierten Eckpunkte von Schritt 3 aus einer Brandsohle ausstanzen. Anschließend die Brandsohlen mit den Oberseiten aufeinanderlegen, um die Positionen der Löcher zu übertragen. Auch diese ausstanzen. Dann alle Lochpaare durch parallele Schnitte zu Riemenschlitzen verbinden.

5 Anpassen: Bei beiden Pantoletten die Riemenenden durch die entsprechenden Schlitze fädeln und prüfen, ob die Riemen alle im richtigen Winkel sitzen und die Schlitze ausfüllen. Die Riemen jeweils über den Fuß spannen und die Enden an der Brandsohlenunterseite mit Kreppband fixieren. Riemen aus vegetabil gegerbtem Leder sollten eher eng sitzen, da sie sich durch das Tragen weiten und sich dadurch perfekt an den Fuß anpassen. Die Passform am besten durch Umhergehen überprüfen. Die Riemenlaschen, falls nötig, so kürzen, dass sie sich zwar mittig treffen, einander aber nicht überlappen. Empfehlenswert ist, bei den im Zehenbereich liegenden Riemenlaschen Keile herauszuschneiden (siehe Seite 36), damit sich das Oberteil sanft über dem Fuß wölbt. Das kommt Passform und Aussehen zugute.

6 Markieren: Sobald beide Pantoletten passen, die Umrisse der Laschen mit Permanentmarker auf der Brandsohlenunterseite nachzeichnen. Das Kreppband dabei nach und nach lösen und nun scharnierartig anlegen, damit die Laschen während des Klebens nicht aus ihren Positionen rutschen.

7 Aufrauen und kleben: Mit der Ahle alle Klebebereiche der Laschen und der Brandsohlenunterseite aufrauen. Kleber auftragen und antrocknen lassen. Dann die Laschen sorgfältig innerhalb der in Schritt 6 markierten Konturen aufdrücken. Pantoletten anprobieren. Für Änderungen die Laschen von der Brandsohle lösen, neu positionieren und wieder festkleben. Wenn die Passform stimmt, die Klebeverbindungen durch Klopfen mit dem Hammer verfestigen. Dabei die Riemen abhalten.

8 Ausschärfen: Die Laschen vorsichtig mit der Cutterklinge ausschärfen, damit sie später nicht spürbar sind. Da diese Riemen ziemlich dünn sind, muss womöglich nicht viel weggenommen werden. Die Pantoletten anprobieren, um sicherzugehen, dass nichts drückt.

3. DRAPIEREN

5. RIEMEN, NACH AUSSCHNEIDEN DER KEILE AUF DER SCHUHUNTERSEITE MIT KREPPBAND FIXIERT

10. ANKLEBEN DER GUMMISOHLEN

11. FORMEN DER FUSSGEWÖLBESTÜTZE BEIM VERBINDEN DER SOHLEN

9 Gummisohlen vorbereiten: Jeweils aus der Sohlenplatte mit Profil sowie auf der glatten mithilfe der Schablone eine linke und rechte Sohle aufzeichnen, dabei ringsherum ca. 1 cm Zugabe hinzufügen. Alle Sohlenschichten sollen etwas größer als die Brandsohle sein, weil dies den Zusammenbau erleichtert. Da die Ränder später noch beschnitten werden, genügt es, diese Sohlen grob mit dem Cutter auszuschneiden.

10 Anbringen der Gummisohle: Die gesamte Brandsohlenunterseite und die Laschen aufrauen, dabei im Randbereich besonders gründlich arbeiten. An einem gut belüfteten Ort eine Brandsohlenunterseite und eine profillose Gummisohle, die mit der Brandsohle verbunden werden soll, mit Kleber bestreichen, dann antrocknen lassen. Jeweils nur mit einer Sohlenlage arbeiten. Nachdem der Kleber angetrocknet ist, erneut eine Kleberschicht auftragen und wieder fünf bis zehn Minuten warten.

11 Oberteil knapp über die Gummisohle halten und langsam darauf absenken. Beim Verbinden dieser Schichten eine leichte Zehenfeder und Fußgewölbestütze einarbeiten (siehe Seite 49). Die Lagen mit den Fingerspitzen zusammenpressen, dann behutsam mit dem Hammer zusammenklopfen. Pantoletten anprobieren und die Schichten durch das eigene Körpergewicht zusammendrücken. Den überstehenden Gummirand mit dem Cutter entfernen, bevor die nächste Gummisohle aufgeklebt wird.

12 Die Schritte 10 und 11 mit einer zweiten und ggf. dritten Gummilage wiederholen. Die letzte, unterste Lage sollte ein Profil haben. Beim Aufdrücken einer neuen Sohlenlage die bereits eingearbeiteten Wölbungen nachformen. Klebeverbindung mit dem Hammer verfestigen. Abstehende Gummiränder mit dem Cutter entfernen. Die Schritte 10 bis 12 mit der zweiten Pantolette wiederholen.

13 Abschleifen und beschneiden: Die Gummikanten mit einem Bandschleifer glätten (oder die Schuhe dafür zum Schuster bringen). Falls Sie selbst abschleifen, muss die Brandsohlenkante oben danach von Hand abgeschrägt werden: Die Pantoletten vom Schleifstaub befreien, dann den Cutter in einem 45-Grad-Winkel führen, dabei aber möglichst wenig Material entfernen. Bei diesem Modell brauchen die Kanten nicht versiegelt zu werden. Nun sind die Pantoletten fertig!

Anmerkung: Falls verschiedenfarbige Gummisohlenschichten verwendet werden, können beim Schleifen unterschiedliche Farbpartikel in die Gummilagen gedrückt werden. Wischt man die Ränder gründlich mit einem nassen Tuch ab, kommen die ursprünglichen Farben wieder zum Vorschein.

13. ABSCHLEIFEN

Kreuzriemen-sandalen

Überkreuzte Riemen sind für ein Anfängerprojekt ideal. Weil sie an vier Stellen mit der Sohle verbunden sind, bieten sie dem Fuß sicheren Halt und der breitesten Zone des Zehenbereichs zugleich ausreichend Bewegungsfreiheit. Bei diesem Modell werden die Kreuzriemen mit einem schlichten Fersenteil kombiniert, das seitlich mit einer Schnalle geschlossen wird. Mit einem kleinen Absatz eine klassische feminine Sandalette!

WERKZEUG

- Bleistift und Permanentmarker
- Schere
- Lineal
- Cutter
- Ahle oder Aufraubürste
- Lochzange
- Hammer
- Bandschleifgerät (optional)

MATERIAL

- Vorlagen (siehe Ausklappseite F) und Papier
- 2 Quadratfuß Oberleder (1,6 bis 2 mm stark)
- 1 Quadratfuß (ca. 30 x 30 cm) dickes Brandsohlleder (3,6 bis 4 mm stark)
- 1 Paar dicke Ledersohlen
- 2 Lederschichtabsätze (Anleitung siehe Seite 54)
- Kreppband
- 2 Schnallen (1,2 bis 2 cm breit)
- 2 Nieten
- Schuhkleber auf Wasser- oder Lösungsmittelbasis
- 6 Absatznägel

1 Schablonen vorbereiten: Vorlagen von Ausklappseite F abpausen oder eigene herstellen. Benötigt werden Schablonen für die Sohle, die beiden überkreuzten Riemen im Zehenbereich und das Fersenteil.

2 Vorzeichnen und ausschneiden: Das Fersenteil und die Zehenriemen auf dem Oberleder vorzeichnen und die Sohle auf dem dickerem Brandsohlleder sowie dem dicken Sohlenleder. Schablonen umdrehen, um alles für den anderen Fuß vorzuzeichnen! Das dicke Sohlenleder anfeuchten und sämtliche Teile ausschneiden, die Riemen mithilfe eines Lineals. In die Mitte von zwei Zehenriemen jeweils 3,7 cm breite Schlitze schneiden, durch die später die anderen Riemen hindurchgeführt werden.

3 Drapieren und markieren: Fuß auf Brandsohle stellen, Absatz unter die Ferse schieben, zwei Zehenriemen übereinander legen und über den Fuß drapieren, wobei lediglich der kleine Zeh größtenteils verdeckt sein sollte. Zwischen den Riemen soll seitlich ein größerer Abstand sein. Da die Riemen in einem breiten Winkel auf die Brandsohle auftreffen, müssen die Schlitze breiter als die Riemen sein. Nun das Fersenteil anlegen. Es sitzt meist am besten etwas niedriger, als man annimmt. Wenn sich das Teil gut an die Ferse anschmiegt und die Zehenriemen richtig liegen, alle Eckpunkte markieren, an denen die Riemenkanten auf die Brandsohle treffen (mit ca. 1 cm Abstand zum Sohlenrand).

4 Löcher und Schlitze: Mit der kleinsten Stanze der Lochzange die Eckpunkte von Schritt 3 aus einer Brandsohle ausstanzen. Dann die Brandsohlen mit den Oberseiten aufeinanderlegen, um die Positionen der Löcher zu übertragen. Auch diese ausstanzen. Anschließend bei beiden Brandsohlen die Löcher durch parallele Schnitte zu Schlitzen für die Riemen erweitern.

5 Ledersohlen formen: Nun die Laufsohlen ca. 15 Sekunden in Wasser legen. Anschließend Zehenfeder und Fußgewölbestütze formen (siehe Seite 55). Die Absätze an den entsprechenden Positionen darunterschieben und die Laufsohlen 24 Stunden lang trocknen lassen.

6 Anpassen: Während die Laufsohlen trocknen, bei beiden Sandalen alle Oberteilenden durch die entsprechenden Schlitze fädeln und spannen, bis sie optimal passen. Dazu muss man sie schräg ziehen. Die Oberteilenden an der Brandsohlenunterseite mit Kreppband fixieren. Überlappende Enden vorher kürzen. Riemen aus vegetabil gegerbtem Leder sollten eher eng sitzen, da sie sich durch das Tragen weiten und dadurch perfekt an den Fuß anpassen. Oberteile aus einem stärker verarbeiteten Leder oder einer doppelten Lage dünnem Leder sollten von Anfang an lockerer sitzen, da sie sich nicht mehr stark dehnen werden. Durch Umhergehen mit den provisorisch fixierten Oberteilen die Passform überprüfen. Falls das Anbringen der Schnallen die Anprobe erleichtert, ab hier mit Schritt 13 weitermachen, Schnallen und Nieten befestigen und danach zu Schritt 7 zurückkehren.

7 Markieren: Wenn beide Sandalen gut passen, die Umrisse der Laschen mit Permanentmarker auf der Unterseite der Brandsohle nachzeichnen. Das Kreppband nach und nach lösen und nun scharnierartig anlegen, damit die Laschen während des Klebens im nächsten Schritt nicht aus ihren Positionen rutschen.

2. KREUZFORM: ZEHENRIEMEN INEINANDERSTECKEN

4. SCHLITZE SCHNEIDEN

5. FERTIG GEFORMTE LEDERSOHLEN

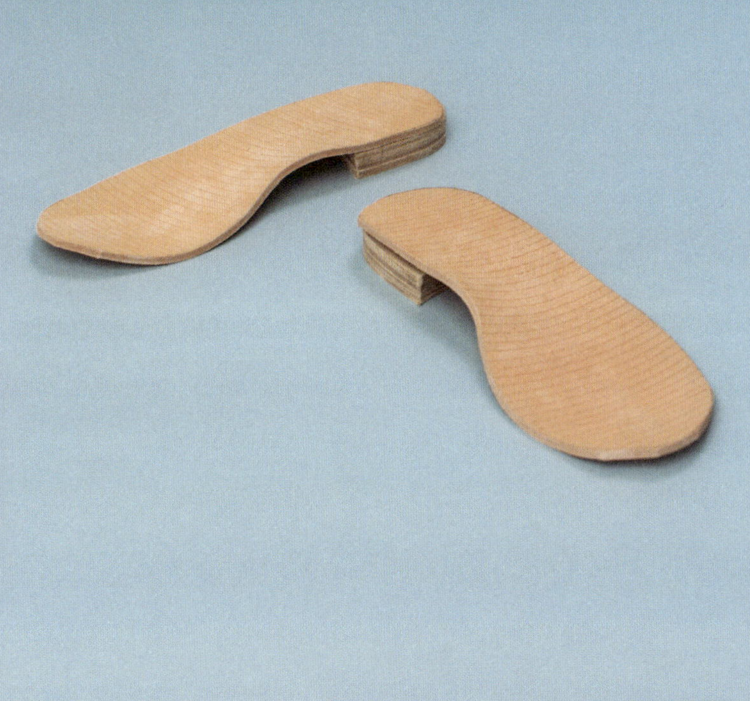

8 Aufrauen und kleben: Mit der Ahle alle Klebebereiche der Laschen und der Brandsohlenunterseite aufrauen. Kleber auftragen, antrocknen lassen, dann die Schichten zusammendrücken. Sandalen anprobieren. Für Änderungen das betreffende Oberteilende mit der Zange abziehen und in der verbesserten Position festkleben. Wenn die Passform stimmt, die Klebeverbindungen durch behutsames Klopfen mit dem Hammer auf einem stabilen Tisch oder einem Amboss verfestigen. Das Oberteil dabei abhalten, damit es nicht beschädigt wird.

9 Ausschärfen: Die Laschen vorsichtig mit dem Cutter ausschärfen, damit sie beim Tragen nicht spürbar sind. Dann die Sandalen anprobieren, um sicherzugehen, dass nichts drückt. Nun die gesamte Brandsohlenunterseite (inklusive Laschen) gründlich aufrauen, besonders am Rand, da sich die Verbindung hier gern löst.

10 Sohle und Absatz verbinden: Die Oberseiten der Absätze und die entsprechenden Bereiche der Laufsohlenunterseiten aufrauen. Diese vier Flächen mit Kleber bestreichen und warten, bis er angetrocknet ist. Absätze mit Laufsohlen verbinden und über einer festen Unterlage zusammenklopfen. Eventuell klaffende Stellen erneut festklopfen. Absätze zusätzlich mit Absatznägeln fixieren.

11 Aufrauen und kleben: Die Brandsohlenunterseiten und die Oberseiten der inzwischen getrockneten Laufsohlen sorgfältig aufrauen und mit Kleber bestreichen. Fünf bis zehn Minuten lang antrocknen lassen.

12 Oberteile und Ledersohlen verbinden: Die Schichten bündig aufeinanderlegen. Die Oberflächen mit den Fingerspitzen zusammendrücken und dann über einer festen Arbeitsfläche mit dem Hammer zusammenklopfen. Sandalen anprobieren und die Verbindung durch das eigene Körpergewicht verfestigen.

12. OBERTEIL MIT LEDERSOHLE VERBINDEN

13 **Schnallen anbringen:** Sandalen anprobieren und mit Bleistift am Fersenriemen die Position der Schnalle markieren. Normalerweise sitzt sie ein kleines Stück vor dem Knöchel. Schnalle und Nieten anbringen (siehe Seite 88).

14 **Abschleifen und beschneiden:** Den Sohlenrand mit dem Bandschleifer glätten (oder die Schuhe dafür zu einem Schuster bringen). Falls Sie selbst abschleifen, muss der kleine Überstand oben an der Brandsohlenkante danach von Hand abgeschrägt werden. Dazu für die geraden Abschnitte einen Cutter und für die Rundungen eine Schere verwenden, in einem 45-Grad-Winkel arbeiten und so wenig Material wie möglich entfernen.

15 **Kantenfinishing:** Die Kanten unbehandelt lassen oder mit Kantenfarbe versiegeln.

13. SCHNALLEN ANBRINGEN

Schnürsandalen

Einmal nahm ein neunjähriges Mädchen zusammen mit seiner Mutter an einem meiner Kurse teil und hatte die Idee, eine mitwachsende Sandalette zu machen. Gemeinsam entwickelten wir ein vollständig geschnürtes, individuell einstellbares Modell. In gewisser Weise handelt es sich dabei um eine Sandalenversion der in Irland und Schottland bei traditionellen Tänzen getragenen Ghillies. Es macht Spaß, mit diesem Sandalentyp, der bei der Herstellung auch kleine Fehler verzeiht, zu experimentieren.

WERKZEUG

- Bleistift und Permanentmarker
- Schere
- Lineal
- Cutter
- Ahle oder Aufraubürste
- Lochzange
- Hammer
- Bandschleifgerät (optional)

MATERIAL

- Schablonen (siehe Ausklappseite F) und Papier
- 2 Quadratfuß mittelstarkes Oberleder (1,6 bis 2 mm stark)
- 1 Quadratfuß (ca. 30 x 30 cm) dickes Brandsohlleder (3,6 bis 4 mm stark)
- 1 Paar dicke Ledersohlen
- 2 Lederschichtabsätze (Anleitung siehe Seite 54)
- Schuhkleber auf Wasser- oder Lösungsmittelbasis
- 6 Absatznägel
- Schnürsenkel
- Kreppband

1 Schablonen vorbereiten: Vorlagen von Ausklappseite F abpausen oder eigene herstellen. Benötigt werden Schablonen für die Sohle, ein Fersenteil und zwei Vorderteile pro Fuß. Die Sohle sollte etwas größer als üblich sein. Dann machen kleinere Ungenauigkeiten nichts aus, und sie kann später zurückgeschnitten werden. Schablonen ausschneiden und am Fuß anprobieren. Dabei ist zu berücksichtigen, dass die Teile später durch Senkel verbunden werden und somit zwischen ihnen ein kleiner Abstand sein wird. Vor allem bei zierlichen Füßen sollte darauf geachtet werden, dass die Vorderteile und das Fersenteil in der Mitte nicht überlappen oder zu nahe beieinander liegen. Ist dies der Fall, kann ein schmaler Streifen hinten mittig im Fersenbereich oder an anderer geeigneter Stelle weggeschnitten werden. Die Oberteilschablonen können mit *R* und *L* markiert werden, um beim Zuschneiden des Leders keine Fehler zu machen. Notwendige Änderungen an der Schablone vornehmen. Wenn die Oberteile straff am Fuß anliegen, sollten sie am Rand jeweils mindestens 2,5 cm überhängen.

2 Vorzeichnen und ausschneiden: Die Umrisse der Oberteile auf dem Oberleder vorzeichnen, die Sohle auf dem dickerem Brandsohlleder und dem dicken Sohlenleder. Darauf achten, sowohl für den linken als auch für den rechten Fuß beide Sohlen vorzuzeichnen. Die Teile knapp innerhalb der Konturen ausschneiden, damit auf den Sandalen später keine Markierungen zu sehen sind. Das dicke Sohlenleder muss vor dem Zuschneiden angefeuchtet werden.

3 Ledersohlen formen: Die Laufsohlen dann ca. 15 Sekunden in Wasser legen. Anschließend die Sohlen formen (siehe Seite 55),

6. OBERTEIL ANPASSEN

um Zehenfeder und Fußgewölbestütze einzuarbeiten. Die Absätze an den entsprechenden Stellen darunterschieben und die Sohlen etwa 24 Stunden lang trocknen lassen.

4 **Sohle und Absatz verbinden:** Sobald die Laufsohlen getrocknet sind, die Oberseiten der Absätze und die entsprechenden Bereiche der Laufsohlenunterseiten aufrauen. Die Absätze auf die Laufsohle aufkleben (siehe Seite 57) und mit Absatznägeln zusätzlich fixieren.

5 **Schnürsenkel anbringen:** Die Schnürsenkel sind ein wichtiges Element dieses Modells, nun sollte die Anzahl und Position der Senkellöcher festgelegt werden. Nach Wunsch die jeweiligen Positionen für ein oder zwei Löcher mit dem Bleistift markieren und die Löcher mit der Lochzange ausstanzen. Dazu eine Stanze einstellen, deren Durchmesser dem der Schnürsenkel entspricht. Zwei lange Schnürsenkel wie abgebildet durch alle Löcher fädeln und jeweils zur Schleife binden. Auf diese Weise kann die Sandalette optimal dem Fuß angepasst werden.

6 **Drapieren und markieren:** Einen Fuß auf eine Brandsohle stellen, die Oberteile über den Fuß drapieren und die Enden unter den Fuß schieben. Der kleine Zeh sollte vom Vorderteil abgedeckt werden, liegt dieses zu weit hinten, rutscht der Fuß in der Sandalette nach vorn. Auch das Fersenteil sollte passend anliegen. Sobald die Oberteile optimal ausgerichtet sind, mit Bleistift oder Ahle die Eckpunkte markieren, an denen die Oberteilkanten auf die Brandsohle treffen, jeweils mit ca. 1 cm Abstand zum Sohlenrand.

7 **Löcher und Schlitze:** Mit der kleinsten Stanze der Lochzange die Markierungen von Schritt 3 aus einer Brandsohle ausstanzen. Anschließend die Brandsohlen mit der Oberseite aufeinanderlegen, um mit Bleistift oder Ahle die Positionen der Löcher zu übertragen. Auch diese ausstanzen. Dann die Löcher durch parallele Schnitte zu Schlitzen für die Oberteile erweitern.

8 **Anpassen:** Bei beiden Sandalen die Oberteilenden durch die entsprechenden Schlitze fädeln und spannen, bis sie optimal passen. Unter Umständen muss man sie dazu schräg ziehen. Oberteilenden an der Brandsohlenunterseite mit Kreppband fixieren. Prüfen, ob die Sandalette korrekt geschnürt ist. Die Oberteillängen sorgfältig nachjustieren, bis alles richtig sitzt.

9 **Markieren:** Wenn beide Schuhe gut passen, die Umrisse der Laschen mit Permanentmarker auf der Brandsohlenunterseite nachzeichnen. Das Kreppband dabei nach und nach lösen und nun scharnierartig anlegen, damit die

7. ECKPUNKTE VERBINDEN

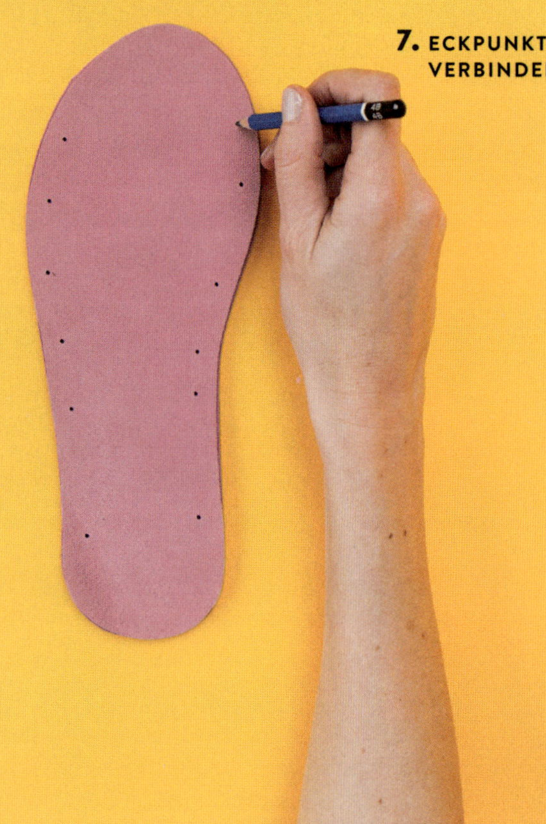

7. SCHLITZE SCHNEIDEN

Laschen anschließend während des Klebens nicht aus ihren Positionen rutschen.

10 Aufrauen und kleben: Mit Ahle oder Aufraubürste alle Bereiche der Laschen und der Brandsohlenunterseite aufrauen, die geklebt werden sollen. Kleber aufstreichen und antrocknen lassen. Dann jedes Oberteilende sorgfältig innerhalb der markierten Umrisse aufdrücken. Schuhe anprobieren. Sollten Korrekturen notwendig sein, das betreffende Ende mit der Zange abziehen und in der verbesserten Position festkleben. Sobald die Passform stimmt, Klebeverbindungen mit dem Hammer verfestigen.

11 Ausschärfen: Die Laschen vorsichtig mit dem Cutter ausschärfen (siehe Seite 42), damit sie beim Tragen nicht spürbar sind. Oder aber eine Zwischensohle anfertigen (siehe Seite 44). Die Sandalen erneut anprobieren, um sicherzugehen, dass nichts drückt.

12 Oberteile und Ledersohlen verbinden: Die gesamten Flächen der Brandsohlenunterseiten (inklusive festgeklebter Laschen) und die Oberseiten der inzwischen getrockneten Laufsohlen aufrauen. Dabei im Randbereich besonders gründlich arbeiten. Alle aufgerauten Oberflächen mit Kleber bestreichen, diesen dann einige Minuten antrocknen lassen.

13 Die Oberteillage und die Laufsohle vorsichtig aufeinanderlegen. Die Oberflächen mit den Fingerspitzen zusammendrücken und dann über einer festen Arbeitsfläche behutsam mit dem Hammer zusammenklopfen. Die Sandalen anziehen und die Verbindung durch das eigene Körpergewicht verfestigen.

14 Abschleifen und beschneiden: Den Sohlenrand mit dem Bandschleifer glätten (siehe Seite 62) (oder die Schuhe dafür zu einem Schuster bringen). Falls Sie selbst abschleifen, den kleinen Überstand oben an der Brandsohlenkante danach von Hand abschrägen. Dazu für die geraden Abschnitte einen Cutter und für die gebogenen eine Schere verwenden, in einem 45-Grad-Winkel arbeiten und so wenig Material wie möglich entfernen.

Lackleder-sandalen

Es gibt viele Schuhe mit unnötigen Steppungen und Verzierungen, wie ich finde. Dieses Modell dagegen kommt ohne Schnickschnack aus. Seine geraden Linien verleihen ihm einen modernen, architektonischen Look und die Knopfniete ist eine schlichte und zuverlässige Verschlusslösung.

Ich habe hierfür dünnes Lackleder mit dünnem vegetabil gegerbtem Leder gefüttert. Sie können für die Riemen auch eine einzige Lage mittelstarkes Leder verwenden. Dieses Projekt baut auf den vorhergehenden auf. Optional können Sie eine Zwischensohle einfügen und eventuell Schusternägel einschlagen. Für Letzteres benötigen Sie einen Schusteramboss.

WERKZEUG

- Bleistift und Permanentmarker
- Schere
- Cutter
- Lineal
- Lochzange
- Ahle oder Aufraubürste
- Hammer
- Schusteramboss (optional)
- Bandschleifgerät (optional)
- Knopflocheisen (optional)
- Holz- oder Rohhauthammer (optional)

MATERIAL

- Vorlagen (siehe Ausklappseite B) und Papier
- 1 Quadratfuß (ca. 30 x 30 cm) dickes Brandsohlleder (3,6 bis 4 mm stark)
- 1,5 Quadratfuß dünnes Oberleder (0,8 bis 1,2 mm stark)
- 1,5 Quadratfuß dünnes Futterleder (0,8 bis 1,2 mm stark)
- 2 Lederschichtabsätze (Anleitung siehe Seite 54)
- 4 Nieten
- Kreppband
- 1 Paar dicke Ledersohlen
- Schuhkleber auf Wasser- oder Lösungsmittelbasis
- 6 Absatznägel
- 1 Quadratfuß Leder für Zwischensohlen (optional)
- 20 Schusternägel aus Messing (optional)
- Kantenfarbe (optional)
- 4 Nieten
- 2 Knopfnieten

1 **Schablonen vorbereiten:** Vorlagen von Ausklappseite B abpausen oder eigene herstellen. Benötigt werden Schablonen für Sohle, Zehenriemen, Hauptriemen und einen langen sowie einen kurzen Fersenriemen. Die Schablonen ausschneiden und am Fuß anprobieren. Die Riemenenden sollten an den Sohlenrändern jeweils mindestens 2,5 cm überhängen. Das gilt auch für die kurzen und langen Fersenriemen, die mit einer Niete miteinander verbunden werden.

2 **Vorzeichnen und ausschneiden:** Rechte und linke Sohle auf dem Brandsohlleder vorzeichnen und ausschneiden. Für Oberteile aus dünnem Leder mit Futter (wie hier) alle Riemenschablonen auf Ober- und Futterleder aufzeichnen und ringsherum eine schmale Zugabe hinzufügen (siehe Seite 28). Ansonsten (ohne Futter) bei mittelstarkem Oberleder die Riemenschablonen pro Schuh nur einmal aufzeichnen. Für gerade Linien zum Ausschneiden ein Lineal verwenden. Sohlenform auf den dicken Ledersohlen aufzeichnen, diese anfeuchten und sorgfältig mit Cutter zuschneiden.

3 **Drapieren und markieren:** Fuß auf Brandsohle stellen und den Absatz darunterschieben. Den Zehenriemen so drapieren, dass er nur den kleinen Zeh weitgehend abdeckt. Mit der Ahle die Eckpunkte markieren, an denen die Riemenkanten auf die Brandsohle treffen, und zwar mit ca. 1 cm Abstand zum Sohlenrand.

4 Hauptriemen positionieren, Fersenriemenenden unter den Hauptriemen schieben und alles provisorisch mit Kreppband fixieren. Der längere Teil des Fersenriemens sollte auf der Fußinnenseite liegen, der kürzere auf der Außenseite, sodass sie sich unterhalb des Knöchels überlappen. Hier wird später die Knopfniete befestigt. Das andere Ende des Fersenriemens mindestens 1 cm weit unter den Hauptriemen schieben (Überlappung für die Nieten). Der Fersenriemen sollte sich hinten an den Fuß anschmiegen. Wenn alles gut sitzt, die Eckpunkte markieren, an denen die Kanten des Hauptriemens auf die Brandsohle treffen, und zwar mit ca. 1 cm Abstand zum Sohlenrand.

5 **Nieten anbringen:** Wenn der Hauptriemen im richtigen Winkel auf den Fersenriemen trifft, ein Loch (Durchmesser 3 mm) durch beide Riemen an der Überlappung stanzen. Eine Niete setzen (siehe Seite 65). Den Fersenriemen an der Rückseite jeweils mit *R* oder *L* markieren, sodann den zweiten auf die gleiche Weise befestigen.

6 **Löcher und Schlitze:** Mit der kleinsten Stanze der Lochzange die Markierungen von Schritt 3 aus einer Brandsohle ausstanzen. Die Brandsohlen mit den Oberseiten aufeinanderlegen, um mit Bleistift oder Ahle die Positionen der Löcher zu übertragen. Auch diese ausstanzen. Bei beiden Brandsohlen die Löcher durch parallele Schnitte zu Schlitzen für die Riemen erweitern.

7 **Ledersohlen formen:** Die Laufsohlen ca. 15 Sekunden in Wasser legen. Anschließend Zehenfeder und Fußgewölbestütze formen (siehe Seite 55). Die Absätze unter die Sohlen schieben und diese 24 Stunden lang trocknen lassen.

8 **Anpassen:** Bei beiden Sandalen die Riemenenden durch die Schlitze fädeln. Sandalen anziehen und die Riemen spannen, bis sie optimal passen. Riemenlaschen einzeln an der Brandsohlenunterseite mit Kreppband fixieren, um ihre Position individuell verändern zu können.

9 Markieren: Wenn beide Schuhe gut passen, die Umrisse der Laschen mit Permanentmarker auf der Brandsohlenunterseite nachzeichnen. Das Kreppband dabei nach und nach lösen und nun scharnierartig anlegen, damit die Laschen während des Klebens nicht aus ihren Positionen rutschen.

10 Aufrauen und kleben: Mit der Ahle alle Klebebereiche der Laschen und der Brandsohlenunterseite aufrauen. Kleber aufstreichen und antrocknen lassen. Dann jedes Riemenende sorgfältig aufdrücken und die Sandalen anprobieren. Sollten Korrekturen notwendig sein, das betreffende Ende mit der Zange abziehen und in der verbesserten Position festkleben. Anschließen die Klebeverbindungen durch Klopfen mit dem Hammer verfestigen.

11 Sohle und Absatz verbinden: Sobald die Laufsohlen trocken sind, die Oberseiten der Absätze und die entsprechenden Bereiche der Laufsohlenunterseiten aufrauen. Diese vier Flächen mit Kleber bestreichen, antrocknen lassen. Absätze mit Laufsohlen verbinden und über einer festen Unterlage zusammenklopfen. Absätze zusätzlich mit Absatznägeln fixieren.

12 Zwischensohlen oder ausschärfen: Auf das Zwischensohlenleder eine rechte und eine linke Sohle aufzeichnen, mit ringsherum 1 cm Zugabe, die später hilfreich sein wird. Die Zwischensohle anfertigen (siehe Seite 44). Anstatt auf diese Weise eine Zwischensohle einzufügen, können die Ränder der Laschen auch ausgeschärft werden, damit sie beim Gehen nicht drücken (siehe Seite 42).

12. ZWISCHENSOHLEN ANFERTIGEN

16. KANTENFINISHING

17. KNOPFNIETEN ANBRINGEN

13 Oberteile und Ledersohlen verbinden: Nach dem Aufkleben der Zwischensohle oder dem Ausschärfen die Unterseite der Brandsohle (bzw. der Zwischensohle) und die Oberseite der dicken Laufsohle gleichmäßig aufrauen. Mit Kleber bestreichen, diesen antrocknen lassen. Dann die Lagen sorgfältig aufeinanderlegen. Mit den Fingerspitzen zusammendrücken und über einer festen Arbeitsfläche mit dem Hammer zusammenklopfen. Sandalen anprobieren und die Verbindung durch das eigene Körpergewicht verfestigen.

14 Nägel Optional: Sandalen jeweils mit der Laufsohle nach oben auf den Schusteramboss schieben und alle Riemen zusätzlich mit Schusternägeln fixieren (siehe Seite 59).

15 Abschleifen und beschneiden: Den Sohlenrand mit dem Bandschleifer glätten (oder die Schuhe dazu zum Schuster bringen). Falls Sie selbst abschleifen, muss der kleine Überstand oben an der Brandsohlenkante danach von Hand beschnitten werden. Dazu für die geraden Abschnitte einen Cutter verwenden und für die gebogenen eine Schere, die Kanten in einem 45-Grad-Winkel abschrägen und so wenig Material wie möglich entfernen.

16 Kantenfinishing: Die Sohlenränder unbehandelt lassen oder aber wie bei diesem Modell mit der passenden Kantenfarbe versiegeln.

17 Knopfnieten anbringen: Es ist empfehlenswert, Metallverschlüsse erst ganz zum Schluss anzubringen, denn erst jetzt hat die Sandale ihre endgültige Passform. Sandale anziehen und mit einem Bleistift die Stelle für die Knopfnieten markieren. Diese anhand der Anleitung auf Seite 67 anbringen.

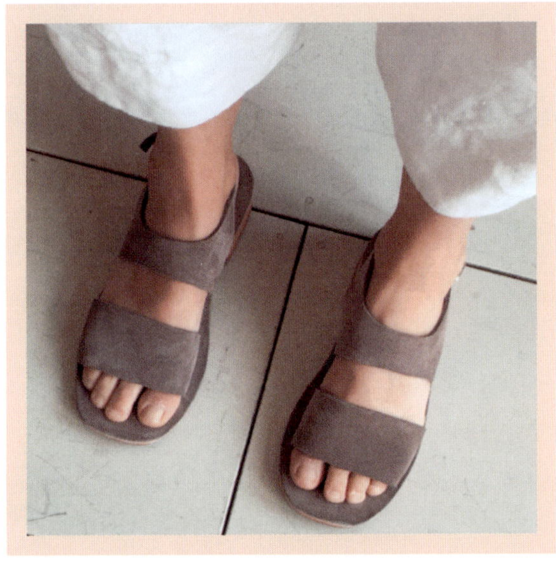

Colourblock-Sandalen

Diese Sandalen erinnern mich an ein Paar Schuhe aus meiner Kindheit. Das Vorderteil besteht aus ineinander geschlungenen bunten Riemen und die Knopfnieten dienen als eine einfache und lässige Verschlusslösung. Der Sohlenrand wurde mit Acrylfarbe plakativ hervorgehoben.

WERKZEUG

- Bleistift und Permanentmarker
- Schere
- Lineal
- Cutter
- Langlocheisen, 2 cm lang (optional)
- Holz- oder Rohhauthammer (optional)
- Lochzange
- Ahle oder Aufraubürste
- Hammer
- Schusteramboss (optional)
- Bandschleifgerät (optional)

MATERIAL

- Vorlagen (siehe Ausklappseite B) und Papier
- 2 Quadratfuß Oberleder (1,6 bis 2 mm stark) in verschiedenen Farben
- 1 Quadratfuß (ca. 30 x 30 cm) dickes Brandsohlleder (3,6 bis 4 mm stark)
- 1 Paar dicke Ledersohlen
- 2 Lederschichtabsätze (Anleitung siehe Seite 54)
- Kreppband
- Schuhkleber auf Wasser- oder Lösungsmittelbasis
- 1 Quadratfuß Zwischensohlenleder (optional)
- 6 Absatznägel
- 20 Messing-Schusternägel (optional)
- 2 Knopfnieten
- Acrylfarbe für den Sohlenrand (optional)

1 **Schablonen vorbereiten:** Vorlagen von Ausklappseite B abpausen oder eigene herstellen. Benötigt werden pro Sandale Schablonen für die Sohle, einen zweiteiligen ineinandergreifenden Zehenriemen, einen Fersenriemen und zwei Knöchelstege (das sind die Längsriemen, die den Fersenriemen stützen). Schablonen ausschneiden und am Fuß anprobieren. Die Enden aller Riemen und Stege sollten am Sohlenrand jeweils mindestens 2,5 cm überhängen.

2 **Vorzeichnen und ausschneiden:** Rechte und linke Sohle auf dem dickerem Brandsohlleder und alle Riemenformen auf dem Oberleder vorzeichnen und ausschneiden, gerade Linien mithilfe eines Lineals. Dabei knapp innerhalb der vorgezeichneten Linien schneiden, damit diese später nicht sichtbar sind.

3 **Ledersohlen vorbereiten und formen:** Die Laufsohlen mithilfe der Schablonen auf dem dicken Sohlenleder vorzeichnen. Dieses ca. 15 Sekunden in Wasser legen, danach mit dem Cutter ausschneiden. Anschließend Zehenfeder und Fußgewölbestütze formen (siehe Seite 55). Die Sohlen passgenau auf die Absätze legen und 24 Stunden lang trocknen lassen.

4 **Schlitze ausstanzen:** Die Knöchelstege auf einen Tisch oder Amboss legen, dicke Lederreste darunterlegen. Mit Langlocheisen und Hammer am oberen Ende jedes Knöchelstegs je zwei Längsschlitze ausstanzen. Oder aber an den vorgesehenen Schlitzenden mit der Lochzange je zwei kleine Löcher ausstanzen und durch parallele Cutterschnitte zum Schlitz verbinden.

5 Jeweils ein Fersenriemenende schräg abschneiden, damit es später leichter durch die Schlitze gezogen werden kann. Auf jeden Fersenriemen je zwei Knöchelstege auffädeln.

Anmerkung: Dies kann auf zwei Arten erfolgen: Entweder so, dass die seitlichen Ränder der Knöchelstege über, oder dass sie unter dem Fersenriemen liegen (wie in der Abbildung oben rechts).

6 **Drapieren und markieren:** Fuß auf Brandsohle stellen und Absatz darunterschieben. Die Zehenriemen über den Fuß drapieren und mit der Ahle die Eckpunkte markieren, an denen die Riemenkanten auf die Brandsohle treffen, und zwar mit ca. 1 cm Abstand zum Sohlenrand. Die Knöchelstege so drapieren, wie es sich am bequemsten anfühlt. Normalerweise ist das genau unter dem Knöchel.

7 **Löcher und Schlitze:** Mit der kleinsten Stanze der Lochzange die Eckpunkte von Schritt 6 aus einer Brandsohle ausstanzen. Anschließend die Brandsohlen mit der Oberseite aufeinanderlegen, um mit Bleistift oder Ahle die Positionen der Löcher zu übertragen. Auch diese ausstanzen. Dann die Löcher durch parallele Schnitte zu Schlitzen für die Riemen erweitern.

8 **Anpassen:** Die Riemenenden durch die entsprechenden Schlitze fädeln und einzeln an der Brandsohlenunterseite mit Kreppband fixieren. Riemen aus vegetabil gegerbtem Leder sollten relativ straff sitzen, weil sie sich durch das Tragen weiten. Riemen aus einem stärker verarbeiteten Leder oder zwei dünnen Lederschichten sollten lockerer sitzen. Sandale mit den provisorisch fixierten Riemen anprobieren und umhergehen, um die Passform zu prüfen.

9 **Markieren:** Wenn beide Schuhe gut passen, die Laschenkontur mit Permanentmarker auf der Brandsohlenunterseite nachzeichnen. Das Kreppband nach und nach lösen und nun scharnierartig anlegen, damit die Laschen während des Klebens nicht aus ihren Positionen rutschen.

2. OBERTEILE

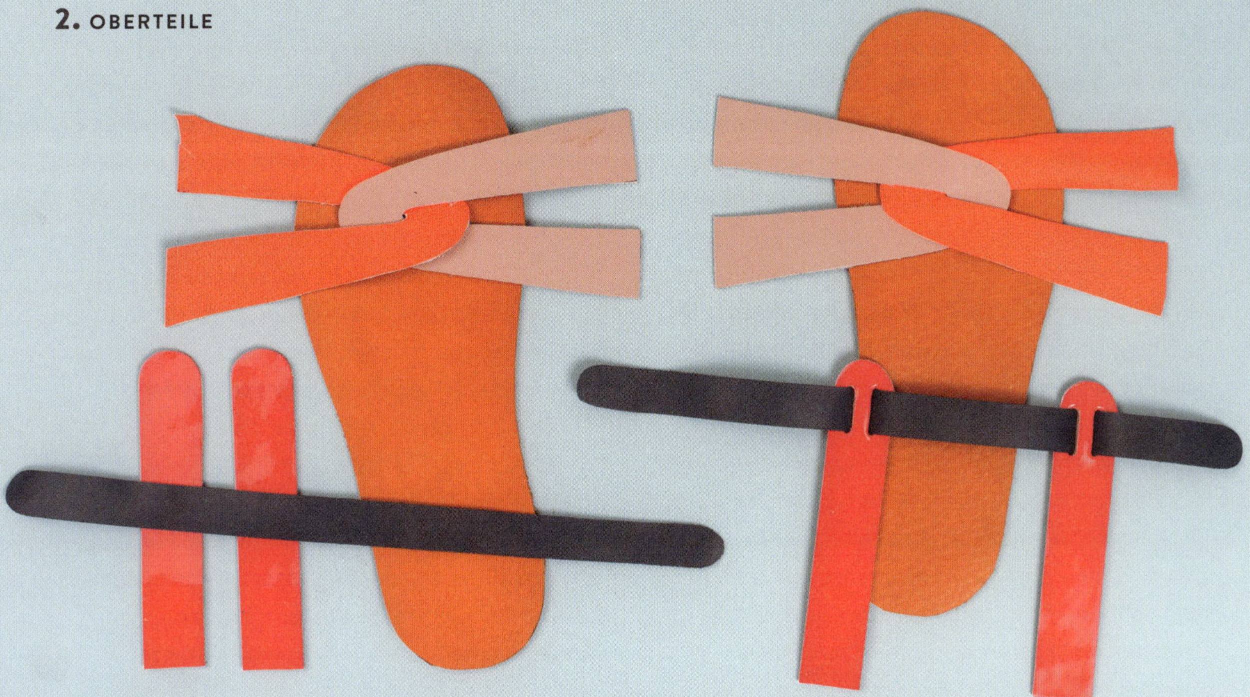

4. SCHLITZE STANZEN

ANMERKUNG:
Durch die beiden parallelen Schlitze der Knöchelstege wird der Fersenriemen gezogen. Zum Stanzen verwendet man am besten ein Langlocheisen, das so breit ist wie der Fersenriemen (hier 2 cm).

7. LÖCHER STANZEN

10 **Aufrauen und kleben:** Mit der Ahle alle Klebebereiche der Laschen und der Brandsohlenunterseite aufrauen. Kleber auftragen und antrocknen lassen. Dann jedes Riemenende sorgfältig aufdrücken und die Sandalen anprobieren. Sollten Korrekturen notwendig sein, das betreffende Ende mit der Zange abziehen und in der verbesserten Position festkleben. Sobald die Passform stimmt, die Klebeverbindungen durch Klopfen mit dem Hammer verfestigen.

11 **Zwischensohlen oder ausschärfen:** Wer einen Schusteramboss hat, kann eine Zwischensohle einbauen. Dazu eine rechte und eine linke Sohle auf Zwischensohlenleder aufzeichnen, mit ringsherum 1 cm Zugabe. Die Zwischensohle anfertigen (siehe Seite 44). Alternativ dazu können die Ränder der Laschen auch ausgeschärft werden, damit sie später nicht drücken (siehe Seite 42).

12 **Sohle und Absatz verbinden:** Die Oberseiten der Absätze und die entsprechenden Bereiche der inzwischen getrockneten Laufsohlenunterseiten aufrauen. Diese Flächen mit Kleber bestreichen, antrocknen lassen. Absätze mit Laufsohlen verbinden und über einer festen Unterlage mit dem Hammer festklopfen. Eventuell klaffende Stellen wieder festklopfen. Absätze zusätzlich mit Absatznägeln fixieren.

13 **Oberteile und Ledersohlen verbinden:** Die Unterseite der Brandsohle (bzw. Zwischensohle) und die Oberseite der Laufsohle gleichmäßig aufrauen. Mit Kleber bestreichen und fünf bis zehn Minuten antrocknen lassen. Die Lagen sorgfältig bündig aufeinanderlegen und verbinden. Die Oberflächen mit den Fingerspitzen zusammendrücken und dann über einer festen Oberfläche mit dem Hammer zusammenklopfen. Sandalen anprobieren und die Verbindung durch das eigene Körpergewicht verfestigen.

14 **Nageln** Falls ein Schusteramboss vorhanden ist, jeweils die Sandale mit der Laufsohle nach oben auf diesen schieben und alle Riemen zusätzlich mit Sohlennägeln fixieren (siehe Seite 59–60). Ansonsten kann dieser Schritt auch übersprungen werden.

15 **Knopfnieten anbringen:** An jedem Fersenriemen eine Knopfniete knapp vor dem äußeren Knöchelsteg anbringen (siehe Seite 67). Die korrekte Position für den Knopflochschlitz markieren und diesen einstanzen.

16 **Abschleifen und beschneiden:** Die Sohlen- und Absatzränder mit dem Bandschleifer glätten, dann den kleinen Überstand oben an der Brandsohlenkante mit Cutter und Schere abschrägen (siehe Seite 63). Wer kein Schleifgerät hat, kann die Sandalen für diesen Arbeitsschritt zu einem Schuster bringen.

17 **Kantenfinishing:** Die Sohlen- und Absatzränder auf Wunsch mit Kantenfarbe bestreichen. Bei dem abgebildeten Modell wurde Acrylfarbe verwendet. Das ist zwar ein bisschen unkonventionell, funktioniert aber!

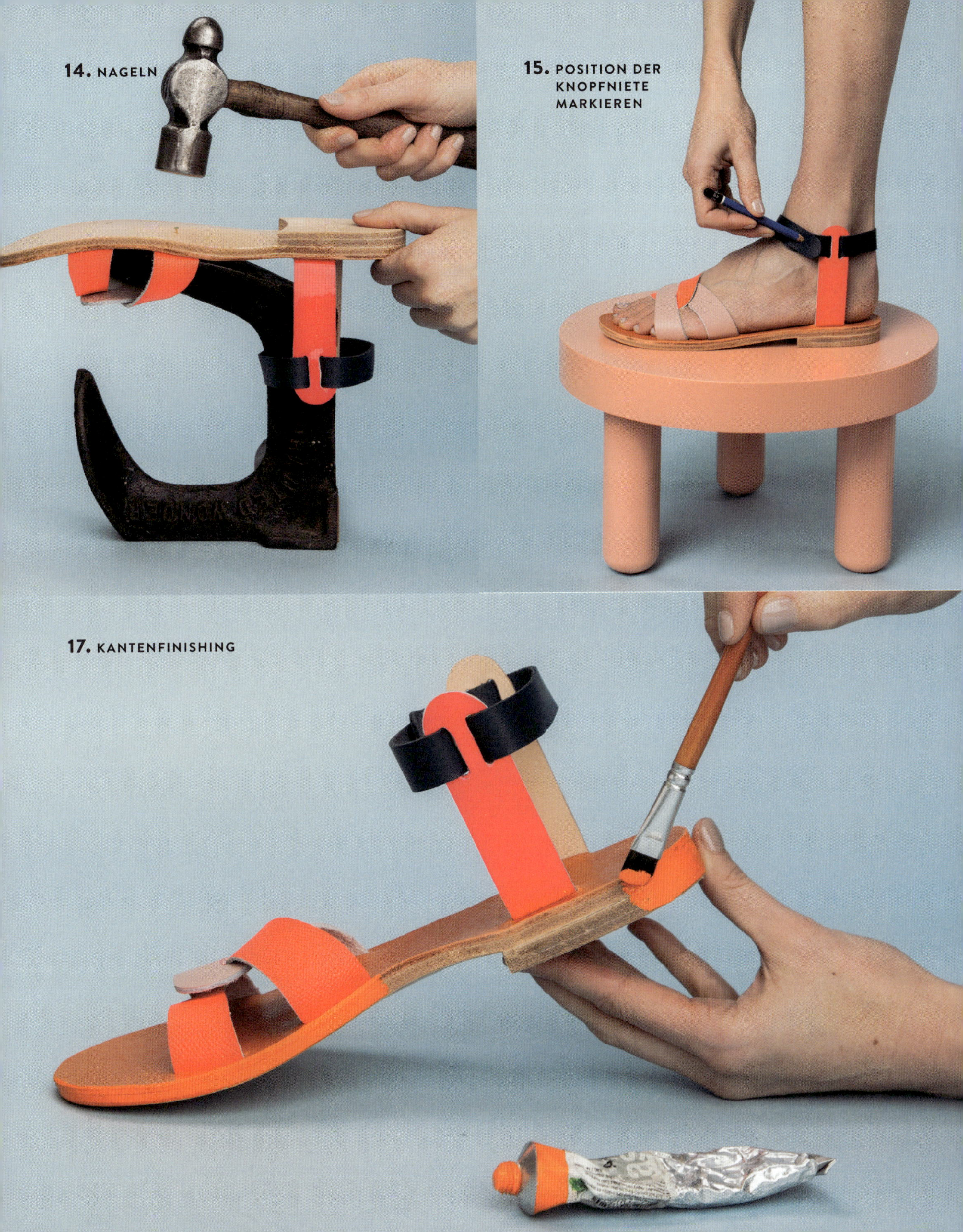

14. NAGELN
15. POSITION DER KNOPFNIETE MARKIEREN
17. KANTENFINISHING

Pantoletten

Vielleicht wollen Sie sich ja die schlichtesten und praktischsten aller Sandalen machen: Pantoletten. Allerdings kann das Angleichen der Passform etwas knifflig sein, denn der einzige Riemen muss einerseits beim Gehen bequem sein, andererseits dem Fuß Halt geben – und das ohne Unterstützung von Schnürsenkeln, Nieten oder Schnallen. Der kleine ausgeschnittene Keil verbessert die Passform. Auf Wunsch kann auch später noch ein Fersenriemen angebracht werden.

WERKZEUG

- Bleistift und Permanentmarker
- Schere
- Lineal
- Cutter
- Lochzange
- Ahle oder Aufraubürste
- Hammer
- Bandschleifgerät (optional)

MATERIAL

- Vorlagen (siehe Ausklappseite A) und Papier
- 1 Quadratfuß (ca. 30 x 30 cm) mittelstarkes Oberleder (1,2 bis 1,6 mm oder 1,6 bis 2 mm)
- 1 Quadratfuß dickes Brandsohlleder (3,6 bis 4 mm stark)
- Kreppband
- Schuhkleber auf Lösungsmittelbasis
- 1 Quadratfuß Zwischensohlenleder (optional)
- 1 Paar Gummilaufsohlen
- 4 Doppelkopfnieten (optional, nur für Fersenriemen)
- 2 Knopfnieten oder 2 Schnallen (optional, nur für Fersenriemen)

1 Schablonen vorbereiten: Vorlagen von Ausklappseite A abpausen oder eigene herstellen. Benötigt werden Schablonen für die Sohle und einen breiten Zehenriemen. Durch die ausgeschnittenen Dreiecke schmiegt sich der Zehenriemen gut an den Fuß an. Schablonen ausschneiden und am Fuß anprobieren. Die Breite des Zehenriemens an den Fuß anpassen, auch die Tiefe und Form der Dreiecke. Wenn der Riemen straff am Fuß anliegt, sollte er an den seitlichen Enden jeweils mindestens 2,5 cm überhängen.

2 Vorzeichnen und ausschneiden: Zehenriemen auf dem Oberleder vorzeichnen und die Sohle auf dem Brandsohlleder. Schablonen umdrehen, um alles für den anderen Fuß vorzuzeichnen! Die Teile knapp innerhalb der Konturen ausschneiden, damit auf den Schuhen später keine Markierungen zu sehen sind.

3 Drapieren und markieren: Fuß auf Brandsohle stellen und Zehenriemen darüber drapieren, er sollte passend anliegen und nur den kleinen Zeh abdecken. Mit Bleistift oder Ahle die Eckpunkte markieren, an denen die Laschen auf die Brandsohle treffen, und zwar mit ca. 1 cm Abstand zum Sohlenrand. Genauso die Eckpunkte des ausgeschnittenen Dreiecks markieren.

4 Löcher und Schlitze: Mit der kleinsten Lochzangenstanze die Eckpunkte von Schritt 3 aus einer Brandsohle ausstanzen. Beide Brandsohlen mit der Oberseite aufeinanderlegen, um mit Ahle oder Bleistift die Positionen der Löcher zu übertragen. Auch diese ausstanzen. Dann bei beiden Brandsohlen die Löcher mit parallelen Schnitten zu Schlitzen für die Riemen erweitern.

5 Anpassen: Bei beiden Sandalen die Riemenenden durch die entsprechenden Schlitze fädeln, dann die Füße in die Pantoletten schieben. Unter Umständen müssen die Riemen schräg über den Fuß gezogen oder die Ausschnitte vergrößert werden, damit der Zehenriemen gut aussieht. Laschen einzeln an der Brandsohlenunterseite mit Kreppband fixieren und ggf. kürzen, damit sie nicht überlappen. Mit provisorisch fixierten Laschen in den Pantoletten umhergehen, um die Passform zu prüfen.

Weil dieses Modell nur einen Riemen hat, muss seine Passform sorgfältig angeglichen werden, damit er all seine Aufgaben erfüllen kann: den Fuß in der korrekten Position halten, nirgends drücken und hinten offen genug sein, um den Fuß nicht einzuengen. Ein Riemen aus vegetabil gegerbtem Leder sollte strammer sitzen, weil er sich dehnen und dem Fuß anpassen wird. Wird dafür weniger dehnbares Leder verwendet, sollte der Riemen von Anfang an etwas lockerer sein.

6 Markieren: Wenn beide Pantoletten gut passen, die Laschenkonturen mit Permanentmarker auf der Brandsohlenunterseite nachzeichnen. Das Kreppband nach und nach lösen und nun scharnierartig anlegen, damit die Laschen während des anschließenden Klebens nicht aus ihren Positionen rutschen.

7 Aufrauen und kleben: Mit Ahle oder Aufraubürste alle Klebebereiche der Laschen und der Brandsohlenunterseite aufrauen. Kleber auf all diese Flächen auftragen und antrocknen lassen. Dann jedes Riemenende sorgfältig innerhalb der Konturen aufdrücken. Pantoletten anprobieren. Sollten Korrekturen notwendig sein, das betreffende Ende mit der Zange abziehen und in der verbesserten Position festkleben. Sobald die Passform stimmt, die Klebeverbindungen durch Klopfen mit dem Hammer verfestigen. Riemen dabei abhalten, damit er nicht beschädigt wird.

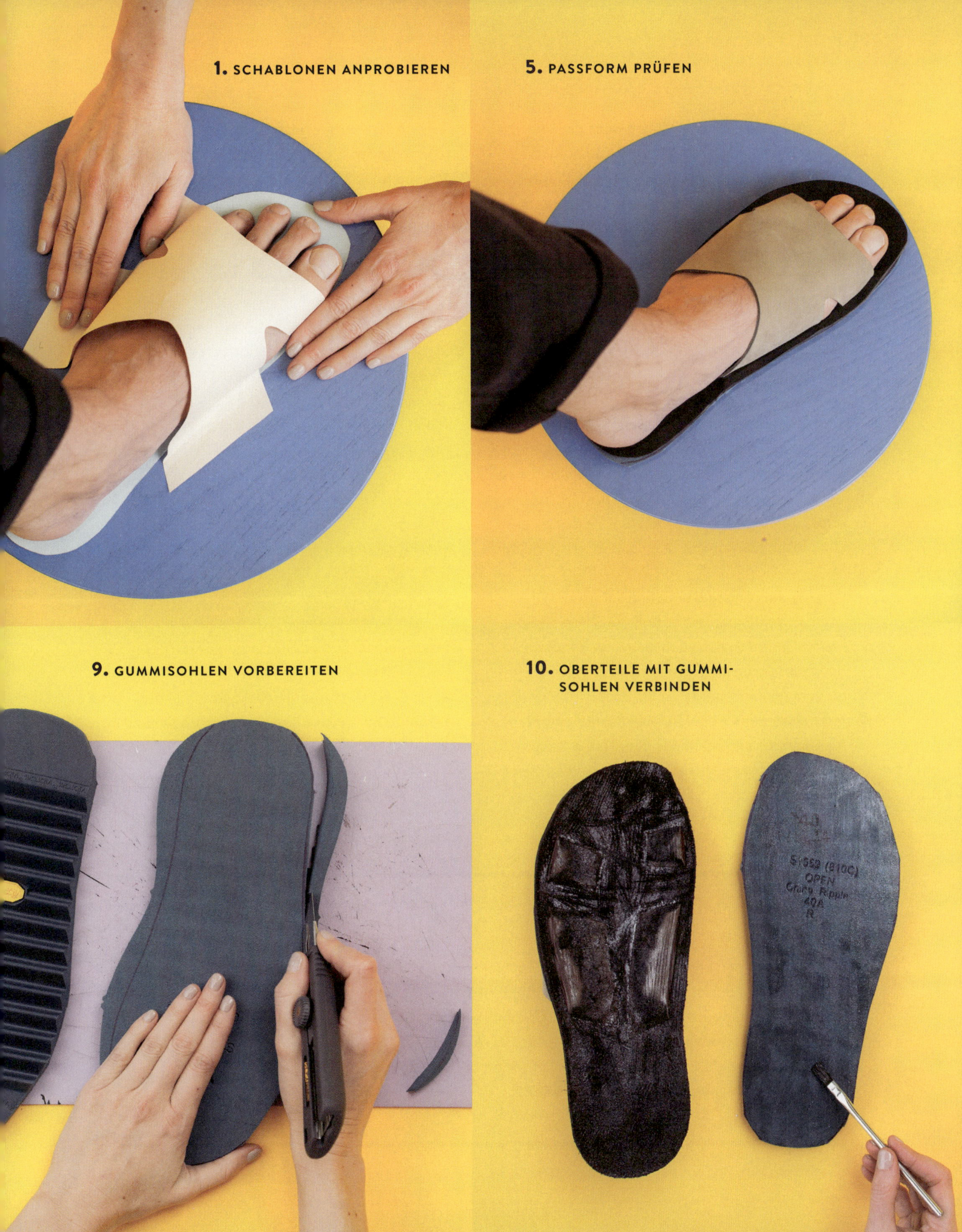

1. SCHABLONEN ANPROBIEREN

5. PASSFORM PRÜFEN

9. GUMMISOHLEN VORBEREITEN

10. OBERTEILE MIT GUMMISOHLEN VERBINDEN

8 Zwischensohlen einfügen oder Kanten ausschärfen: Falls das Leder des Zehenriemens so dick ist, dass man die Enden unter der Fußsohle spürt, ist eine Zwischensohle sinnvoll. Diese anhand der Anleitung auf Seite 44 anfertigen. Ist das Riemenleder dagegen eher dünn, kann man stattdessen die Ränder der Laschen ausschärfen. Dabei nicht zuviel wegnehmen, damit die Riemen nicht instabil werden. Pantoletten anprobieren, um sicherzugehen, dass genug ausgedünnt wurde.

9 Gummisohlen vorbereiten: Rechte und linke Sohle auf der Sohlenplatte mithilfe der Schablone aufzeichnen, dabei ringsum überall ca. 1 cm Zugabe hinzufügen. Die größere Laufsohle erleichtert später das Kleben und Beschneiden. Gummisohlen grob mit dem Cutter ausschneiden.

10 Anbringen der Gummisohle: Die Brandsohlenunterseite und die Oberseite der Gummilaufsohle aufrauen, dabei im Randbereich besonders gründlich arbeiten, da die Klebeverbindung hier am stärksten belastet wird. An einem gut belüfteten Ort beide Oberflächen mit Kleber bestreichen, antrocknen lassen. Nun erneut Kleber auftragen, antrocknen lassen. Die Lagen sorgfältig verbinden. Den Zehenbereich leicht zur Zehenfeder aufbiegen, den inneren mittleren Bereich zur Fußgewölbestütze (siehe Seite 49). Lagen mit den Fingerspitzen zusammenpressen, dann behutsam mit dem Hammer zusammenklopfen. Pantoletten anprobieren und die Klebeverbindung durch das Körpergewicht verfestigen.

11 Gummisohlen beschneiden: Auch wenn die Ränder abgeschliffen werden sollen, entfernt man zuerst den überstehenden Gummirand grob mit dem Cutter. Falls kein Bandschleifer vorhanden ist, den Rand präzise mit dem Cutter beschneiden: Dazu die Pantolette in den Schoß legen und mit der auf 5 cm verlängerten Klinge des Cutters arbeiten. Den Riemen dabei so halten, dass er der Klinge nicht im Weg ist. Die Klinge senkrecht zur Gummisohle halten und entlang des Brandsohlenrands gleichmäßig und fortlaufend durch den Gummi ziehen.

12 Abschleifen: Den Sohlenrand mit einem Bandschleifer glätten (oder die Schuhe dazu zu einem Schuster bringen). Nach dem Abschleifen den kleinen Überstand am Brandsohlenrand mit Cutter und Schere beschneiden, dabei die Kante im 45-Grad-Winkel abschrägen und so wenig Material wie möglich wegnehmen.

Fersenriemen

Ein Fersenriemen kann dem Fuß in einer Pantolette zusätzlichen Halt geben. Er wird durch eine Niete mit dem Hauptriemen verbunden und an der Fußaußenseite mit einer Schnalle geschlossen. Setzen Sie die Nieten so, dass der Fersenriemen in leichtem Winkel aufwärts geführt wird und sich eng an die Ferse schmiegt. Bringen Sie zum Schluss die Nieten und Schnallen an (siehe Seite 65–68).

9. VORBEREITETE GUMMISOHLEN

Fischersandalen

Diese Sandale ist unglaublich vielseitig. An Kindern sieht sie süß aus, an Männern genauso gut wie an Frauen, und sie passt sowohl zu eleganten Outfits als auch zu lässigen. Das Oberteil mit eingeflochtenen Riemen ist leicht anzufertigen, fühlt sich bequem an und macht jede Bewegung des Fußes mit. Versionen von Fischersandalen finden sich in nahezu allen traditionellen Schuhkulturen. Ihren Namen verdanken sie dem Riemengeflecht, das an ein Fischernetz erinnert. Der Schnürverschluss kann auch abgewandelt werden in einen Schnallenverschluss.

WERKZEUG

- Bleistift und Permanentmarker
- Schere
- Lineal
- Cutter
- Langlocheisen in der Breite der schmalen Riemen (optional)
- Holz- oder Rohhauthammer (optional)
- Lochzange
- Ahle oder Aufraubürste
- Hammer
- Schusteramboss (optional)
- Bandschleifgerät (optional)

MATERIAL

- Vorlagen (siehe Ausklappseite D) und Papier
- Kreppband
- 1 Quadratfuß (ca. 30 x 30 cm) dickes Brandsohlleder (3,6 bis 4 mm stark)
- 2 Quadratfuß mittelstarkes Oberleder (1,6 bis 2 mm stark)
- 1 Paar Gummisohlen mit Absätzen (oder anderes Sohlenmaterial nach Wahl)
- Schuhkleber auf Lösungsmittelbasis
- 1 Quadratfuß Zwischensohlenleder (optional)
- Lederschnürsenkel

1 **Schablonen vorbereiten:** Vorlagen von Ausklappseite D abpausen oder eigene herstellen. Benötigt werden Schablonen für Sohle, Fersenteil, Zunge und für schmale Zehenriemen (pro Sandale fünf Stück). Schablonen am Fuß ausprobieren. Die Riemen und das Fersenteil sollten am Sohlenrand jeweils mindestens 2,5 cm überhängen. Hilfreich ist es für die Anprobe, die Zungenschablone mit den quer verlaufenden Riemenschablonen zu verbinden (mit Kreppband). Die Breite der Zehenriemen ggf. auf die Breite des Langlocheisens abstimmen.

2 **Vorzeichnen und ausschneiden:** Auf das Brandsohlleder eine rechte und eine linke Sohle aufzeichnen und ausschneiden. Fersenteile und Zungen auf dem Oberleder vorzeichnen und innerhalb der Konturen ausschneiden, damit später keine Markierungen sichtbar sind. Beim Zuschneiden mehrerer langer schmaler Riemen wie hier spart man Zeit und Material, wenn man sie nicht vorzeichnet, sondern im Leder einen geraden Schnitt anbringt, daran die Riemenschablone als Maßstab für die Breite und das Lineal bündig an die Schablone anlegt. Entlang des Lineals schneiden. Dann die Schablone neben den neuen Schnitt legen, das Lineal an die Schablone, und wieder schneiden. Auf diese Weise alle Riemen zuschneiden.

3 **Gummisohlen vorbereiten:** Die Sohlen mithilfe der Schablone auf die Sohlenplatte aufzeichnen und sorgfältig mit einem Cutter ausschneiden. Weil die Ränder später abgeschliffen werden, muss der Schnitt zwar einigermaßen korrekt, aber nicht übermäßig sauber sein.

4 **Drapieren und markieren:** Zunge und Zehenriemen über einen Fuß drapieren, um herauszufinden, wie die schmalen Riemen am besten über die Zunge verlaufen. Die Riemen sollten nahe beieinander liegen, aber zwischen den für sie vorgesehenen Schlitzen in der Zunge ausreichend Abstand bieten. Bei der Anprobe die Riemen an der Zungenrückseite mit Kreppband fixieren. Sobald alles passt, mit der Ahle die Eckpunkte markieren, an denen die Riemenkanten auf die Zunge treffen.

5 **Schlitze stanzen:** Das Langlocheisen so auf einer Zunge positionieren, dass seine Enden auf einem markierten Schlitzende sitzen, und mit dem Hammer durch das Leder treiben. Alternativ können die Schlitze auch mit dem Cutter geschnitten werden. Die Zunge mit den Schlitzen dann Oberseite auf Oberseite auf die zweite Zunge legen. Mit Bleistift oder Ahle Schlitzendpunkte übertragen. Schlitze in die zweite Zunge stanzen oder schneiden. Dann alle schmalen Riemen auf die Zungen fädeln.

6 **Drapieren und markieren:** Einen Fuß auf eine Brandsohle stellen und das aus Zunge und Riemen bestehende Vorderteil auf dem Fuß in die korrekte Position bringen, dabei soll der vorderste schmale Riemen den kleinen Zeh verdecken. Die Riemen dürfen sich nicht berühren, jeder hat seinen eigenen Platz. Das Fersenteil anlegen, es sollte sich hinten gut anschmiegen. Die Eckpunkte markieren, an denen die Riemenkanten auf die Brandsohle treffen, und zwar mit ca. 1 cm Abstand zum Sohlenrand.

7 **Schlitze:** Die Schlitze in der vorderen Hälfte einer Brandsohle mit dem Langlocheisen einstanzen, oder aber mit dem Cutter schneiden. Für die längeren Schlitze am Fersenteil an beiden Enden Löcher mit der kleinsten Stanze der Lochzange stanzen und durch parallele Cutterschnitte verbinden. Die Brandsohlen mit den Oberseiten aufeinanderlegen und die Positionen der Schlitze übertragen und ausschneiden.

5. SCHLITZE STANZEN

5. RIEMEN EINFÄDELN

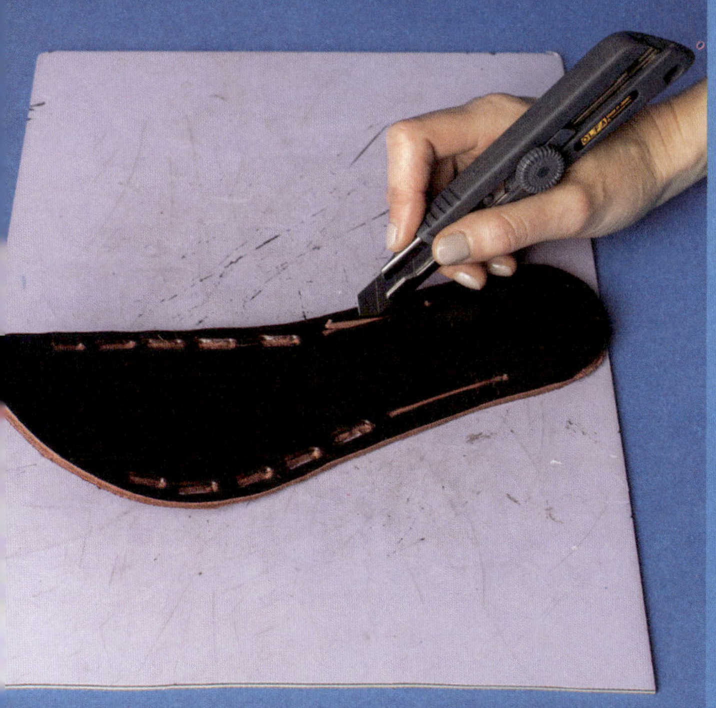

7. SCHLITZE IN BRANDSOHLE SCHNEIDEN

7. SCHLITZPOSITIONEN AUF DIE ZWEITE BRANDSOHLE ÜBERTRAGEN

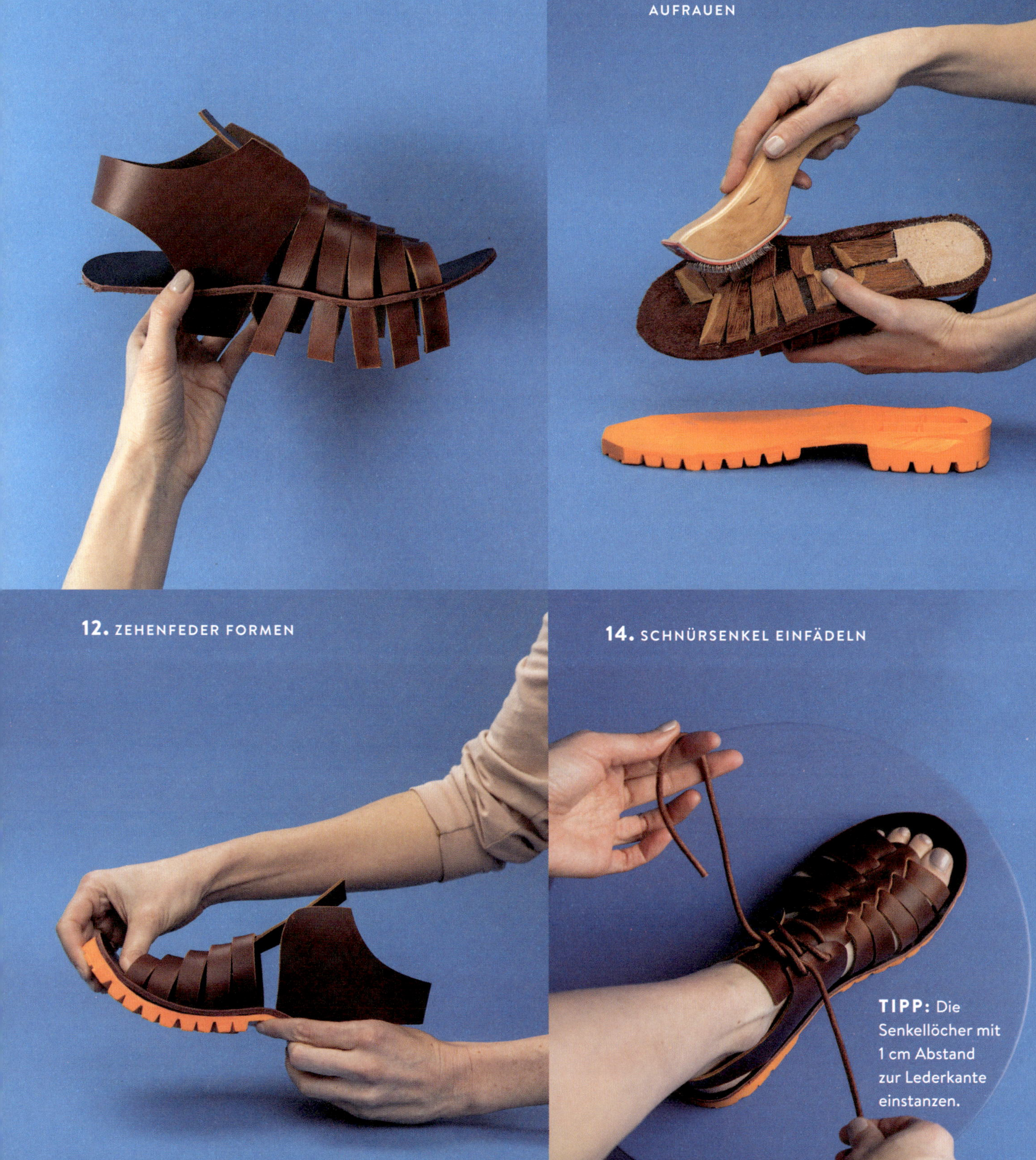
8. RIEMEN ANPASSEN
12. VOR DEM KLEBEN AUFRAUEN
12. ZEHENFEDER FORMEN
14. SCHNÜRSENKEL EINFÄDELN
TIPP: Die Senkellöcher mit 1 cm Abstand zur Lederkante einstanzen.

8 Anpassen: Alle Teile durch die Schlitze ziehen und die Sandalen anprobieren. Um die Passform zu optimieren, die Riemen schräg ziehen. Alle Teile sorgfältig an den Fuß anpassen und die Enden an der Brandsohlenunterseite mit Kreppband fixieren. Dort überlappende Laschen bis zur Sohlenmitte kürzen.

9 Markieren: Sobald beide Sandalen optimal passen, die Umrisse der Laschen an der Brandsohlenunterseite mit Permanentmarker nachzeichnen. Dabei das Kreppband nach und nach lösen und nun scharnierartig anlegen, damit die Enden während des Klebens nicht aus ihren Positionen rutschen.

10 Aufrauen und kleben: Mit Ahle oder Aufraubürste alle Klebebereiche der Laschen und der Brandsohlenunterseite aufrauen. Kleber aufstreichen und antrocknen lassen. Dann jedes Oberteilende sorgfältig innerhalb der Konturen aufdrücken. Schuhe anprobieren. Sollten Korrekturen notwendig sein, das betreffende Ende mit der Zange abziehen und in der verbesserten Position festkleben. Sobald die Passform stimmt, die Klebeverbindungen durch Klopfen mit dem Hammer verfestigen.

11 Zwischensohlen einfügen oder Kanten ausschärfen: Weil bei diesem Modell so viele Laschen an der Brandsohlenunterseite kleben, sollte man eine Zwischensohle einfügen oder die Laschen ausschärfen. Zuvor beim Anprobieren prüfen, ob die Laschen spürbar sind. Hier wurde im hinteren Bereich eine partielle Zwischensohle eingefügt, die Laschen im Vorderteil wurden ausgeschärft (siehe Seite 42 und 44).

12 Anbringen der Gummisohle: Die Brandsohlenunterseite aufrauen, besonders gründlich im Randbereich. Brandsohlenunterseite und Oberseite der Gummisohle mit Kleber bestreichen, fünf bis zehn Minuten antrocknen lassen. Die Teile verbinden, dabei den Zehenbereich leicht zur Zehenfeder aufbiegen sowie den inneren mittleren Bereich zur Fußgewölbestütze (siehe Seite 49 und 55). Oberflächen mit den Fingerspitzen zusammenpressen, dann die Lagen behutsam mit dem Hammer zusammenklopfen. Sandalen anprobieren und die Klebeverbindung durch das eigene Körpergewicht verfestigen.

13 Abschleifen: Die Kanten mit dem Bandschleifer glätten, oder die Schuhe dazu zu einem Schuster bringen. Falls Sie selbst abschleifen, muss der kleine Überstand am Brandsohlenrand von Hand beschnitten werden. Dazu für die geraden Abschnitte einen Cutter und für die gebogenen eine Schere verwenden, Kanten in einem 45-Grad-Winkel abschrägen, und so wenig Material wie möglich entfernen.

14 Schnürsenkel hinzufügen: Die Sandalen anziehen und mit Punkten die Positionen der Senkellöcher markieren. Diese im entsprechenden Durchmesser der Senkel ausstanzen. Die Senkel müssen so lang sein, dass man sie zur Schleife binden kann. Senkel einfädeln.

Hippie-Sandalen

Lange bevor ich mit der Schuhmacherei begann, entdeckte ich in einem Secondhandladen fantastische alte Ledersandalen. Obwohl sie mir viel zu groß waren, beschloss ich, sie zu kaufen und auf meine Größe umzuarbeiten. Ich stanzte in den Fersenriemen mehr Löcher für die Schnalle ein und kürzte die Sohle – so wurden sie zu meinen Lieblingssandalen. Dieses Design ist sehr beliebt und weltweit anzutreffen. Ich nenne sie hier «Hippie-Sandalen», wobei sie auch unter dem Spitznamen «Jesus-Latschen» bekannt sind.

Das Oberteil besteht aus einem langen Riemen, der durch mehrere Schlitze und um den Fuß geführt wird und seitlich einen Schnallenverschluss hat. Zwei Stege unter dem Knöchel geben dem langen Riemen Halt.

WERKZEUG

- Bleistift und Permanentmarker
- Schere
- Lineal
- Cutter
- Riemenschneider (optional)
- Langlocheisen (1,3 cm lang oder passend zur Riemenbreite)
- Holz- oder Rohhauthammer
- Ahle oder Aufraubürste
- Lochzange
- Hammer
- Bandschleifgerät (optional)

MATERIAL

- Vorlagen (siehe Ausklappseite D) und Papier
- 1 Quadratfuß (ca. 30 x 30 cm) dickes Brandsohlleder (3,6 bis 4 mm stark)
- ca. 135 x 7,5 cm mittelstarkes Oberleder (1,6 bis 2 mm stark)
- Kreppband
- ca. 30 x 30 cm Sohlenplatte
- Schuhkleber auf Lösungsmittelbasis
- 1 Quadratfuß Brandsohlleder (optional)
- 2 Schnallen (1,3 cm breit)
- 2 Nieten

1 **Schablonen vorbereiten:** Vorlagen von Ausklappseite D abpausen oder eigene herstellen. Benötigt werden Schablonen für die Sohle, einen Riemen (je nach Schuhgröße 107 bis 132 cm lang, ca. 1,3 cm breit) und zwei Knöchelstege pro Sandale. Schablonen ausschneiden und am Fuß ausprobieren. Den langen Papierriemen mehrmals um den Fuß legen. Bis seine endgültige Länge bei Abschluss des Projekts feststeht, sollte er überlang bleiben.

2 **Vorzeichnen und ausschneiden:** Auf dem Brandsohlleder die Umrisse der linken und der rechten Sohle aufzeichnen und ausschneiden. Den langen Riemen nicht vorzeichnen. Stattdessen mithilfe des Lineals auf dem Oberleder eine lange Linie ziehen und parallel dazu in 1,3 cm Abstand eine zweite. Oder für den langen Riemen einen Riemenschneider verwenden. Dabei die Klinge auf die gewünschte Breite einstellen und das Leder gerade durchziehen. Auf dem Oberleder auch die vier Knöchelstege vorzeichnen und ausschneiden.

3 **Drapieren und markieren:** Einen Fuß auf eine Brandsohle stellen und den langen Riemen gemäß der Abbildung über und unter den Fuß drapieren. Der Riemenverlauf kann zunächst unübersichtlich wirken, deshalb die Abbildung genau beachten. Die Teile, die später unter der Brandsohle verlaufen, provisorisch unter den großen und kleinen Zeh legen. Mit dem Riemen experimentieren, bis sich die Sandale bequem anfühlt. Zwischen den Zehen sollte er nicht zu stramm sein. Sobald alles passt, mit Bleistift oder Ahle alle Eckpunkte markieren, an denen die Riemenkanten auf die Brandsohle treffen, und zwar mit ca. 1 cm Abstand zum Sohlenrand. Die Knöchelstege für die Anprobe auf den langen Riemen auffädeln und so platzieren, dass sie sich bequem anfühlen. Gewöhnlich sitzen sie knapp vor oder unter dem Knöchel.

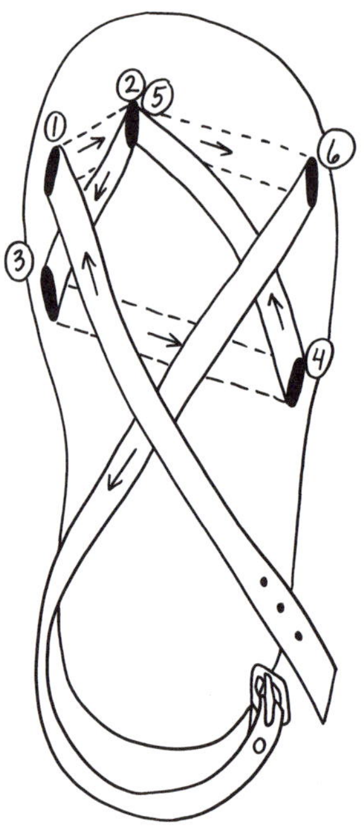

4 **Schlitze:** Bei einer Breite des Hauptriemens von 1,3 cm ein ebenso langes Langlocheisen verwenden, um Schlitze für den Riemen in die Brandsohle zu stanzen. Zwischen Brandsohle und Amboss (bzw. feste Unterlage) einen dicken Lederrest legen und alle Schlitze mit Langlocheisen und Hammer einstanzen. Für die längeren Knöchelstegschlitze das Locheisen versetzen. Dann die Brandsohlen mit der Oberseite aufeinanderlegen, um die Positionen der Schlitze zu übertragen. Auch diese ausstanzen. Oben in die Knöchelstege je zwei Längsschlitze für den Hauptriemen stanzen oder von Hand schneiden.

5 **Zwischensohlen-Schablone vorbereiten:** Vor dem Einziehen der Riemen eine Brandsohle mit Schlitzen auf Papier nachzeichnen. Darauf mit gestrichelter Linie den Verlauf des Hauptriemens von Schlitz zu Schlitz aufzeichnen und dabei jene Bereiche besonders hervorheben, an denen der Riemen unter der Brandsohle verläuft. Diese Bereiche aus der Schablone ausschneiden. Das ist nun die Vorlage für die Zwischensohle.

3. DRAPIEREN UND MARKIEREN

4. SCHLITZE EINSTANZEN

5. ZWISCHENSOHLENSCHABLONE ANFERTIGEN

6. HAUPTRIEMEN EINFÄDELN

6 **Anpassen:** Die beiden Knöchelstege auf den Hauptriemen fädeln und diesen dann in der korrekten Reihenfolge durch alle Schlitze fädeln. Das kann mehrere Versuche erfordern. Die Knöchelstege an der Brandsohlenunterseite mit Kreppband fixieren. Das Tolle an diesem Sandalentyp ist, dass außer den fest verklebten Knöchelstegen alles verstellbar bleibt. Die beiden Enden des langen Hauptriemens befinden sich schließlich an der Fußaußenseite in Knöchelnähe.

7 **Aufrauen und kleben:** Die Unterseite der Knöchelstegenden mit einer Ahle oder Aufraubürste aufrauen. Der lange Hauptriemen wird nirgends geklebt. Die aufgerauten Flächen mit Kleber bestreichen und antrocknen lassen. Die Knöchelsteglaschen an die Brandsohlenunterseite pressen. Die Sandalen anprobieren. Sollten die Knöchelstege nicht richtig sitzen, die Laschen mit einer Zange lösen und neu verkleben. Sobald die Passform stimmt, die Klebeverbindungen durch Klopfen mit dem Hammer verfestigen.

8 **Zwischensohlen anfertigen:** Nun die Zwischensohlenschablone auf die umgedrehte Brandsohle legen und prüfen, ob die Schablone dem Riemenverlauf entspricht. Abweichungen korrigieren, bis die Schablone richtig auf der Brandsohlenunterseite aufliegt, ohne irgendwo mit dem Hauptriemen zu überlappen. Die Aussparungen für die «Tunnel» sollten etwas breiter als der Hauptriemen sein, damit er sich später gut hin- und herziehen lässt. Aus der Schablone die Bereiche der Knöchelsteglaschen ausschneiden. Diese Schablone muss nicht perfekt sein, denn die Zwischensohle dient nur dazu, dem Fuß später mehr Dämpfung zu bieten.

9 Eine rechte und eine linke Zwischensohle auf geeignetes Leder (Dicke wie Oberleder, auch unansehnliche Reste eignen sich dafür) aufzeichnen; dabei alle Aussparungen berücksichtigen. Die Sohlen ausschneiden, dann die Aussparungen herausschneiden.

10 Zuerst prüfen, ob die Zwischensohlen gut zu den Brandsohlen passen. Anschließend die Brandsohlenunterseite gründlich aufrauen, dabei die Bereiche, an denen der Hauptriemen verläuft, aussparen. Auch die Oberseite der Zwischensohle aufrauen. Die aufgerauten Flächen mit Kleber bestreichen, dabei wieder kleberfreie Aussparungen für den Hauptriemen lassen. Sobald der Kleber angetrocknet ist, die Zwischensohle vorsichtig auf die Brandsohle legen. Die Verbindung mit dem Hammer verfestigen.

11 **Gummisohlen vorbereiten:** Die Umrisse der Zwischensohle und ihre Aussparungen für den Hauptriemen (aber nicht für die Knöchelsteglaschen) auf die Sohlenplatte übertragen. Die «Tunnel» für den Hauptriemen werden im nächsten Schritt nicht zugeklebt. Auf diese Weise bleibt der Hauptriemen beweglich und kann bei Bedarf verstellt werden.

12 **Anbringen der Gummisohle:** Mit Ahle oder Aufraubürste die Unterseite der Zwischensohle bearbeiten, jedoch nicht den langen Hauptriemen, er darf nicht beschädigt werden. Die aufgerauten Flächen auf der Unterseite der Zwischensohle und nur die entsprechenden Bereiche der Oberseite der Gummisohle mit Kleber bestreichen, dabei unbedingt die «Tunnel» für den Hauptriemen frei lassen. Sobald der Kleber angetrocknet ist, die beiden Lagen aufeinanderlegen, mit den Fingern zusammenpressen und die Verbindung mit dem Hammer zusammenklopfen. Die Sandalen anprobieren und die Klebeverbindung durch das eigene Körpergewicht verfestigen.

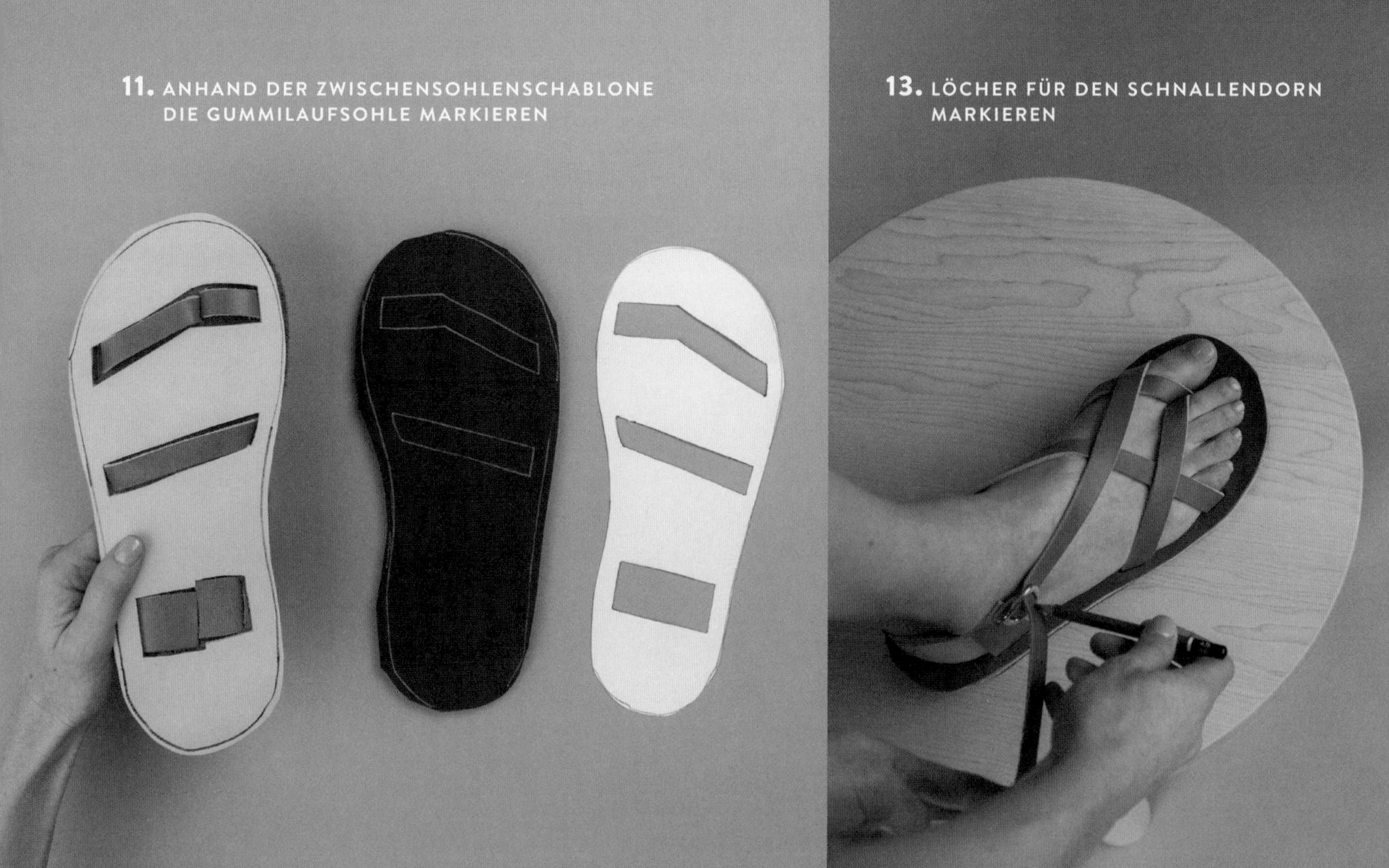

13 Schnallen anbringen: Den langen Riemen durch sanftes Ziehen in die optimale Passform bringen; dabei kann er durch die «Tunnel» zwischen den Sohlenlagen gleiten. Sobald die Passform stimmt, die Schnallen und Nieten anbringen (siehe Seite 68). Die Schnalle sollte knapp vor dem äußeren Knöchelsteg sitzen. In das andere Riemenende mehrere kleine Löcher für den Schnallendorn stanzen. Falls dieses Ende zu lang ist, kann es nun gekürzt werden.

14 Abschleifen und beschneiden: Den überstehenden Gummisohlenrand mit dem Cutter entfernen, wenn er abgeschliffen wird, genügt es, ihn grob zu beschneiden. Die Kanten mit dem Bandschleifer abschleifen (oder die Sandalen dafür zu einem Schuster bringen). Anschließend den kleinen Überstand oben an der Brandsohlenkante von Hand abschrägen. Dazu für die geraden Abschnitte einen Cutter und für die gebogenen eine Schere verwenden, in einem 45-Grad-Winkel arbeiten, und so wenig Material wie möglich entfernen. Dieses Modell muss erst einmal eingetragen werden. Vor allem die beiden Riemenbereiche zwischen den Zehen werden erst durch das Tragen weicher und geschmeidiger.

Stoffsandalen

Ich bin immer auf der Suche nach geeigneten Alternativen zu Leder. Mein Lieblingsmaterial ist wattierter Stoff, weil mehrere aufeinandergesteppte Stofflagen hinsichtlich Stärke und Dehnbarkeit durchaus mit Leder mithalten können. Verwendet werden können Baumwollstoffe wie Denim, Interlock-Polyesterjersey und so gut wie jeder andere feste Stoff, vorausgesetzt, er wird mit mehreren Lagen Vlies unterlegt.

Für das Nähen der gequilteten Stoffoberteile, der Knöchelstege und Bindebänder genügt eine einfache Haushaltsnähmaschine. Die Stoffbänder lassen sich gut durch Lederschnürsenkel, Webband oder Kordeln ersetzen – der Fantasie sind kaum Grenzen gesetzt!

WERKZEUG

- Bleistift und Permanentmarker
- Schere
- Lineal
- Cutter
- Nähmaschine, Nadel und Faden
- Ahle oder Aufraubürste
- Lochzange
- Hammer
- Bandschleifgerät (optional)

MATERIAL

- Vorlagen (siehe Ausklappseite D) und Papier
- 1 Quadratfuß (ca. 30 x 30 cm) dickes Brandsohlleder (3,6 bis 4 mm stark)
- ca. 120 x 30 cm Stoff (aus einer Bahn oder aus Resten zusammengenäht)
- ca. 60 x 30 cm Baumwoll- oder Wollvlies (oder zusätzlicher Stoff als Zwischenlage)
- 4 Kordeln oder Schnürsenkel, je 36 bis 46 cm lang
- ca. 30 x 30 cm Sohlenplatte, ggf. etwas mehr für Absätze (optional)
- Kreppband
- Schuhkleber auf Lösungsmittelbasis

1 Schablonen vorbereiten: Vorlagen von Ausklappseite D abpausen oder eigene herstellen. Benötigt werden Schablonen für die Sohle, ein breites Zehenteil, zwei Knöchelstege und zwei Bänder (36 bis 46 cm lang). Schablonen ausschneiden und am Fuß anprobieren. Die Zehenteile und die Stege sollten am Sohlenrand jeweils mindestens 2,5 cm überhängen.

2 Vorzeichnen und ausschneiden: Rechte und linke Sohle auf dem dicken Brandsohlleder vorzeichnen und ausschneiden. Alle übrigen Schablonen auf Stoff und Vlies nachzeichnen, dabei für gerade Linien ein Lineal benutzen. Bei diesem Modell besteht das Zehenteil aus zwei Lagen Baumwollwebstoff sowie drei Zwischenlagen Wollvlies. Alle Stoffteile ausschneiden.

3 Oberteil aus Stoff nähen: Die Stofftrapeze rechts auf rechts legen und an den Längsseiten zusammennähen. Das Trapez wenden und die drei Vlieslagen hineinschieben und feststecken. Durch alle Lagen mehrere waagerechte Linien steppen. Die Schmalseiten müssen nicht versäubert werden, denn sie werden später zwischen den Sohlenlagen versteckt.

4 Für jede Sandalette zwei Knöchelstege auf die gleiche Weise nähen, jedoch nur mit einer Vlieslage. Jeden Knöchelsteg oben 2,5 cm umlegen und das Ende festnähen, sodass eine Schlaufe für die Schnürung entsteht.

5 Für die Bänder die langen Stoffstreifen jeweils längs mittig falten, Kanten einschlagen und feststecken, dann jedes Band absteppen. Die beiden Bänder nebeneinander mittig an der längeren Seite des Zehenteils annähen (siehe Abb. 7). Die Knöchelstege an den Schlaufen auf die Bänder fädeln.

6 Gummisohlen vorbereiten: Sohlen mithilfe der Schablone auf der Sohlenplatte aufzeichnen, dabei ringsherum ca. 1 cm Zugabe hinzufügen. Die größere Laufsohle erleichtert später das Kleben und Beschneiden. Falls ein Absatz gewünscht wird, dafür eine Papierschablone anfertigen und diese ebenfalls auf dem Gummi nachzeichnen. Gummisohlen und Absätze grob mit dem Cutter ausschneiden.

7 Drapieren und markieren: Fuß auf Brandsohle stellen und ggf. Absatz darunterschieben. Das Zehenteil so drapieren, dass es den kleinen Zeh weitgehend abdeckt, die restlichen jedoch sichtbar bleiben. Das ergibt eine komfortable Passform. Mit einer Ahle die Eckpunkte markieren, an denen die Stoffteilkanten auf die Brandsohle treffen, und zwar mit ca. 1 cm Abstand zum Sohlenrand. Auch die Positionen der Knöchelstege mit Punkten markieren. Normalerweise sitzen sie unter dem Knöchel, doch können sie auch etwas weiter vorn platziert werden.

8 Löcher und Schlitze: Mit der kleinsten Stanze der Lochzange die Eckpunkte von Schritt 7 aus einer Brandsohle ausstanzen. Anschließend die beiden Brandsohlen mit der Oberseite aufeinanderlegen, um mit Bleistift oder Ahle die Positionen der Löcher zu übertragen. Auch diese ausstanzen. Dann bei beiden Brandsohlen die Löcher durch parallele Schnitte zu Schlitzen für die Stoffteile erweitern.

9 Anpassen: Die Oberteile durch die Schlitze in den Sohlen fädeln. Die Sandalen anprobieren. Eventuell die Zehenteilenden schräg ziehen oder Keile herausschneiden (siehe Seite 36), damit das Oberteil passgenau auf dem Fuß aufliegt. Anschlließend die Stofflaschen an der Brandsohlenunterseite mit Kreppband in den korrekten Positionen fixieren.

7. FERTIG FÜR DAS DRAPIEREN

7. MARKIEREN

10 Markieren: Wenn beide Sandalen gut passen, die Stofflaschenkonturen auf den Brandsohlenunterseiten mit Permanentmarker nachzeichnen. Das Kreppband nach und nach lösen und nun scharnierartig anlegen, damit die Laschen während des Klebens nicht aus ihren Positionen rutschen.

11 Aufrauen und kleben: Die markierten Bereiche der Brandsohlenunterseite aufrauen. Die Stofflaschen müssen nicht aufgeraut werden, da sie saugfähig sind. Alle zu verbindenden Flächen mit Kleber bestreichen. Sobald dieser angetrocknet ist, die Stofflaschen sorgfältig auf die markierten Bereiche drücken. Sandalen anprobieren und Passform prüfen. Falls ein Stoffteil nicht richtig sitzt, Ende ablösen und in korrekter Position wieder ankleben. Sobald die Passform stimmt, Klebeverbindungen durch Klopfen mit dem Hammer verfestigen.

12 Ausdünnen: Sandalen anprobieren und prüfen, ob die Stofflaschen zu spüren sind. Weil sich Stoff stärker zusammendrücken lässt als Leder, drücken die Enden vermutlich nicht. Sollte es doch unebene Stellen geben, mit der Cutterklinge oder Schere alle auftragenden Stellen ausdünnen.

13 Anbringen der Gummisohle: Die Brandsohlenunterseite aufrauen (die Stofflaschen müssen dabei nicht aufgeraut werden, da sie genügend Struktur aufweisen). An einem gut belüfteten Ort die Brandsohlenunterseite

11. BRANDSOHLENUNTERSEITE MIT MARKIERUNGEN FÜR DIE LASCHEN

und die Oberseite der Gummisohle mit Kleber bestreichen, fünf bis zehn Minuten antrocknen lassen. Erneut Kleber auftragen und antrocknen lassen, dann das Oberteil mit der Brandsohle langsam auf die Gummisohle absenken. Den Zehenbereich leicht zur Zehenfeder aufbiegen, den inneren mittleren Bereich zur Fußgewölbestütze (siehe Seite 49). Die Lagen mit den Fingerspitzen zusammenpressen, anschließend behutsam mit dem Hammer auf einer festen Unterlage, wie einem Amboss, zusammenklopfen. Sandalen anprobieren und die Klebeverbindung durch das eigene Körpergewicht verfestigen.

14 **Einen Gummiabsatz anbringen:** Den in Schritt 6 angefertigten Absatz auf der Gummisohle ausrichten. Mit einem Permanentmarker entlang der Absatzfrontfläche eine Linie auf der Laufsohle ziehen. Den Absatzbereich der Laufsohle sowie die Absatzoberseite aufrauen, dann mit Kleber bestreichen, antrocknen lassen. Die Lagen mit den Fingerspitzen zusammenpressen, dann die Klebeverbindung durch Klopfen mit dem Hammer verfestigen.

15 **Abschleifen:** Falls kein Bandschleifer vorhanden ist, die überstehenden Ränder der Gummisohle möglichst sorgfältig beschneiden (siehe Seite 51). Oder die Sohlenränder von einem Schuster abschleifen lassen.

Falls Sie selbst schleifen, den überstehenden Gummisohlenrand zuerst grob mit dem Cutter beschneiden, dann die Ränder glatt schleifen. Dabei das Oberteil und die Bänder abhalten, damit sie nicht an das Schleifgerät geraten.

16 **Beschneiden:** Nach dem Abschleifen die Sandalen sorgfältig von Staub befreien. Mit Cutter und Schere (für die Rundungen) den kleinen Überstand am Brandsohlenrand in einem 45-Grad-Winkel abschrägen, dabei so wenig Material wie möglich entfernen.

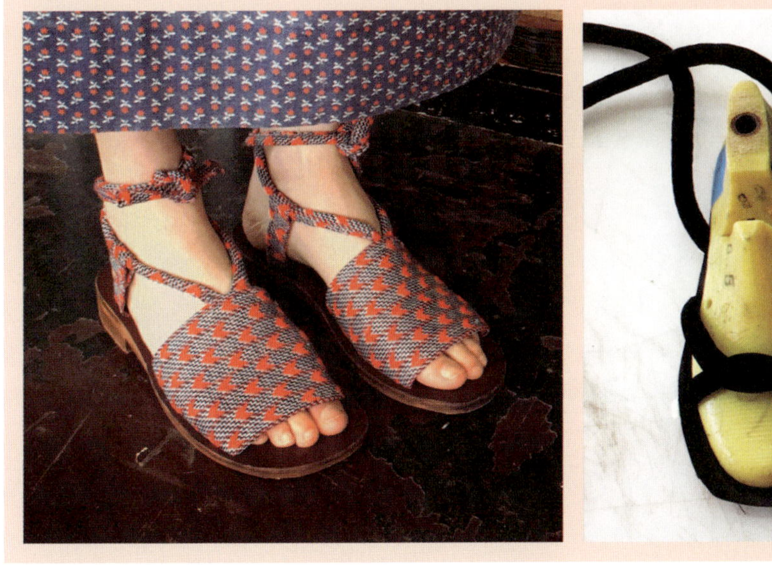

KAPITEL 4

SCHUH-PROJEKTE

Mein Herstellungsverfahren für geschlossene Schuhe unterscheidet sich von dem der meisten herkömmlichen Schuhmacher. Ich verwende für das Oberteil vegetabil gegerbtes Leder, das ich nass über den Leisten forme. Sobald das Leder trocken ist, lässt es sich zur Anpassung an den Fuß ebenso gut bearbeiten wie ein Sandalenriemen. Meine Methode spart Zeit, Mühe und Material. Sie baut auf den Techniken auf, die ich bei der Fertigung von Sandalen vorgestellt habe. Insbesondere empfehle ich, vor Beginn der Arbeit an einem Projekt aus diesem Kapitel die Seiten 69 bis 81 gründlich durchzulesen. Haben Sie mit sich selbst Geduld: Geschlossene Schuhe zu machen ist knifflig, es erfordert vorausschauende Planung und individuelle Problemlösungen. Aber sobald Sie erst einmal Erfahrung gesammelt haben, werden Sie in der Lage sein, sich selbst schöne Schuhe anzufertigen. Viel Glück dabei!

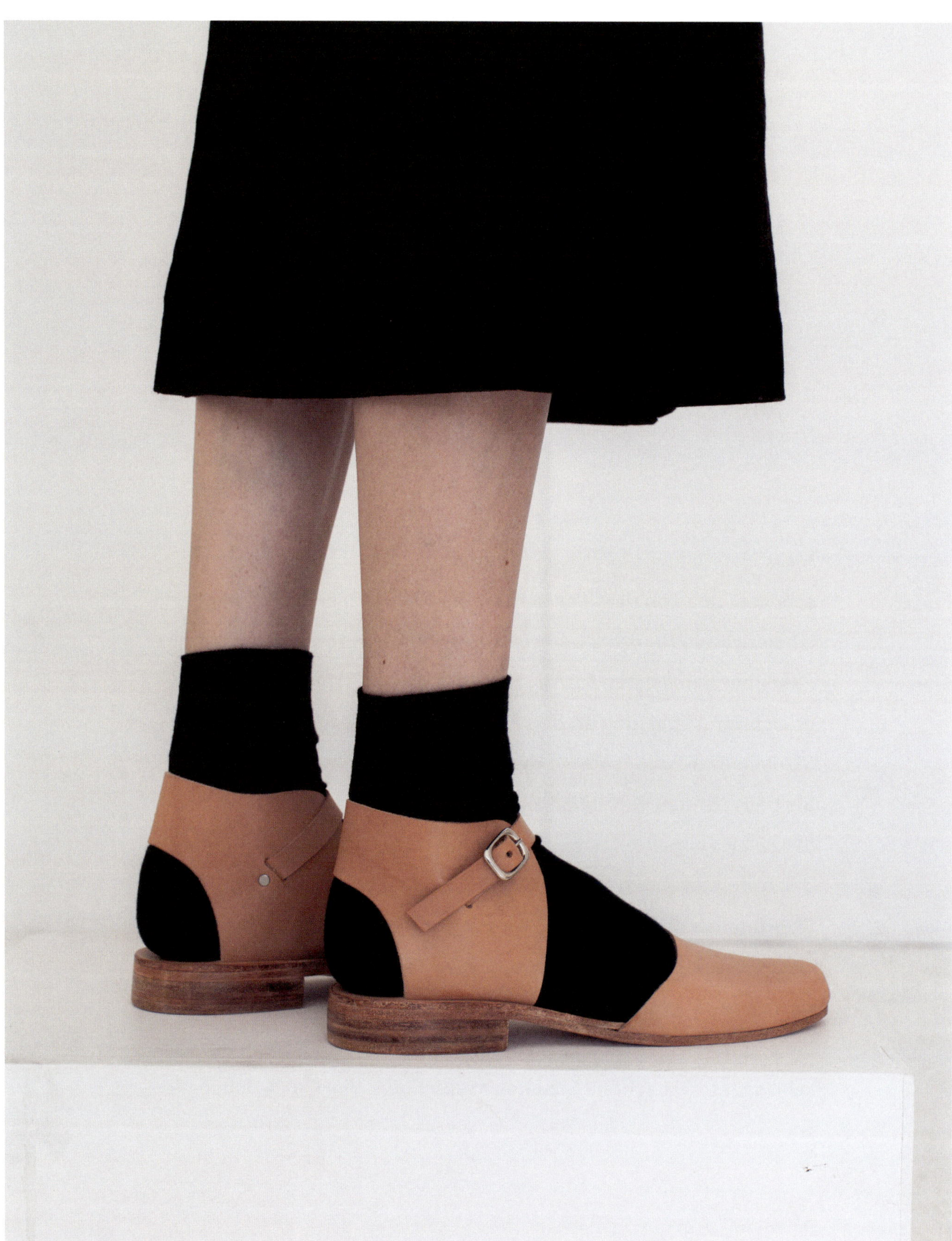

Spangenschuhe

Ein Spangenschuh ist ein klassisches Modell mit Fersenriemen und Schnalle. Für dieses Projekt schlage ich vor, Leisten mit gerundeter Spitze zu wählen, weil es bei dieser Form am einfachsten ist, das Leder an der Schuhunterseite gleichmäßig zu verteilen. Ein Bandschleifer und ein Schusteramboss sind dabei eine große Hilfe, es lassen sich aber auch Ersatzlösungen finden. Dieses Modell kommt ohne Zwischensohle und Sohlennägel aus – ein gutes Beispiel dafür, wie einfach die Schuhmacherei sein kann!

Vegetabil gegerbtes Leder wird im Lauf der Zeit durch das Tragen und durch Lichteinstrahlung weicher und dunkler. Dafür entwickelt es aber auch eine sehr schöne, edel wirkende Patina.

WERKZEUG

- Leisten mit runder Spitze, in der ungefähr passenden Größe
- Bleistift und Permanentmarker
- Schere
- Lineal
- Cutter
- Spitzzange
- Ahle oder Aufraubürste
- Lochzange
- Hammer
- Bandschleifgerät (optional)
- Schusteramboss (optional)
- Langlocheisen (Länge passend zu der des Fersenriemens, optional)
- Holz- oder Rohhauthammer (optional)

MATERIAL

- Vorlagen (siehe Ausklappseite C) und Papier
- 3 Quadratfuß mittelstarkes (1,2 bis 1,6 mm) vegetabil gegerbtes Oberleder
- 1 Quadratfuß (ca. 30 x 30 cm) dickes (3,6 bis 4 mm) vegetabil gegerbtes Brandsohlleder
- 1 Paar dicke Ledersohlen
- ca. 50 Leistennägel
- Kreppband
- 2 Lederschichtabsätze (siehe Seite 54)
- Schuhkleber auf Wasser- oder Lösungsmittelbasis
- 6 Absatznägel
- 2 Schnallen (Breite wie Fersenriemen)
- 6 Nieten
- Lederpflegemittel oder Carnaubawachs (optional)

1 Die Schablonen für die Brandsohle mithilfe der Leisten erstellen: Einen Leisten auf Papier stellen und die Konturen sorgfältig mit dem Bleistift nachzeichnen, dabei das Papier hochklappen, um den Rand des Leistens genau zu erfassen. Einen Fuß auf den Sohlenumriss stellen, dabei soll der Fuß nur minimal breiter sein. Zusätzlich muss der Fuß an Zehen und Ferse einen Spielraum von ca. 1,3 cm Länge haben. Dafür die Schablone ggf. an der Ferse verlängern. Falls der große Zeh über den Umriss hinausreicht, ist das kein Problem, denn das Oberleder wird plastisch geformt und bietet den Zehen Platz. Vor dem Ausschneiden die Schablone in der hinteren Fersenhälfte etwas verbreitern, damit sie dort so breit wie der gewählte Absatz ist. Schablone ausschneiden und mit «Brandsohle» beschriften.

2 Für die Schablone der Laufsohle die Brandsohlenschablone mit ringsherum ca. 3 mm Zugabe nachzeichnen. Die Zugabe gleicht das Schrumpfen des dicken Leders beim Trocknen aus. Die Schablone mit «Laufsohle» beschriften.

3 Die Vorlage für das Oberteil von der Ausklappseite C abpausen oder aber eigene Vorlagen erstellen (siehe Seite 19). Es werden Schablonen für ein Fersenteil, einen zweiteiligen Fersenriemen sowie ein halbmondförmiges Vorderteil benötigt. Schablonen ausschneiden und über einen Fuß drapieren, um die Passform zu prüfen. Die Teile sollten am Sohlenrand jeweils mindestens 2,5 cm überhängen.

4 **Vorzeichnen und ausschneiden:** Oberteile auf dem mittelstarken Oberleder vorzeichnen und die Sohlen auf dem dickerem Brandsohlleder. Vor dem Schneiden prüfen, ob auch alles für den zweiten Fuß aufgezeichnet wurde. Die Teile knapp innerhalb der Konturen ausschneiden, damit auf den Schuhen später keine Markierungen zu sehen sind. Riemen mithilfe des Lineals ausschneiden. Auf das dicke Außensohlenleder eine linke und eine rechte Sohle aufzeichnen, das Leder anfeuchten und die Sohlen sorgfältig mit dem Cutter ausschneiden.

5 **Laufsohlen formen:** Die Laufsohlen ca. 15 Sekunden lang in Wasser legen. Anschließend Zehenfeder und Fußgewölbestütze formen (siehe Seite 55). Die Absätze an den passenden Stellen darunterschieben und die Laufsohlen 24 Stunden lang trocknen lassen.

6 **Arbeit an den Leisten:** Während die Sohlen trocknen, den Arbeitsplatz vorbereiten und Leisten, Oberteile, Leistennägel, Spitzzange und Hammer bereitlegen. Für die gewünschte Form die Position des Leders auf dem Leisten festlegen. Dazu das noch trockene Oberleder unterschiedlich über den Leisten drapieren, um zu sehen, wie ein tieferer oder höherer Ausschnitt wirken würde. Mit Bleistift auf dem Leisten markieren, wo das Leder liegen soll.

7 Ein Vorderteil ca. 15 Sekunden in Wasser legen, sofort auf dem Leisten platzieren und Luftblasen herausstreichen. Das Leder straff über den Leisten spannen, diesen umgekehrt in den Schoß legen. Beidseitig an der Leistenunterseite Nägel einschlagen, um das Leder zu fixieren, dabei von der Spitze in Richtung Ferse arbeiten. Dazu den Rand abschnittsweise mit der Zange stramm ziehen und dann festnageln, mit je ca. 8 mm Abstand zwischen den Nägeln. An der Leistenunterseite darf das Leder breite Falten bilden, jedoch nicht oberhalb des Leistenrands. Leder lässt sich besser formen, als man zunächst denkt; wichtig ist, an der Leistenunterseite möglichst viele kleine Falten zu legen. Das zweite Oberteil formen, dann alles 24 Stunden trocknen lassen.

1. BRANDSOHLENSCHABLONE AN ABSATZ ANPASSEN

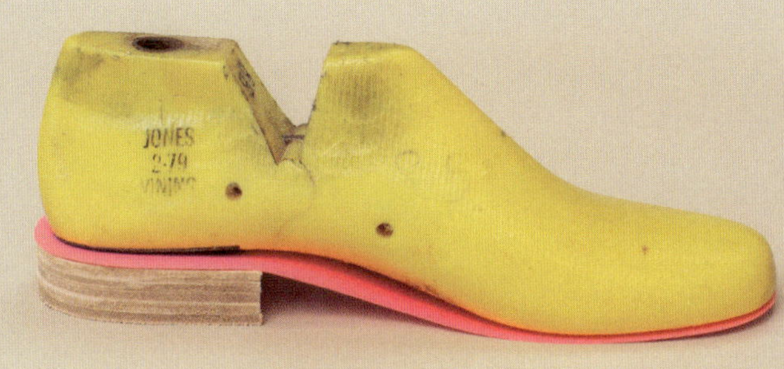

3. VORDERTEIL-SCHABLONE AN LEISTEN ÜBERPRÜFEN

6. LEDER ÜBER DEN LEISTEN FORMEN

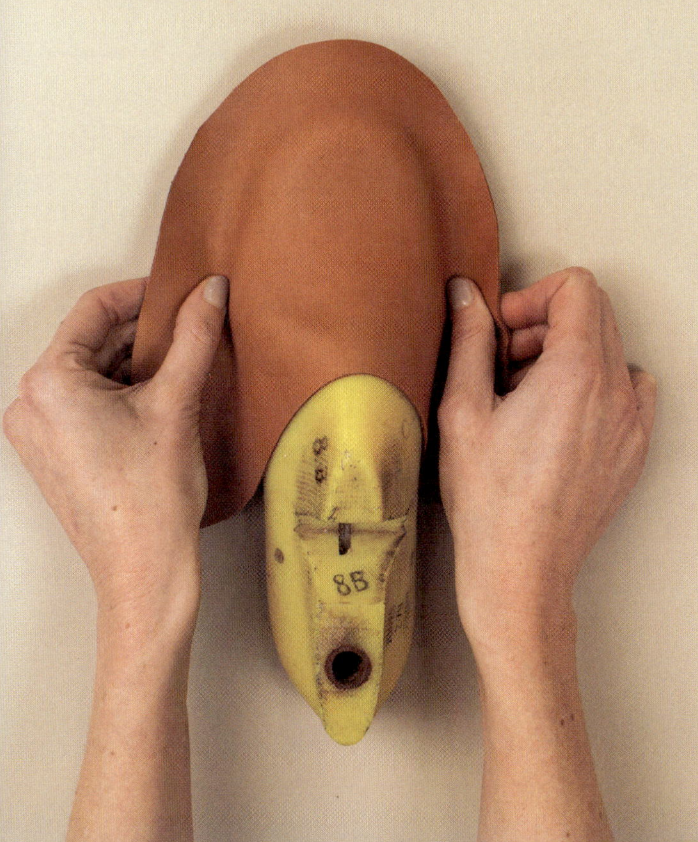

7. AUF DEN LEISTEN GENAGELTES OBERTEIL

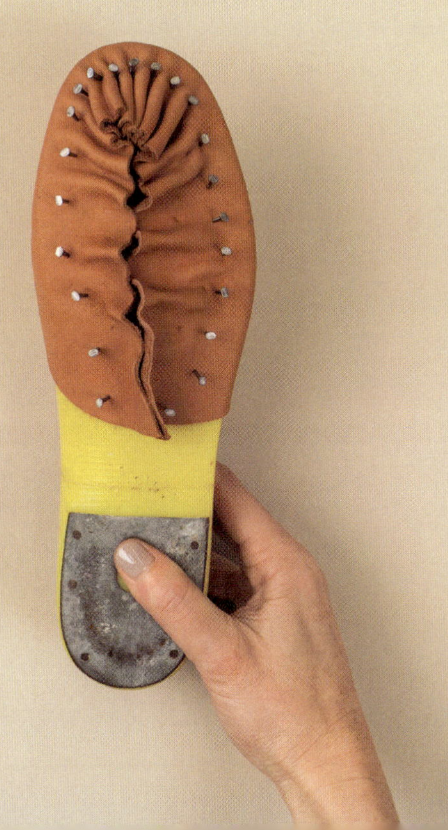

10. DRAPIEREN UND MARKIEREN

8 **Falten beschneiden:** Nach dem Trocknen der Vorderteile die Leistennägel mit der Zange entfernen. Leder vom Leisten nehmen und prüfen, ob es auch innen trocken ist (ansonsten beide Teile wieder über die Leisten ziehen). Das trockene Vorderteil über den Leisten ziehen, wieder umgedreht in den Schoß legen und mit dem Cutter vorsichtig alle Falten wegschneiden (siehe Seite 74). Dann beide Vorderteile vergleichen. Falls sie an den Rändern der Unterseite unterschiedlich groß sind, das größere auf die Maße des kleineren zurechtschneiden.

9 **Anpassen:** Die Brandsohlen in die entsprechenden Vorderteile schieben, vom Rand ausgehend mit Kreppband fixieren. Die Vorderteile dem Fuß anpassen (siehe Seite 75). Wahrscheinlich müssen dabei die Vorderteile nicht an der Spitze geändert werden, sondern eher an den Seiten: diese ggf. nach innen ziehen und in einer engeren Position provisorisch fixieren.

10 **Drapieren und markieren:** Sobald die Brandsohlen provisorisch in die Vorderteile eingeklebt sind, einen Schuh anziehen, den Fuß auf einen Hocker stellen und einen Absatz darunterschieben. Das Fersenteil um den Fuß drapieren und positionieren, hinten sollte es sich eng anschmiegen. Mit Ahle oder Bleistift die Eckpunkte markieren, an denen die Fersenteilkanten auf die Brandsohle treffen, und zwar mit 1 cm Abstand zum Sohlenrand.

11 **Löcher und Schlitze:** Mit der kleinsten Stanze der Lochzange die Eckpunkte von Schritt 10 aus einer Brandsohle ausstanzen. Die Brandsohlen mit der Oberseite aufeinanderlegen, um mit Bleistift oder Ahle die Positionen der Löcher zu übertragen. Auch diese ausstanzen. Bei beiden Sohlen die Löcher durch parallele Schnitte zu Schlitzen für die Fersenteile erweitern.

12 **Anpassen:** Die Fersenteile in die Schlitze einfädeln. Die Enden mit Kreppband provisorisch an der Brandsohlenunterseite fixieren, sobald die Fersenteile richtig sitzen.

13 **Nachzeichnen:** Wenn die Position der Fersenteile und der Vorderteile festgelegt ist, alle Kontaktpunkte zwischen Oberteilen und Brandsohle markieren: Mit der Ahle im Inneren der Vorderteile die seitlichen Umrisse der Brandsohle einritzen (dort wurde in Schritt 9 die Passform wahrscheinlich nachgebessert, die Spitze bleibt unverändert). Die Linie zeigt an, welche Bereiche aufgeraut und geklebt werden müssen. Anschließend bei jedem Vorderteil das Kreppband an der Unterseite abnehmen, um die Umrisse auf der Brandsohle nachzuzeichnen. Auch die Umrisse der Fersenteillaschen nachzeichnen.

14 **Aufrauen:** Oberteile wieder abnehmen und alle zu klebenden Flächen aufrauen: die Bereiche unter den Fersenteillaschen, die Vorderteile innen im markierten Sohlenbereich und die entsprechenden Bereiche auf der Unterseite der Brandsohle. Der Bereich im Inneren der Vorderteile ist schwer erreichbar, dort ist aber wenig aufzurauen, da es sich dabei bereits um die raue Lederseite handelt.

15 **Kleben:** Kleber auf alle aufgerauten Flächen auftragen, am besten mit dem Inneren der Vorderteile beginnen, da der Kleber hier etwas länger zum Trocknen braucht. Sobald der Kleber angetrocknet ist, die Brandsohlen vorsichtig in die Vorderteile schieben und die Ränder erst dann zusammendrücken, wenn die Brandsohlenspitze ganz vorn sitzt. Zuerst diese, dann alle anderen Klebestellen zusammendrücken und die Schuhe anziehen. Muss etwas geändert werden, diesen Abschnitt mit der Zange abziehen und neu verkleben. Sobald die Passform stimmt,

alle Verbindungen über einem Schuhamboss durch Klopfen mit dem Hammer verfestigen.

16 **Ausschärfen:** Mit der Cutterklinge jeweils die Laschen des Fersenteils an der Brandsohlenunterseite ausdünnen.

17 **Sohle und Absatz verbinden:** Die Absätze oben und die entsprechenden Bereiche der Laufsohlenunterseiten aufrauen. Diese vier Flächen mit Kleber bestreichen, antrocknen lassen. Absätze mit Laufsohlen verbinden und über einer festen Unterlage zusammenklopfen. Absätze zusätzlich mit Absatznägeln fixieren.

18 **Oberteile und Laufsohlen verbinden:** Das Oberteil auf die Laufsohle stellen und mit einem Bleistift alle Stellen markieren, an denen die Laufsohle am Oberteil übersteht. Diese Überstände mit dem Bandschleifer oder Cutter entfernen. Sohlen anschließend von Staub befreien, Oberteil bündig an der Vorderspitze ausrichten und die Laufsohlenkontur mit feinem Bleistift oder Ahle auf die Unterseite des Vorderteils übertragen. Diese Linie grenzt den Aufrau- und Klebebereich ein.

19 **Aufrauen und kleben:** Die gesamte Unterseite des Oberteils bzw. Brandsohle bis zu der in Schritt 18 markierten Linie aufrauen, ebenso die Oberseite der Laufsohlen. Beide aufgeraute Flächen mit Kleber bestreichen, warten, bis er angetrocknet ist.

20 Das Oberteil mit der Klebefläche nach oben zwischen die Knie klemmen, die Laufsohle mit beiden Händen ausgerichtet darüber halten, an der Schuhspitze beginnend,

langsam auf die Klebefläche absenken. Die Lagen fest zusammendrücken. Den Schuh sodann auf den Schusteramboss ziehen und die Verbindung mit dem Hammer verfestigen. Beim zweiten Schuh genauso vorgehen. Die Schuhe anziehen, um die Lagen durch das eigene Körpergewicht zusammenzudrücken.

21 **Abschleifen und beschneiden:** Wahrscheinlich ist die Verbindung von Sohle und Absatz hinten an der Ferse jetzt uneben. Diese Kante mit dem Bandschleifer glätten (oder die Schuhe dazu zu einem Schuster bringen). Beim Abschleifen ist darauf zu achten, dass das Oberleder nicht in die Nähe des Sandpapiers gerät. Deshalb unbedingt nur die seitlichen Ränder und Absatzränder abschleifen. Danach den kleinen Überstand an der Brandsohlenkante mit der Schere (an Rundungen) und dem Cutter schräg beschneiden.

22 **Schnallen anbringen:** Nachdem der Schuh passgenau gearbeitet ist, kann nun festgelegt werden, an welchen Stellen die Fersenriemen mit Schnallen angebracht werden. Der längere Streifen wird an der Fußinnenseite befestigt, der kürzere, an dem der Verschluss sitzen wird, außen. Am Fersenteil die Schlitze markieren, aus denen die Fersenriemen hervorkommen. Sie werden zum Schluss mit Nieten befestigt. In die Fersenteile über einem dicken Lederrest als Unterlage mit Knopflocheisen und Hammer die Schlitze einstanzen (alternativ mit dem Cutter einschneiden).

23 Die Schnallen an den kürzeren Riemen anbringen (siehe Seite 68). Nun den kurzen und den langen Fersenriemen in die jeweiligen Schlitze fädeln und anpassen, bis sie richtig sitzen. Riemen mit Kreppband fixieren, dann mit Nieten befestigen (siehe Seite 65).

24 **Lederpflege:** Es empfiehlt sich, das vegetabil gegerbte Leder anschließend zu pflegen, da es durch das Nassformen und Trocknen spröde geworden sein kann. Mit einem weichen Tuch Lederpflegemittel auftragen und gründlich einreiben. Dadurch wird das Leder zunächst kurzzeitig viel dunkler. Carnaubawachs ist eine geeignete Alternative zu den herkömmlichen Pflegemitteln, da es das Leder glänzender und auch leicht wasserabweisend macht.

Mules

Als Mules bezeichnet man Schuhe, die hinten offen sind und keine Knöchelverbindung haben. Diesem Modell habe ich einen leicht erhöhten Absatz gegeben, weil der Fuß dadurch mehr Halt im Schuh findet.

Ich habe hier Veloursleder verwendet, weil es so samtig ist und durch seine Fähigkeit, Licht zu absorbieren, seine Farben schön satt wirken. Abgesehen davon bilden sich in Schuhen mit der Zeit oft Gehfalten, und bei Veloursleder fallen diese Schönheitsfehler nicht so stark auf. Falls Sie für Ihre Mules ebenfalls einen Leisten mit schmaler Spitze verwenden, benötigen Sie einen Amboss mit entsprechend schmalem Arm, der in den Schuh hineinpasst. Das Veloursleder wird hier gefüttert und sollte möglichst dünn sein, damit es sich gut über den Leisten formen lässt.

WERKZEUG

- Leisten, in der ungefähr passenden Größe
- Bleistift und Permanentmarker
- Schere
- Lineal
- Cutter
- Hammer
- Spitzzange
- Ahle oder Aufraubürste
- Schusteramboss
- Bandschleifgerät

MATERIAL

- Vorlagen (siehe Ausklappseite B) und Papier
- 1,5 Quadratfuß Veloursleder (0,8 bis 1,2 mm stark)
- 1,5 Quadratfuß vegetabil gegerbtes Futterleder (0,8 bis 1,2 mm stark)
- 1 Quadratfuß (ca. 30 x 30 cm) dickes Brandsohlleder (3,6 bis 4 mm stark)
- 1 Paar dicke Ledersohlen
- Schuhkleber auf Wasser- oder Lösungsmittelbasis
- 2 Lederschichtabsätze (Anleitung siehe Seite 54)
- 2 Extralagen steife Sohlenplatte als Absatzverstärkung (optional)
- ca. 50 Leistennägel
- Kreppband
- 6 Absatznägel
- Zwischensohlenleder, dessen Stärke der des gefütterten Oberleders entspricht (1,6 bis 2,4 mm stark)
- ca. 40 Messing-Schusternägel (optional)
- Kantenfarbe (optional)

1 Schablonen: Die Brandsohlenschablone mithilfe der Leisten erstellen: Einen Leisten auf Papier stellen und die Umrisse sorgfältig mit dem Bleistift nachzeichnen, dabei das Papier hochhalten, um den Rand des Leistens genau zu erfassen. Einen Fuß auf den Sohlenumriss stellen, dabei soll der Fuß nur minimal breiter sein. Zusätzlich muss der Fuß an Zehen und Ferse einen Spielraum von ca. 1,3 cm Länge haben. Dafür die Schablone ggf. an der Ferse verlängern. Falls der große Zeh über den Umriss hinausreicht, ist das kein Problem, denn das Oberleder wird plastisch geformt und bietet den Zehen Platz. Vor dem Ausschneiden die Schablone in der hinteren Fersenhälfte etwas verbreitern, damit sie dort so breit wie der gewählte Absatz ist. Schablone mit «Brandsohle» beschriften.

2 Für die Schablone der Laufsohle die Brandsohlenschablone mit ringsherum ca. 3 mm Zugabe nachzeichnen. Diese Zugabe gleicht das Schrumpfen des dicken Leders beim Trocknen aus. Die Schablone mit «Laufsohle» beschriften.

3 Die Vorlage für das Oberteil von der Ausklappseite B abpausen oder aber eine eigene (von einem großen Dreieck ausgehend) erstellen. Schablone ausschneiden und über den Leisten drapieren. Am Rand sollte die straff über den Leisten gespannte Schablone mindestens 2,5 cm überhängen. Bei Mules ist es wichtig, dass das Oberteil mehr vom Fuß abdeckt, als es frei lässt. Mit anderen Worten: Gerät es zu kurz, dann kann es sein, dass der fertige Schuh nicht stabil am Fuß sitzt und dieser darin hin und her rutscht.

4 Vorzeichnen und ausschneiden: Die beiden Oberteile sowohl auf dem Veloursleder als auch auf dem Futterleder vorzeichnen. Dann grob ausschneiden, sie werden nach dem Füttern nochmals zurecht geschnitten. Auf dem Brandsohlleder eine linke und eine rechte Sohle aufzeichnen, diese innerhalb der Konturen ausschneiden. Die Laufsohlen auf das dicke Leder aufzeichnen, dieses anfeuchten und die Sohlen sorgfältig mit dem Cutter ausschneiden.

5 Füttern: Die Unterseiten von Ober- und Futterleder mit Kleber bestreichen. Das Aufrauen erübrigt sich, weil diese Lederseiten genügend strukturiert sind. Wenn der Kleber angetrocknet ist, die Lagen sorgfältig bündig aufeinanderlegen und Luftblasen herausstreichen. Die Teile behutsam mit dem Hammer zusammenklopfen, um die Verbindung zu verfestigen.

6 Anhand der Oberteilschablone den Oberrand (die einzige offene Kante, die an diesem Schuh sichtbar sein wird; siehe Seite 185) auf dem Veloursleder markieren. Knapp innerhalb dieser Linie schneiden, damit keine Markierungen zurückbleiben. Die Ränder, die später unter dem Leisten liegen, müssen nicht beschnitten werden.

7 Schichtabsätze: Falls fertige Schichtabsätze verwendet und erhöht werden sollen, einen oder zwei Flecke steifes Sohlenleder aufrauen, an den Absatz kleben und festklopfen. Oder, falls der gesamte Absatz selbst gemacht wird, einfach mehr Lederschichten als üblich aufeinanderkleben. Zu beachten: Bei einem Absatz, der höher als 2,5 cm ist, muss zwischen Laufsohle und Oberteil eine Gelenkstütze eingefügt werden.

8 Ledersohlen formen: Die Laufsohlen ca. 15 Sekunden (oder bis sie sich vollgesogen haben) lang in Wasser legen. Anschließend Zehenfeder und Fußgewölbestütze formen (siehe Seite 55) und auch möglichst so, dass sie sich nahtlos an die Absätze anfügen. Diese an den entsprechenden Stellen darunterschieben und die Sohlen sechs bis 24 Stunden lang trocknen lassen.

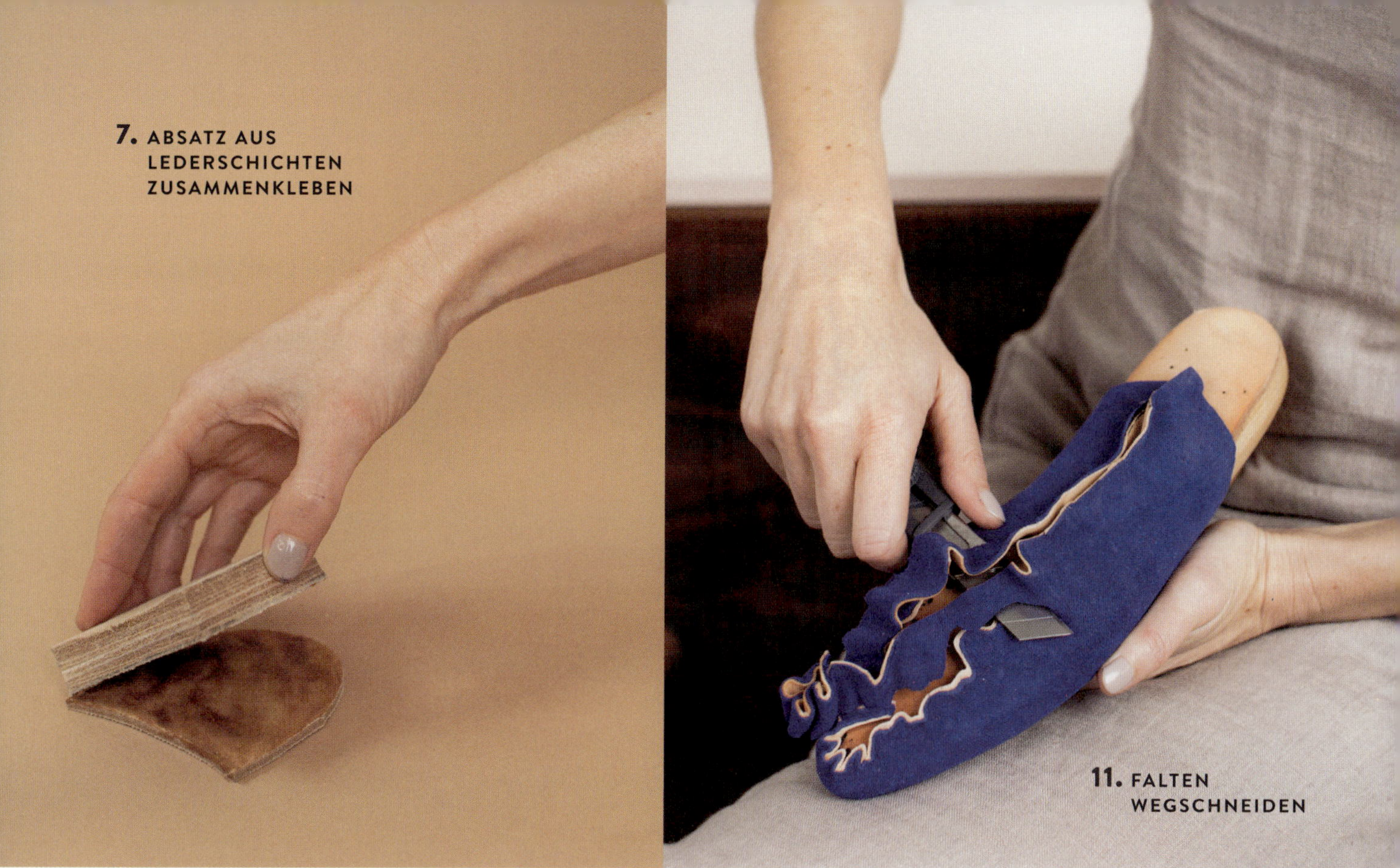

9 **Vorbereitung der Leisten:** Den Arbeitsplatz vorbereiten und Leisten, Oberteile, Leistennägel, Spitzzange und Hammer bereitlegen. Die Oberteile über den Leisten drapieren und ausprobieren, wie ihre endgültige Position aussehen soll. Diese Linie dann mit Bleistift auf beiden Leisten markieren, um später möglichst symmetrisch aussehende Oberteile zu erhalten.

10 Ein Oberteil ca. 15 Sekunden lang in Wasser legen, sofort auf den Leisten legen und glattstreichen, damit keine Luftblasen bleiben. Das Leder am Leisten festhalten, diesen umgekehrt in den Schoß legen. Beidseitig an der Unterseite Nägel einschlagen, um das Leder zu fixieren, dabei von der Spitze in Richtung Ferse arbeiten. Dazu den Rand abschnittsweise mit der Zange stramm ziehen und dann festnageln. Die Nägel vorn an der Spitze dicht an dicht einschlagen, weiter in Richtung Ferse dann mit ca. 1,3 cm Abstand. An der Leistenunterseite darf das Leder breite Falten bilden, jedoch nicht oberhalb des Leistenrands. Leder lässt sich besser formen, als man zunächst denkt; wichtig ist, an der Leistenunterseite möglichst viele kleine Falten zu legen. Das zweite Oberteil formen, dann alles 24 Stunden trocknen lassen.

11 **Falten wegschneiden:** Wenn die Oberteile vollständig getrocknet sind, die Leistennägel mit der Zange entfernen. Leder vom Leisten nehmen und prüfen, ob es auch innen trocken ist (ansonsten beide Teile wieder über die Leisten ziehen). Das trockene Oberteil erneut über den Leisten ziehen, umgekehrt in den Schoß legen und mit dem Cutter alle Falten wegschneiden. Dann die Oberteile vergleichen. Ggf. das größere auf die Maße des kleineren zurechtschneiden.

13. DIE KONTUREN DES OBERTEILRANDS AN DER BRANDSOHLENUNTERSEITE MARKIEREN

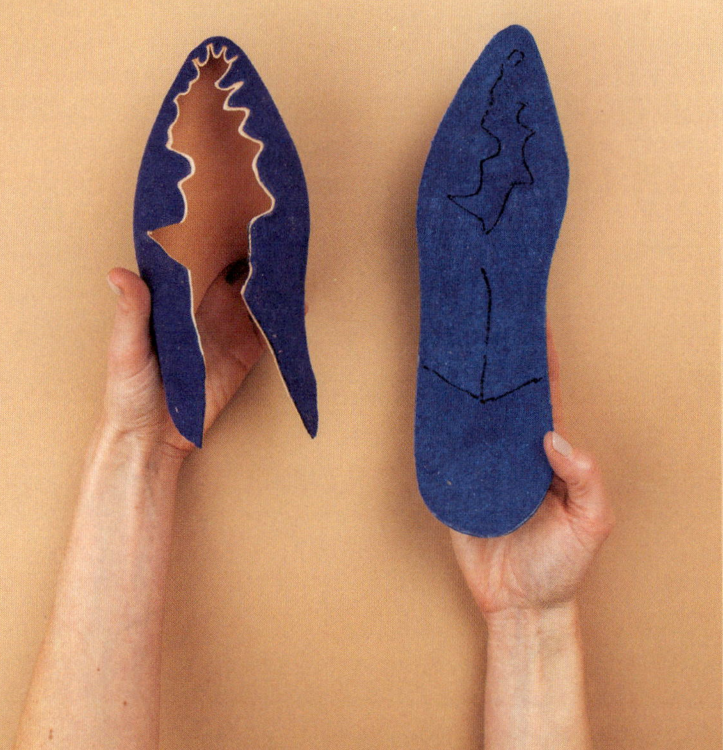

14. DIE INNENSEITE DES OBERTEILS BIS ZUR SOHLENKONTUR AUFRAUEN

18. OBERTEILKONTUR AUF LAUFSOHLE ÜBERTRAGEN

12 **Anpassen:** Die Brandsohlen in die Oberteile schieben, auf der Unterseite mit Kreppband fixieren. Mules anprobieren, der Fuß sollte beim Gehen ausreichend Platz haben, ohne dass seitlich große Lücken entstehen. Kleinere Lücken verschwinden mit der Zeit, da sich das Oberteil durch das Tragen nach oben ausformen wird. Wenn die Brandsohle zu breit ist, sitzen die Oberteile zu flach und gewähren nicht genügend Bewegungsfreiheit. In diesem Fall die Sohle verschmälern, bis die Schuhe gut passen.

13 **Markieren:** Sobald die Passform stimmt, die Kontaktstellen von Oberteil und Brandsohle markieren: Mit einer Ahle innen am Oberteil die Kontur der Brandsohle an den Seiten nachziehen (diese Ränder wurden ggf. in Schritt 12 angepasst). Anschließend das Kreppband abziehen und an der Brandsohlenunterseite mit Permanentmarker die Kontur des korrekt positionierten Oberteilrands markieren. Die Linien zeigen an, an welchen Stellen aufgeraut und geklebt werden muss.

14 **Aufrauen und kleben:** Die Oberteile von den Brandsohlen abziehen und die zu klebenden Oberflächen aufrauen: die Brandsohlenunterseiten und das Innere der geformten Oberteile (im Sohlenbereich). Darauf achten, dass die Oberteile nicht zusammengedrückt werden.

15 Alle zu verbindenden Flächen mit Kleber bestreichen. Empfehlenswert ist es, damit in der Schuhspitze zu beginnen, weil dieser Bereich zum Trocknen etwas länger braucht als die anderen. Sobald der Kleber angetrocknet ist, die Brandsohlen vorsichtig in die Oberteile schieben, aber erst verbinden, wenn sie ganz vorn sitzen. Mit den Fingerspitzen zusammendrücken, dann die Mules anprobieren. Falls eine Stelle korrigiert werden muss, das Leder dort mit der Zange abziehen und neu kleben. Sobald die Passform stimmt, die Verbindungen über dem Schusteramboss mit dem Hammer verfestigen.

16 **Sohle und Absatz verbinden:** Die Absätze oben und die entsprechenden Bereiche der Laufsohlenunterseiten aufrauen. Diese vier Flächen mit Kleber bestreichen, antrocknen lassen. Absätze mit Laufsohlen verbinden und über einer festen Unterlage zusammenklopfen. Eventuell lückenhaft befestigte Bereiche durch gezieltes Hämmern befestigen. Absätze zusätzlich mit Absatznägeln fixieren.

17 **Zwischensohlen anfertigen:** Benötigt wird eine Schablone, die groß genug ist, um die Lücke im Sohlenbereich des Oberteils abzudecken. Mithilfe des Schusterambosses Zwischensohlenabdrücke herstellen (siehe Seite 44) und dann ausschneiden. Die Brandsohlenunterseite und die Oberseite der Zwischensohle aufrauen und beide zusammenkleben. Die Zwischensohle an den Rändern so beschneiden, dass sie mit der Brandsohle bündig ist. Dadurch sollte eine ebene Fläche entstanden sein, auf der die Laufsohle aufgeklebt werden kann.

18 **Laufsohlen vorbereiten:** Die Oberteile auf die grob ausgeschnittenen Laufsohlen legen. Mit Bleistift die Stellen auf den Laufsohlen markieren, an denen sie über den Oberteilrand stehen. Diese Überstände mit dem Bandschleifer wegschleifen. Weil der Absatzbereich später erneut geglättet wird, muss er jetzt noch nicht perfekt aussehen. Sobald der vordere Sohlenbereich beschliffen ist, mit Ahle oder Bleistift auf der Unterseite des Oberteils die neue Kontur der Laufsohle nachzeichnen. Diese Linie begrenzt den Bereich, der aufgeraut und geklebt wird.

21. LÖCHER FÜR SCHUSTERNÄGEL VORBOHREN

23. KANTENVERSIEGELUNG

19 **Aufrauen und kleben:** Die gesamte Unterseite des Oberteils (bzw. der Zwischensohle) bis zu der in Schritt 18 markierten Linie aufrauen, ebenso die gesamte Oberseite der Laufsohle. All diese Flächen mit Kleber bestreichen, dann warten, bis er angetrocknet ist.

20 **Oberteil mit Laufsohle verbinden:** Das Oberteil mit der Klebefläche nach oben zwischen die Knie klemmen. Die Laufsohle mit beiden Händen darüber ausrichten und langsam, an der Schuhspitze beginnend, die beiden Flächen miteinander verbinden. Mit den Fingerspitzen zusammendrücken. Den Schuh mit der Sohle nach oben auf den Schusteramboss schieben und die Verbindung durch Klopfen mit dem Hammer verfestigen. Mit dem zweiten Schuh genauso verfahren. Die Schuhe anziehen und die Verbindung durch das Körpergewicht verfestigen.

21 **Nägel:** Schuh auf den Schusteramboss schieben und rings um den Rand Schusternägel einschlagen (siehe Seite 60). Diese verfestigen die Sohlenlagen klammerartig. Dieser Schritt kann auch übersprungen werden, doch könnte dies später dazu führen, dass sich die Sohlenlagen an den Rändern voneinander lösen.

22 **Schleifen und beschneiden:** Die Mules anziehen und die Stelle markieren, bis zu der der Absatzbereich geschliffen werden soll. (ca. 1 cm vor dem Absatz). Die Mules dort abschleifen, bis die Ränder schön glatt sind. Den kleinen Überstand am Brandsohlenrand mit Cutter und Schere (für Rundungen) schräg beschneiden.

23 **Kantenfinishing:** Falls gewünscht, können die Kanten und Absätze mit Kantenfarbe versiegelt werden. Bei diesem Modell wurde der Sohlenrand mit leuchtend blauer Acryl-Kantenfarbe gestrichen.

Schnürschuhe

Bei diesem Modell, das über dem Spann geschnürt wird, sind Vorderteil und Fersenteil geschlossen. Ich habe dekorative Details eingefügt, wie Zickzackränder, eine von Hand aufgenähte Zuglasche und Schnürsenkelösen. Nach Wunsch kann eine Zunge eingenäht werden, die den vorderen und hinteren Schuhbereich verbindet und die Schnürung abpolstert.

WERKZEUG

- Leisten, in der ungefähr passenden Größe
- Bleistift und Permanentmarker
- Schere
- Rollschneider (optional)
- Cutter
- Zierpunzen (optional)
- Holz- oder Rohhauthammer (optional)
- Spitzzange
- Schusteramboss
- Hammer
- Ahle oder Aufraubürste
- Lochzange
- Stopfnadel (optional)
- Bandschleifgerät (optional)

MATERIAL

- Vorlagen (siehe Ausklappseite A) und Papier
- 4 Quadratfuß dünnes Oberleder (0,8 bis 1,2 mm stark)
- 4 Quadratfuß dünnes vegetabil gegerbtes Futterleder (0,8 bis 1,2 mm stark)
- Schuhkleber auf Wasser- oder Lösungsmittelbasis
- 1 Quadratfuß (ca. 30 x 30 cm) dickes Brandsohlleder (3,6 bis 4 mm stark)
- 1 Paar dicke Lederlaufsohlen
- ca. 80 Leistennägel
- 2 Lederschichtabsätze (Anleitung siehe Seite 54)
- 6 Absatznägel
- Kreppband
- 1 Quadratfuß Zwischensohlenleder
- Garn (Kunstsehne oder gewachstes Leinen) oder zwei Nieten (optional)
- farblose Kantenfarbe (optional)
- ca. 50 Messing-Schusternägel
- 8 Ösen (optional)
- 2 Lederschnürsenkel, je ca. 75 cm lang

1 **Schablonen:** Die Brandsohlenschablonen mithilfe der Leisten erstellen: Einen Leisten auf Papier stellen und die Umrisse sorgfältig und genau mit dem Bleistift nachzeichnen, dabei das Papier hochhalten, um den Rand des Leistens genau zu erfassen. Einen Fuß auf den Sohlenumriss stellen, dabei soll der Fuß nur minimal breiter sein. Zusätzlich muss der Brandsohle an Zehen und Ferse ca. je 6 mm mehr Länge hinzugefügt werden. Dafür kann die Schablone auch nur an der Ferse verlängert werden. Falls der große Zeh über den Umriss hinausreicht, ist das kein Problem, denn das Oberleder wird plastisch geformt und bietet den Zehen Platz. Weil dieses Modell eine geschlossene Ferse hat, bleibt die Brandsohle hinten schmal. Schablone ausschneiden und mit «Brandsohle» beschriften.

2 Für die Laufsohlenschablone den Fuß auf das Papier stellen und die Umrisse mit ca. 0,3 cm Zugabe nachzeichnen. Diese gleicht das Schrumpfen des dicken Leders beim Trocknen aus. Die Schablone ausschneiden und beschriften.

3 Die Vorlagen für die oberen Teile von der Ausklappseite A abpausen oder aber eigene erstellen. Benötigt werden Vorlagen für ein Vorderteil und ein geschlossenes Fersenteil. (Alternativ zum Schnürverschluss kann auch ein Schnallen- oder Knopfnietenverschluss eingearbeitet werden.) Papierschablonen ausschneiden und über die Leisten drapieren, um die Passform zu kontrollieren. Sie alle sollten am Leistenrand jeweils mindestens 2,5 cm überhängen.

4 **Vorzeichnen, ausschneiden und füttern:** Oberteile auf Oberleder und Futterleder mit ringsherum 1 cm Zugabe vorzeichnen. Ober- und Futterlederteile zusammenkleben und mit einem Hammer sanft zusammenklopfen, um die Verbindung zu verfestigen.

5 Die Oberteilschablonen wieder auf die gefütterten Lederteile legen, um die Ränder zu beschneiden. Bei diesem Modell wurde dafür ein Rollschneider mit Zickzackscheibe verwendet, man kann aber auch mit einer Schere einen glatten Rand schneiden.

6 Auf dem dicken Leder die Konturen der rechten und der linken Brandsohle vorzeichnen und beide innerhalb der Markierungen sorgfältig mit dem Cutter ausschneiden. Die Laufsohle auf dem dicken Sohlenleder vorzeichnen, dieses anfeuchten und mit dem Cutter ausschneiden. Die Ränder müssen nicht perfekt sein, da sie später abgeschliffen werden.

7 **Ledersohlen formen:** Die Laufsohlen ca. 15 Sekunden lang in Wasser legen, bis sie durchtränkt sind. Dann Zehenfeder und Fußgewölbestütze formen (siehe Seite 55). Die Absätze passend darunterschieben und die Ledersohlen 24 Stunden lang trocknen lassen.

8 **Zierpunzen:** Auf Wunsch kann die Brandsohle mit Buchstaben- oder Ziffernpunzen verziert werden. Bei diesem Modell wurde im Fersenbereich mein Name eingeprägt.

9 **Leisten vorbereiten:** Während die Laufsohlen trocknen, den Arbeitsplatz vorbereiten und Leisten, Oberteile, Leistennägel, Hammerzange oder Spitzzange und Hammer bereitlegen. Die noch trockenen Oberteile (Vorder- und Fersenteil) über den Leisten drapieren und ausprobieren, wie ihre endgültige Position aussehen soll. Diese dann mit einem Bleistift auf dem Leisten markieren.

10 Ein Vorderteil ca. 15 Sekunden lang in Wasser legen. Dann sofort auf dem Leisten platzieren und glattstreichen, damit

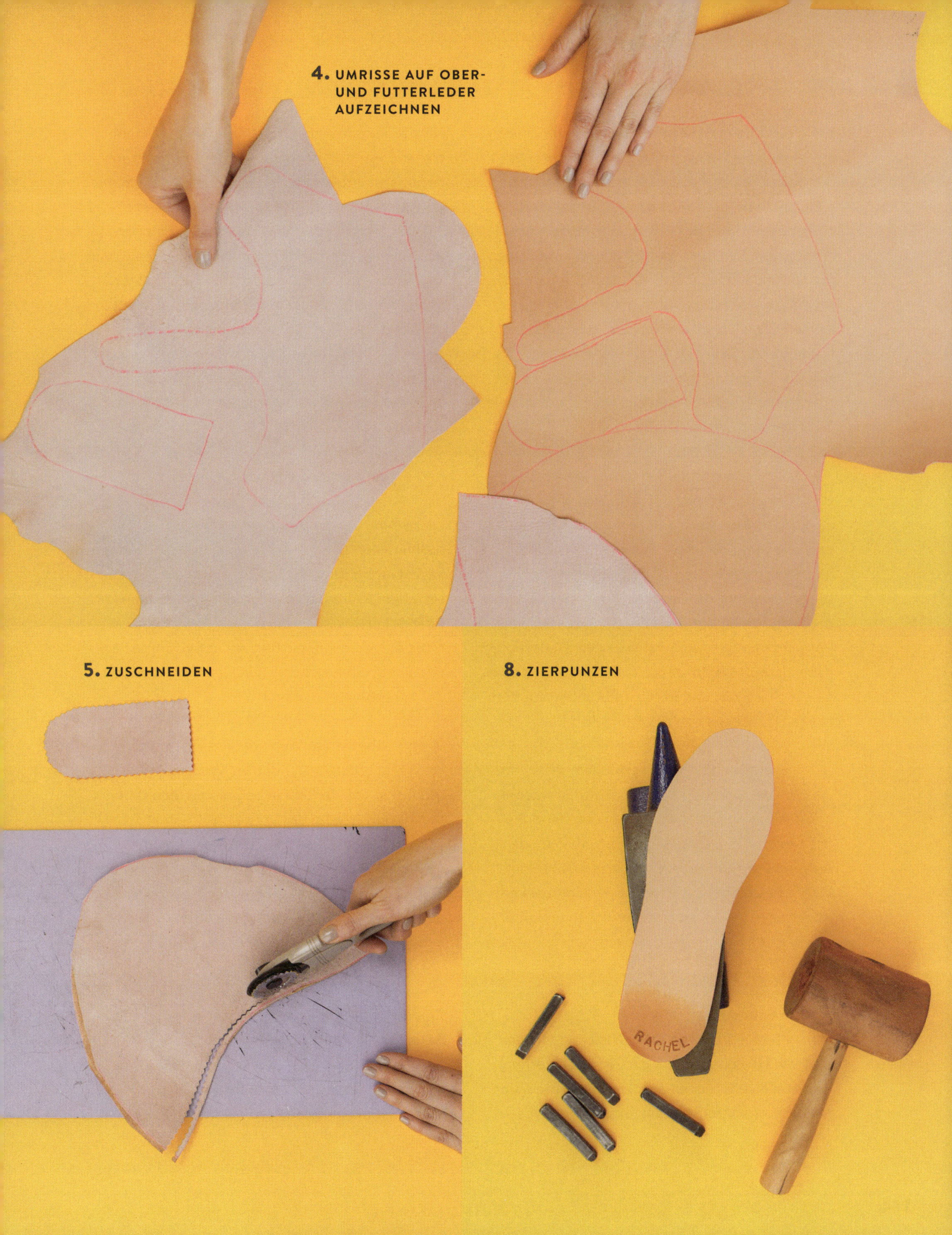
4. UMRISSE AUF OBER- UND FUTTERLEDER AUFZEICHNEN
5. ZUSCHNEIDEN
8. ZIERPUNZEN
RACHEL

keine Luftblasen dazwischen bleiben. Das Leder am Leisten festhalten und diesen umgekehrt in den Schoß legen. An der Spitze beginnen, den Lederrand mit der Zange stramm ziehen und dann beidseitig an der Leistenunterseite Nägel einschlagen, um das Leder zu fixieren. Die Nägel fortlaufend mit je ca. 8 mm Abstand befestigen. An der Leistenunterseite darf das Leder viele kleine Falten bilden, jedoch nicht oberhalb des Leistenrands. Leder lässt sich besser formen, als zunächst angenommen. Das zweite Oberteil auf die gleiche Weise spiegelgleich formen, dann alles 24 Stunden trocknen lassen.

11 Als Nächstes das Fersenteil in Wasser einweichen und anschließend eng an die Ferse des Leistens anlegen. Darauf achten, dass das Leder zu beiden Seiten gleich verteilt ist und sich das Fersenteil oben dicht an den Leisten anschmiegt. Dabei darf der obere Rand des Fersenteils über den Leisten hinausreichen. Vorgang mit dem zweiten Fersenteil wiederholen, dabei darauf achten, dass es mit dem ersten spiegelgleich ist. Alle Lederteile 24 Stunden auf dem Leisten trocknen lassen.

12 **Sohle und Absatz verbinden:** Während die Oberteile trocknen, die Oberseiten der Absätze und die entsprechenden Bereiche der Laufsohlenunterseiten mit einer Ahle oder Aufraubürste aufrauen. Diese vier Flächen mit Kleber bestreichen, warten, bis er angetrocknet ist. Absätze mit Laufsohlen verbinden und über einer festen Unterlage zusammenklopfen. Absätze zusätzlich mit Absatznägeln fixieren.

13 **Falten beschneiden:** Wenn die Vorder- und Fersenteile vollständig getrocknet sind, die Leistennägel mit der Zange entfernen. Lederteile vom Leisten nehmen und prüfen, ob sie auch innen trocken sind (ansonsten beide Teile wieder über die Leisten ziehen und länger trocknen lassen). Mit dem Cutter sorgfältig an der Leistenunterseite alle Falten des Vorderteils wegschneiden (siehe Seite 74). Das Fersenteil auf den Leisten schieben und ebenfalls an der Leistenunterseite alle Falten wegschneiden. Wenn alle Teile beschnitten sind, sollten sie auf einer ebenen Fläche gerade aufliegen; perfekt flach müssen sie noch nicht sein, weil man den Rand nach dem Kleben noch ausschärfen kann. Jeweils die Vorder- bzw. Fersenteile beider Schuhe vergleichen: Sollte eines größer als das andere sein, dann dieses am Rand zurechtschneiden.

14 **Anpassen:** Zunächst die Vorderteile sorgfältig anpassen (siehe Seite 75). Diese dann auf die Brandsohle schieben und an deren Unterseite mit Kreppband fixieren. Schuhe anprobieren, dazu die Absätze unter die Sohlen schieben. Prüfen, ob die Brandsohle verschmälert oder gekürzt werden muss. Der Fersenbereich muss sich dem Fuß perfekt anpassen. Sollte das Fersenteil oben zu hoch sein, den Oberrand mit der Schere beschneiden.

15 **Markieren:** Wenn die Passform stimmt, mit der Ahle innen im Vorderteil, möglichst von der Spitze beginnend, den Bereich markieren, an dem das Vorderteil Kontakt zur Brandsohle hat. Dies bei dem zweiten Vorderteil und anschließend bei beiden Fersenteilen wiederholen. Diese Linien markieren die Grenze des aufzurauenden und zu klebenden Bereichs. Den Schuh jeweils umgekehrt in den Schoß legen, vorsichtig die provisorischen Fixierungen mit Kreppband entfernen und die umgeformten Oberteilränder auf der Brandsohlenunterseite mit Permanentmarker nachzeichnen.

16 **Aufrauen und kleben:** Die Oberteile wieder abnehmen; vorsichtshalber

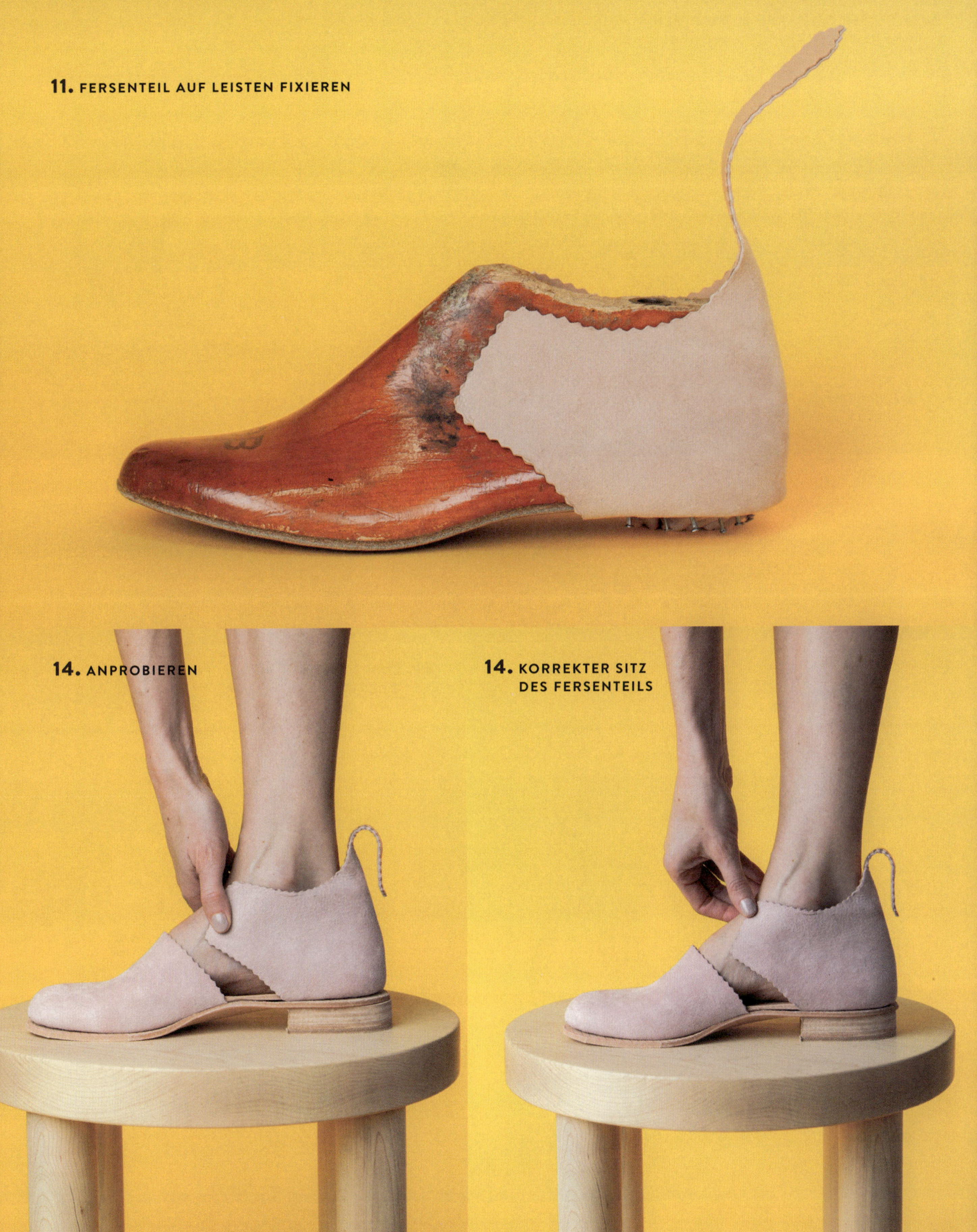

11. FERSENTEIL AUF LEISTEN FIXIEREN

14. ANPROBIEREN

14. KORREKTER SITZ DES FERSENTEILS

17. UNTERSEITE, LÜCKEN MIT KLEINEN ZWISCHENSOHLENSTÜCKEN AUSGEGLICHEN

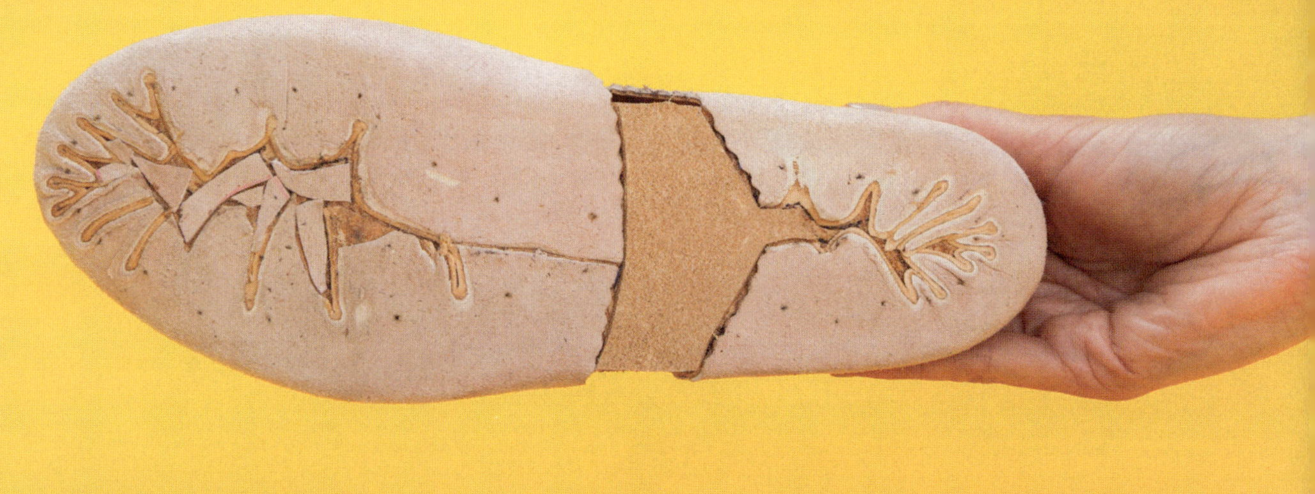

18. FESTGENÄHTE ZUGLASCHEN

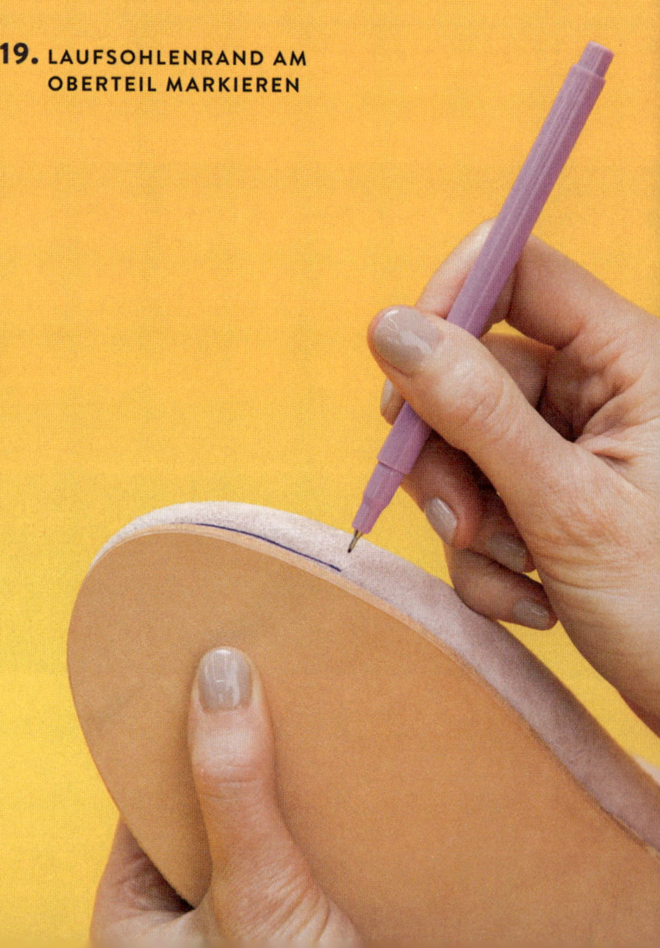

19. LAUFSOHLENRAND AM OBERTEIL MARKIEREN

rechte und linke Teile mit *R* bzw. *L* markieren. Alle markierten Bodenbereiche aufrauen: innen in den Vorderteilen, innen in den Fersenteilen und auf der Unterseite der Brandsohlen. Auf diese Flächen Kleber auftragen, dabei mit dem Vorderteilinneren beginnen, da der Kleber hier etwas länger zum Trocknen braucht. Sobald der Kleber angetrocknet ist, die Brandsohlen vorsichtig in die Vorderteile bis vorn zur Spitze schieben, die Teile dürfen sich noch nicht berühren. Erst wenn die Markierungen übereinstimmen, die Teile zusammendrücken. Auf dieselbe Weise auch die Fersenteile mit der Brandsohle verbinden, dann die Schuhe anprobieren. Sollte etwas neu einzustellen sein, diesen Abschnitt mit der Zange abziehen und neu kleben. Sobald die Passform stimmt, sämtliche Verbindungen über einem Schuhamboss durch Klopfen mit dem Hammer verfestigen.

17 **Zwischensohlenstücke einsetzen:** Bei diesem Modell sind die Flächen, die von einer Zwischensohle abgedeckt werden sollen, kleiner als gewöhnlich. Deshalb muss keine vollständige Zwischensohle gefertigt werden, es genügt, kleine Lederreste im Zehenbereich und mittig einzusetzen (siehe Abbildung). Die Einsätze müssen nicht perfekt geschnitten sein, da sie nur als Ausgleich dienen. Lediglich der Einsatz im mittigen Bereich an den Seiten der Brandsohle wird beim fertigen Schuh sichtbar sein, deshalb sollte dieser mit dem Sohlenrand übereinstimmen.

18 **Zuglaschen annähen:** Festlegen, bis zu welcher Stelle die Zuglaschen umgelegt werden sollen (diese ggf. kürzen), mit einigen Punkten auf dem Laschenleder den Bereich markieren, auf dem sie von außen festgenäht werden. Bei diesem Modell wurden jeweils acht Punkte markiert, die ein Rechteck bilden. Diese Punkte mit der kleinsten Stanze der Lochzange ausstanzen, mit Bleistift auf die Außenseite des Fersenteils übertragen und auch dort Löcher ausstanzen. Laschen umklappen und mit beliebigen Stichen am Fersenteil festnähen (Stopfnadel und langen Faden verwenden). Nahtanfang und -ende mit Knoten sichern, diese außen zwischen den Lagen verstecken, damit sie nicht drücken. Alternativ kann man die Zuglaschen mit Nieten befestigen oder sie ganz weglassen.

19 **Abschleifen:** Die Oberteile auf die grob ausgeschnittenen Laufsohlen stellen. Diese sollten bis zum äußersten Rand des Oberteils reichen. Mit dem Bleistift alle Stellen auf den Laufsohlen markieren, an denen sie über den Oberteilrand hinausragen. Mit einem Bandschleifer den Überstand der Laufsohlen wegschleifen. Dann mit einem feinen Bleistift oder Permanentmarker die Laufsohlenkontur auf die Unterseite des Oberteils aufzeichnen. Diese Linie grenzt den aufzurauenden und zu klebenden Bereich ein. Sobald die Laufsohle angeklebt ist, sieht man diesen Bereich und die Linie nicht mehr.

20 **Kantenfinishing:** Falls gewünscht, wie hier bei diesem Modell, transparente Kantenfarbe aufbringen.

21 **Oberteil mit Laufsohle verbinden:** Die gesamte Bodenfläche des Oberteils aufrauen (bis zu der in Schritt 19 markierten Linie), sowie die gesamte Oberseite der Lederlaufsohle. Die aufgerauten Flächen mit Kleber bestreichen, fünf bis zehn Minuten antrocknen lassen. Vorn an der Schuhspitze beginnend, die Lagen langsam und exakt aufeinander ausrichten. Dann fest mit den Fingerspitzen zusammenpressen. jeden Schuh mit der Sohle nach oben auf einen Schusteramboss schieben und die Verbindung durch Klopfen mit dem Hammer verfestigen. Die Schuhe anziehen, um die Lagen durch das eigene Körpergewicht zusammenzudrücken.

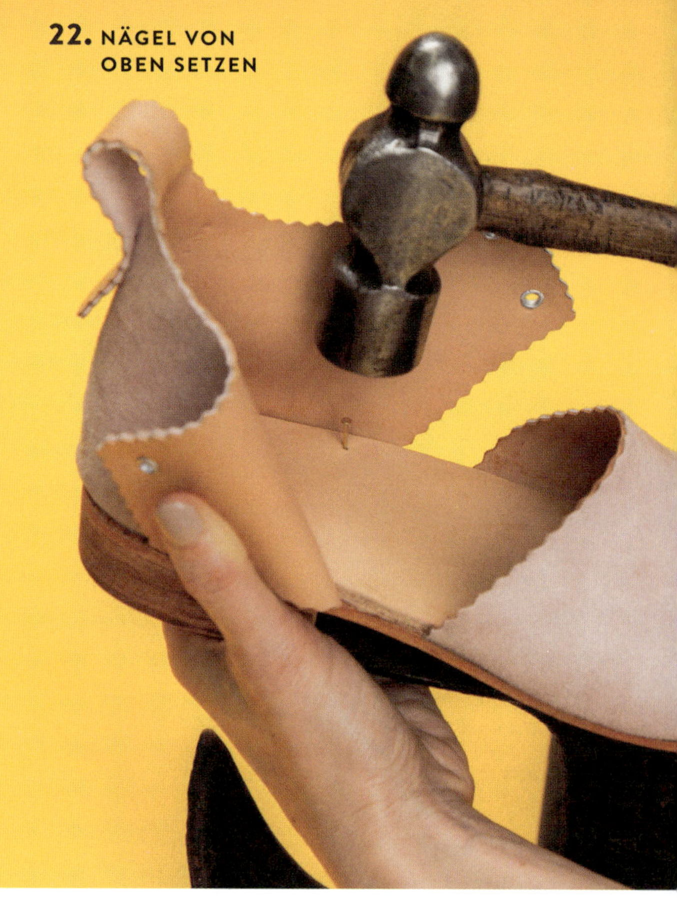

22 **Nägel:** Den Schuh mit der Sohle nach oben auf den Schusteramboss schieben und im Vorderteilbereich am Rand Sohlennägel einschlagen. Wegen des Absatzes kann im Bereich des Fersenteils nicht von unten durch die Sohle genagelt werden. Deshalb die Nägel hier von oben durch die Brandsohle einschlagen. Für die erreichbaren Stellen weiter vorn am Fersenteil die Löcher für die Nägel von oben vorbohren, dann über dem Amboss einschlagen. An schwerer erreichbaren Stellen im hinteren Fersenbereich ebenfalls Löcher vorbohren, den Nagel hineinstecken und den Schuh mit dem Absatz nach oben auf den Schusteramboss schieben. Zweimal auf den Absatz schlagen, den Schuh vom Amboss nehmen und prüfen, ob der Nagel gerade eingeschlagen wird und sich nicht verbiegt. Den Schuh wieder auf den Amboss schieben und mit mehr Kraft schlagen, bis der Nagelkopf plan aufliegt.

23 **Schnürsenkel anbringen:** Auf einem Schuh Punkte für die Senkelösen markieren. Die Stellen im passenden Durchmesser mit der Lochzange ausstanzen. Die Schuhe nebeneinander stellen und die Löcher mit Bleistift auf den zweiten Schuh übertragen, dann ausstanzen. In den Löchern Metallösen gemäß Herstelleranweisung anbringen. Lederschnürsenkel in passender Länge einfädeln und zur Schleife binden.

Problemlösungen

Ein wunderbarer Nebeneffekt des Schuhemachens ist, dass ich inzwischen in der Lage bin, Probleme bei Schuhen zu beheben, die ich früher für unlösbar hielt. Heute traue ich mir durchaus zu, mit Cutter oder Schere an einem Schuh herumzuschneiden, der nicht richtig passt. Mit etwas Erfahrung wird es Ihnen bald ähnlich gehen und Sie werden sich daran wagen, neu gefertigte Schuhe oder aber solche, die schon lange hinten im Schuhregal herumstehen, so zu verändern, dass sie perfekt passen. Viel Erfolg!

Riemen zu lang oder zu kurz

Einen allzu langen Sandalenriemen können Sie einfach kürzen. Falls beide Riemen unter dem Fußbett verklebt sind, schneiden Sie den Riemen möglichst sauber durch und nähen die Schnittenden der Passform entsprechend zusammen. Oder Sie legen die Schnittenden übereinander und platzieren eine Niete (oder mehrere) so, dass sie nicht am Fuß reibt (also nicht im Zehenbereich oder hinten an der Ferse). Weitere Informationen zum Setzen von Nieten finden Sie auf Seite 65.

Erweist sich ein Riemen als zu kurz oder zu eng, setzt man ein zusätzliches Stück ein. Keine Sorge, Ihr Schuhdesign wird dadurch nicht zerstört, und wenn Sie fertig sind, mögen Sie den Schuh wahrscheinlich lieber als vorher. Häufig sehen diese Riemenerweiterungen wie absichtlich eingefügte Designelemente aus. Schneiden Sie den zu kurzen Riemen durch, verbinden Sie es durch eine Niete mit dem Verlängerungsstück und markieren Sie, wo am anderen Riementeil die zweite Niete angebracht werden soll, damit die Passform stimmt. Setzen Sie die zweite Niete und kürzen Sie überstehende Riemenenden.

Perfekter wirkt die Verlängerung, wenn Sie die Riemenenden vor dem Vernieten ausschärfen (siehe Seite 42), sodass die übereinanderliegenden Teile weniger auftragen. Sie können diese vor dem Vernieten auch zusammenkleben.

Korrektur des Oberrands

Falls ein Fersenriemen oder ein Fersenteil an der Haut reibt, rate ich, sie oben einzukürzen. Dies ist einer der Vorteile, wenn man die Schuhe oben nicht mit einer Naht versieht: Man kann immer noch etwas abschneiden. Ziehen Sie die Schuhe an und zeichnen Sie den gewünschten neuen oberen Rand mit einem Bleistift auf. Schneiden Sie diese Linie mit einer scharfen Schere so nach, dass der Übergang zu den angrenzenden Kanten fließend ist. Kürzen Sie den anderen Schuh genauso ein.

KORREKTUR DES OBERRANDS

Sohlen klaffen auseinander

Ein altbekanntes Problem: Wenn Brandsohle und Laufsohle auseinanderklaffen, streicht man Kleber zwischen die Schichten. Bei einer kleinen Lücke genügt es, die Schichten so lange auseinander zu halten, bis der Kleber angetrocknet ist. Dann wird die Stelle durch Klopfen mit dem Hammer verfestigt. Ist die Sohle flächig abgelöst, empfiehlt es sich, die ganze Laufsohle neu aufzukleben. Spreizen Sie mithilfe der Ahle die Schichten auseinander, ziehen Sie die Sohle ab und reinigen Sie beide Oberflächen. Tragen Sie Kleber auf, warten Sie, bis er angetrocknet ist, fügen Sie alles sorgfältig wieder zusammen und verfestigen Sie die Verbindung durch Klopfen mit dem Hammer. Sollten die Sohlenränder uneben sein oder Kleberreste aufweisen, schleifen Sie sie ab. So können Sie Ihre Schuhe noch lang tragen.

AUSEINANDERKLAFFENDE SOHLEN

Enge Schuhe

Sollten sich selbst gemachte Schuhe oder Sandalen zu eng anfühlen, gibt es mehrere Möglichkeiten, das Leder zu dehnen. Versuchen Sie als Erstes, diese Schuhe auf kurzen Strecken zu tragen, um sie einzulaufen. Falls das nicht genügt, können Sie sie zu einem Schuster bringen, der ein Dehnungsmittel und dehnende Leisten einsetzen wird. Eine extremere, aber effektive Lösung des Problems besteht darin, die Schuhe anzuziehen und kurz in warmes Wasser zu tauchen. Anschließend läuft man so lange in ihnen herum, bis sie nahezu trocken sind. Das sollte das Leder stark dehnen! Nach dem vollständigen Trocknen pflegt man sie mit Öl, denn Wasser macht das Leder sehr hart und steif.

Weite Schuhe

Wenn Schuhe allzu locker sitzen, kann man sie mit Socken tragen. Oder verschenken. Oder aber Sie werden kreativ, indem Sie Riemen durchschneiden, kürzen und mit Schnallen neu verbinden. Das kann eigenwillig aussehen – oder sehr dekorativ.

Fußanatomie

Jeder Fuß hat seine besondere Form, und dank meiner langjährigen Erfahrung kann ich meine Kursteilnehmer in der Frage beraten, welcher Schuh am besten zu ihren Füßen passt. Breite Füße wollen Platz haben, es schadet ihnen, in enge Schuhe gezwängt zu werden.

UNTERSCHIEDLICH GROSSE FÜSSE

Dieses Phänomen ist erstaunlich weit verbreitet: Es kommt mir vor, als hätte die Hälfte meiner Kursteilnehmer unterschiedlich lange Füße. Wenn man seine Schuhe selber macht, hat man endlich die Lösung für dieses lästige Problem! Fertigen Sie die Sohlenschablone für den größeren Fuß an, dann können Sie die Sohlen für den kleineren Fuß immer noch zurechtschneiden oder -schleifen. Passen Sie Riemen und dergleichen für jeden Fuß individuell an, achten Sie aber darauf, dass die Schuhe optisch möglichst symmetrisch wirken.

HALLUX VALGUS

Die Fehlstellung des großen Zehs kann ererbt, aber auch durch das Tragen enger Schuhe verursacht sein. Falls Sie dieses Problem haben, sollten Sie auf großzügig geschnittene Zehenbereiche achten. Für Ihr erstes selbst gefertigtes Sandalenmodell rate ich zu Kreuzriemensandalen, oder zu jedem anderen Typ, dessen Riemen den Zehen ausreichend Platz bieten. Vielleicht geben mehrere dünne Riemen Ihren Zehen einen optisch interessanteren, gleichzeitig aber auch sicheren Halt. Auf jeden Fall dürfen die Zehenriemen nicht allzu stramm sitzen. Damit der Fuß genügend Halt bekommt, sollte dazu ein Fersenriemen mit Schnalle oder Schnürsenkeln kombiniert werden.

Für geschlossene Schuhe verwendet man einen etwas breiteren Leisten, damit der Zehenbereich genügend Raum bietet. Man kann auch die Zwischensohlen vorn etwas breiter gestalten.

GROSSE FÜSSE

Bei großen Füßen wirkt die einfache Kombination aus einem Zehenriemen und einem Fersenriemen weniger attraktiv wie ein Design mit drei oder mehr Riemen. Das könnte zwei Riemen über den Zehen und einen an der Ferse bedeuten, oder aber ein dritter Riemen verläuft über der Mitte des Fußes – das sorgt für eine optische Unterbrechung und gibt dem Fuß zudem noch sicheren Halt.

HOHER SPANN

Viele Menschen, die einen hohen Spann haben, wünschen sich für ihn «Unterstützung». Obwohl sich eine Fußgewölbestütze erst einmal angenehm anfühlt, trägt sie, langfristig gesehen, nicht dazu bei, den Fuß zu kräftigen. Versuchen Sie es erst einmal mit weniger Unterstützung: Falls Sie eine Gummilaufsohle anbringen, formen Sie beim Verbinden der Schichten unter dem Spann eine nur leichte Wölbung (siehe Seite 49). Verwenden Sie dagegen Sohlen aus dickem Leder, bauen Sie beim Nassformen eine Wölbung unter dem Spann ein (siehe Seite 55). Bei orthopädischen Problemen fragen Sie am besten Ihren Arzt, welche Bereiche der Sandale den Fuß zusätzlich unterstützen sollen.

Für mehr Unterstützung können Sie die Fußgewölbestütze durch zusätzliches Material verstärken. Der Fachhandel bietet Gummistücke an, die als Kissen zwischen die Sohlenschichten geklebt werden. Oder Sie stellen diese Kissen selbst aus Leder oder EVA-Schaumstoff her. Achten Sie darauf, dass der innere Rand der Fußgewölbestütze so dünn ausläuft, dass er sich übergangslos zwischen die Sohlenlagen einfügen lässt.

GROSSE FÜSSE

Sandalen und Schuhe für Freunde

Wenn Sie Schuhe selbst fertigen, kann es sein, dass Sie irgendwann einmal gefragt werden, ob Sie für Freunde auch ein Paar machen könnten. Das sollte weiter kein Problem sein, doch gibt es einiges, das Sie wissen sollten, bevor Sie diesen Weg beschreiten. Sandalen müssen nicht ganz so präzise passen wie Schuhe. Aufgrund der offenen Bereiche für Zehen und Ferse sind kleine Unterschiede in der Fußform weniger auffällig.

Sofern keine Leistenpaare in der exakten Größe zur Verfügung stehen, müssen Sie im Lauf der Schuhanfertigung mehrmals Maß nehmen. Deshalb sollte die betreffende Person öfter zur Anprobe kommen können.

Umrisse zeichnen

Bitten Sie die Person, sich auf einen Bogen Papier zu stellen, und zeichnen Sie die Umrisse der Füße nach. Messen Sie auch alle Details, die später von Bedeutung sind, wie den Umfang des großen Zehs und die Höhe des Knöchels. Am sichersten ist es, wenn Sie eine Sohlenvorlage aus diesem Buch auswählen oder aber Sohlen von gut passenden Schuhen des Freunds oder der Freundin nachzeichnen.

Schablonen anfertigen

Erstellen Sie eigene Schablonen oder wählen Sie Vorlagen aus diesem Buch aus. In der Regel reichen die Schablonen für einen Fuß aus, weil Sie diese für den anderen Fuß nur umzudrehen brauchen.

Drapieren Sie die Papierschablonen über den Fuß des Freunds und legen Sie die Stellen fest, an denen sie am besten zur Wirkung kommen. Markieren Sie auf der Papiersohle die Punkte, an denen sie mit dem Oberteil verbunden werden soll. Falzen Sie die Oberteilschablonen an den Stellen, an denen die Riemen auf die Sohle treffen und ziehen Sie an diesen Falzen Linien. Rechnen Sie an jedem Falz mindestens 2,5 cm Zugabe hinzu, um die Riemenenden an der Sohlenunterseite umschlagen und festkleben zu können. Beschriften Sie all Ihre Schablonen mit kleinen, in Zehenrichtung zeigenden Pfeilen, mit *R* oder *L* für rechts oder links und mit *I* oder *A* für innen oder außen, damit Sie später nicht durcheinanderkommen.

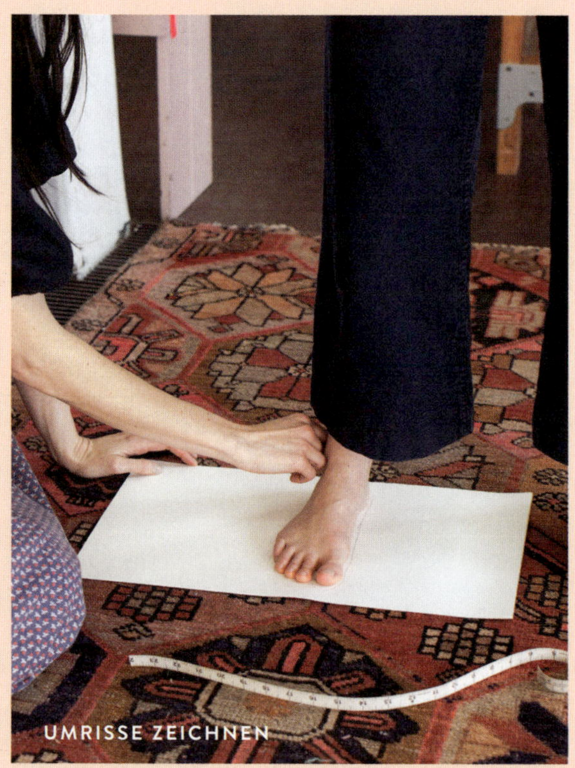

UMRISSE ZEICHNEN

Erste Anprobe

Machen Sie sich wie gewohnt ans Werk. Wenn Sie das Oberteil provisorisch befestigt, aber noch nicht an die Brandsohlenunterseite geklebt haben, laden Sie Ihren «Kunden» zur Anprobe ein. Passen Sie die Riemenenden an den Fuß an und fixieren Sie sie wieder mit Kreppband. Dann können Sie die Schuhe bedenkenlos fertigstellen.

Mit Leisten arbeiten

Falls Ihre Freunde nicht in der Nähe wohnen, wird es schon schwieriger, sie mit passenden, selbst gemachten Schuhen zu beschenken. Aber vielleicht können Sie sich Leisten in der passenden Größe besorgen. Drapieren Sie die zugeschnittenen Lederteile über die Leisten, um zu sehen, wo sie auf die Brandsohle treffen. Schneiden Sie die Schlitze in die Sohle und fädeln Sie die Riemen hindurch.

Sobald die Sandalenoberteile fertig, die Riemen aber noch nicht endgültig geklebt sind, stecken Sie die Leisten in die Sandalen, spannen alle Riemen und markieren deren Unterseiten entsprechend auf der Sohle. Auch wenn Ihre Freundin eine andere Größe hat wie Sie, ist es hilfreich, wenn Sie die Sandale selbst anprobieren, um Aussehen und Passform zu prüfen. Und falls der erste Versuch nicht gleich glückt – auch in der Schuhmacherei lernt man aus eigenen Fehlern. Gutes Gelingen!

ANPROBE

MIT LEISTEN ARBEITEN

Glossar

Ahle: Spitzes Werkzeug zum Kratzen, Aufrauen, Markieren und Vorbohren von Leder.

Aufraubürste: Drahtbürste, mit der man einer glatten Lederoberfläche mehr Struktur verleiht, sodass der Kleber besser hält.

Ausschärfen: Das Ausdünnen der Lederkanten.

Brandsohle: Die Lederschicht, auf der der Fuß steht; auch Innensohle genannt. Manchmal wird noch eine Decksohle darauf befestigt.

Fersenkappe: Ein dünnes Teil aus synthetischem Material oder vegetabil gegerbtem Leder, das von Schustern zwischen Ober- und Futterleder zur Verstärkung des Fersenbereichs eingesetzt wird. Für die Projekte in diesem Buch ist sie nicht erforderlich, ansonsten füge ich gelegentlich selbst gemachte Fersenverstärkungen aus dünnem vegetabil gegerbtem Leder ein.

Gelenkfeder/Gelenkstütze: Ein schmaler Streifen aus Metall, Glasfaser oder steifem Leder, das zwischen Laufsohle und oberen Sohlenlagen eingefügt wird. Ummantelt wird er als Gelenkstütze bezeichnet. Sie stützt den Abschnitt zwischen Fersenmitte und Fußballen brückenartig. Die Gelenkfeder muss in den Schuh eingefügt werden, sobald der Absatz höher als 2,5 cm ist.

Laufsohle: Die unterste Sohle eines Schuhs oder einer Sandale und jene, die Kontakt zum Boden hat. Gewöhnlich wählt man dafür steifes dickes Leder oder Sohlenplatten aus Gummi (Kautschuk) oder einer Synthetikmischung.

Leisten: Fußförmiges Modell, auf dem Schuhe in der gewünschten Passform aufgebaut werden können. Leisten sind in Standardgrößen erhältlich, es gibt aber auch individuelle Maßanfertigungen. Leisten können unterschiedliche Formen haben, die dann Gestalt und Passform des Schuhs bestimmen. Leisten sind aus Plastik oder aus Holz erhältlich, paarweise oder aber als Serie eines Modells in verschiedenen Größen.

Oberrand: Der obere Rand des Schuhoberteils rings um den Knöchel.

Oberteil: Ein einzelnes oberes Schuhteil, im Fachjargon aber auch die Gesamtheit aller oberen Teile (Riemen, Futter, Metallzubehör), aus denen ein Schuh oder eine Sandale besteht; mit Ausnahme der Sohlenlagen und dem Absatz.

Schusteramboss: Eine Metallform mit «Armen» in Sohlenform, über die man Schuhe ziehen kann, um sie mit dem Hammer zu bearbeiten. Klassisch ist der Dreifuß; für einfache Sandalenmodelle genügt ein kleiner Amboss, den man auf den Arbeitstisch stellt oder dort befestigt.

Vorderkappe: Ein Einsatz in herkömmlich gefertigten Schuhen, der den Zehenbereich so verstärkt wie die Fersenkappe den Fersenbereich (*siehe* Fersenkappe). Für die Projekte in diesem Buch ist sie nicht erforderlich.

Zehenfeder: Eine Aufwärtsbiegung der Laufsohle, die dem Fuß mehr Halt gibt. Zudem schützt sie vor dem Stolpern und verhindert, dass Steinchen in vorn offene Schuhe geraten.

Zwischensohle: Die mittlere Schicht im Sohlenaufbau einer Sandale, die häufig an den Stellen ausgeschnitten wird, an denen an der Brandsohlenunterseite Laschen kleben. Manche Schuhmacher verwenden dafür Zuschnitte aus Korkplatten, die aber im Handel schwer erhältlich sind. Die Zwischensohle ergibt eine dickere Sohlenlage und erhöht den Tragekomfort.

Material

Herauszufinden, was man braucht und wo es erhältlich ist, ist ein wichtiger Teil des Sandalenmachens. Es gibt nur wenig Ladengeschäfte für Lederbedarf, Schuhmacherbedarf oder Sattlereibedarf, sodass das meiste Material und Werkzeug zum Sandalenfertigen im Internet bestellt werden muss.

Die Schuhmacherei ist ein altes Handwerk, und das Zubehör ist oft nur im Großhandel erhältlich. Manche Fachgeschäfte kommen möglicherweise ohne Website aus. Entdecken Sie eines in Ihrer Nähe, dann ist es auf jeden Fall gut, die grundlegenden Fachbegriffe zu kennen, um die richtige Wahl beim Einkauf des Leders und Werkzeugs zu treffen.

Lederwarenhändler besitzen meist Erfahrung mit DIY-Kunden und können bei der Wahl der Materialien beraten. Für alle Fälle habe ich die folgende Liste zusammengestellt, mit der Sie beim Einkauf des Materials und Zubehörs fürs Erste gewappnet sind.

Einkaufsliste

Um Ihr erstes Sandalenpaar herzustellen, benötigen Sie außer Dingen, die Sie vermutlich bereits zuhause haben (Papier, Kreppband, Bleistift, Permanentmarker, Lineal, Schere und Hammer), je nach Modell, noch Folgendes:

- ☐ **CUTTER (TEPPICHMESSER)**
- ☐ **AHLE**
- ☐ **LOCHZANGE**
- ☐ **SCHUHKLEBER (AUF WASSER- ODER AUF LÖSUNGSMITTELBASIS, SIEHE AUCH SEITE 9)**
- ☐ **SCHNÜRSENKEL ODER SCHNALLE**
- ☐ **1–3 QUADRATFUSS (CA. 30 X 30 CM BIS 90 X 90 CM) MITTELSTARKES LEDER FÜR DIE OBERTEILE**
  Stärke 1,6 bis 2 mm eignet sich für die meisten Projekte; Stärke 0,8 bis 1,2 mm kann mit Leder derselben Stärke gefüttert werden.
- ☐ **1 QUADRATFUSS (CA. 30 X 30 CM) DICKES LEDER FÜR DIE BRANDSOHLEN**
  Stärken von 3,2 bis 3,6 mm, 3,6 bis 4 mm und 4 bis 4,4 mm eignen sich am besten.
- ☐ **1 SOHLENPAAR (ODER 30 X 30 CM) AUS STEIFEM DICKEM LEDER ODER SOHLENPLATTE FÜR DIE LAUFSOHLEN**
  Am besten geeignet ist hierfür Leder der Stärke 2,8 bis 3,2 mm oder 3,6 bis 4 mm. Die Gummisohlen sollten 0,6 bis 1,2 cm dick sein.

Die benötigte Menge an Leder wird natürlich von Ihrer Schuhgröße bestimmt. Sobald Sie die passenden Schablonen angefertigt haben, wissen Sie genau, wie viel Leder Sie für ein Paar Sandalen brauchen.

Die ersten fünf Artikel sind in Geschäften für Lederbedarf oder auch online erhältlich. Es ist ratsam, das Leder nach Möglichkeit in einem Fachgeschäft zu kaufen, ansonsten online. Oft muss man ganze Häute abnehmen, vielleicht können Sie sich diese mit anderen Hobby-Schustern teilen. Material für Laufsohlen aus Leder oder Gummi (unter der Bezeichnung Sohlengummi oder Sohlenplatte erhältlich) ist ebenfalls online im Fachhandel bestellbar. Sie können sich aber auch bei einem Schuster in Ihrer Nähe danach erkundigen.

Bezugsquellen

Leisten, Ambosse und mehr altes und neues Schusterwerkzeug, Zubehör und Maschinen wie Bandschleifer findet man auch auf Ebay und anderen Kleinanzeigenportalen sowie auf Flohmärkten. Auch in Antiquitätengeschäften entdeckt man gelegentlich alte Schusterleisten.

DEUTSCHLAND

Rudolf Börnecke GmbH & Co. KG
Urbanstraße 100
10967 Berlin
www.boernecke-leder.de
(Leder)

Leder Hobby
Seestraße 103
13353 Berlin
www.leder-hobby.de
(Leder, Werkzeug, Zubehör)

Nordisches Handwerk
Carl-Gauß-Str. 3b
23562 Lübeck
www.nordisches-handwerk.de
(Leder, Werkzeug, Zubehör)

Lederhandlung Flach
Sternstr. 19/Hof
24103 Kiel
www.leder-flach.de
(Leder, Werkzeug, Zubehör)

Heiko Kappey
Sattlereibedarf + Lederhandel
Achardstraße 10
31319 Sehnde bei Hannover
www.kappey.de
(Leder, Werkzeug, Zubehör)

Lederhaus Giese und Bruhm GmbH
Sonnenwall 69–70
47051 Duisburg
www.lederhaus.de
(Leder, Werkzeug, Zubehör)

Leder Baumann
Herzog-Wilhelm-Str. 27
80331 München
www.leder-baumann.de
(Leder, Werkzeug, Zubehör)

Ledershop-Chiemgau
Marderweg 40d
86169 Augsburg
www.lederwerkzeugladen-chiemgau.de
(Werkzeug, Zubehör)

Wiest GmbH
Auer Straße 33
89257 Illertissen
www.wiest-gmbh.de
(Leisten, Fußbettungen, Orthopädiebedarf)

ONLINE-SHOPS

www.dictum.com

www.ds-leder.de

www.lederbedarf.de

www.lederhaus.de

www.rickert-werkzeug.de

www.schuhbedarf.de

SCHWEIZ

Hans Zbinden AG
Moosstrasse 7
2542 Pieterlen
www.hanszbindenag.ch
(Leder, Schuhmacherbedarf)

Läderbutigg Bärn
Felix Kohli
Speichergasse 14
3011 Bern
www.lederboutique.ch
(Leder, Zubehör)

Hutmacher AG
Güterstrasse 18
3550 Langnau i. E.
www.hutmacherag.ch
(Leder)

Gerberei Jürg Zeller
Zelgstrasse 21
3612 Steffisburg
www.gerberei-zeller.ch
(Gerberei)

Räber Leder AG
Seebodenstrasse 4
6403 Küssnacht
www.leder.ch
(Leder)

Ryffel Felle + Leder AG
Birmensdorferstrasse 13
8004 Zürich
www.ryffel-felle.ch
(Leder, Werkzeug, Zubehör)

Antonio Quadranti AG
Schürbungert 42
8057 Zürich
www.quadrantiag.ch
(Schnallen, Nieten, Werkzeuge)

Höltschi-Lederhandel AG
Sonnentalstrasse 5
8600 Dübendorf
www.hoeltschi-leder.ch
(Leder)

Leder Louis
Sattlereibedarf und Hobbycenter
Badstraße 12
8634 Hombrechtikon
www.leder-louis.ch
(Werkzeug, Zubehör)

ÖSTERREICH

Maximilian Hauser
Inh. Ingrid Tichy-Schreder e. U.
Fugbachgasse 4
1020 Wien
www.maximilian-hauser.com
(Leder)

Helmut Kraemer GmbH
Laxenburgerstraße 105
1100 Wien
www.lederkraemer.at
(Leder, Werkzeug, Zubehör)

Ledergroßhandel Herbert Kolde
Nfg. H. Jansohn GmbH
Breitenfurter Straße 94
1120 Wien
www.koldeleder.com
(Leder, Orthopädiezubehör)

Leder H. Schuster
Schmiedgasse 19
8010 Graz
www.lederschuster.at
(Leder, Zubehör)

Mehr zum Thema Schuhe

Schauen Sie sich zur Inspiration die Websites der vorgestellten Schuhmacherinnen und Schuhmacher an (Seite 190). Auch auf Pinterest finden Sie viele Anregungen zum Gestalten von Sandalen.

Museen mit vielen Informationen zur Geschichte der Schuhe und des Schusterhandwerks:

Deutsches Schuhmuseum Hauenstein
Turnstraße 5
76846 Hauenstein
www.museum-hauenstein.de

Deutsches Schuhmuseum im Deutschen Ledermuseum
Frankfurter Str. 86
63067 Offenbach am Main
www.ledermuseum.de

Klever SchuhMuseum
Siegertstr. 3
47533 Kleve
www.klever-schuhmuseum.de

Bally-Schuhmuseum
Haus zum Felsgarten
Oltnerstrasse 6
CH-5012 Schönenwerd
www.schoenenwerd.ch/sehenswertes/16250

Schuhmuseum Lausanne
Rue du Rôtillon 10
CH-1003 Lausanne
https://shoemuseum.ch/

Schuhmuseum Wien
Florianigasse 66
AT-1080 Wien
www.schuhmuseum.at

Österreichisches Sattlermuseum
Ipfmühlstraße 15
AT-4492 Hofkirchen im Traunkreis
www.sattlermuseum.at
Dieses Museum legt den Fokus auf das Sattlerhandwerk, beherbergt jedoch auch eine Schuster-Schauwerkstatt. Verschiedene Schuhmodelle werden in diesem Museum nicht ausgestellt.

Die vorgestellten Schuhmacherinnen und Schuhmacher

Wenn Sie mehr über die auf den Seiten 82 und 83 präsentierten Schuhmacherinnen und Schuhmacher erfahren wollen, können Sie deren Websites besuchen.

Aldanondoyfdez
https://aldanondoyfdez.com

Jeremy Atkinson
www.clogmaker.co.uk

Julie Derrick
www.jdshoerepair.com

Reid Elrod
https://reidelrodbespoke.com

Amara Hark Weber
www.harkweberstudio.com

Keiko Hirosue
www.brooklynshoespace.com

Jason Hovatter
https://laughingcrowe.com

Faye Smith
https://sevillasmith.com

Lisa Sorrell
https://customboots.net

Literaturtipps der Autorin

Clark, Christine Lewis. *The Make-It-Yourself Shoe Book: No Special Equipment Necessary*. Knopf, 1977.

Franklin, Valerie Schafer, and Geoffrey Franklin. *Leather Crafts: In-Depth Information on Tools, Materials, and Techniques (Idiot's Guides)*. Alpha, 2016.

Habraken, William (Boy). *Tribal and Ethnic Footwear of the World: Moccasins, Sandals, Clogs, Slippers, Boots and Shoes*. Mercury International, 2012.

Loomis, Mary Wales. *Make Your Own Shoes*. Unicorn, 1992.

Overs, Amanda. *I Can Make Shoes: A Beginner's Guide to Home Shoemaking*. Make House Publishing, 2019.

Raymond, Sharon. *Crafting Handmade Shoes: Great-Looking Shoes, Sandals, Slippers & Boots*. Lark Books, 2002.

Runk, David. *Shoes for Free People*. Unity Press, 1976.

Smith, Brendan. *Brendan's Leather Book*. Outer Straubville Press, 1972.

WEITERE BÜCHER AUS DEM HAUPT VERLAG

Josephine Barbe,
Franz Kälin
Schuhwerk
Geschichte, Techniken,
Projekte

256 Seiten, durchgehend farbig illustriert, gebunden
ISBN 978-3-258-60057-4

Schuhe sind Kulturgut. Schuhe geben Gang und Körperhaltung vor. Und Schuhe sind chic. Wenn sie dann auch noch selbst hergestellt sind, können sie zu einem richtigen Lieblingsstück werden. Josephine Barbe führt im ersten Teil des Buches durch dreihundert Jahre Schuhgeschichte und berichtet über die Schuhherstellung, die Schuhmode und manche Anekdote aus der Welt der Schuhe. Die Schuhwerkstatt und die Werkstoffe des Schuhmachers werden ebenso vorgestellt wie die Anatomie des Schuhs und die Techniken seiner Herstellung. Im zweiten Teil werden zwölf attraktive Lederschuhe, die hauptsächlich vom Schuhmacher Franz Kälin entworfen wurden, Schritt für Schritt vorgestellt. Die Auswahl reicht vom Ballerina über den Zebra-Boot bis hin zur Herrensandale.

Josephine Barbe
Leder
Geschichte, Techniken,
Projekte

173 Seiten, durchgehend farbig illustriert, gebunden
ISBN 978-3-258-07072-8

Leder ist natürlich, anschmiegsam und strapazierfähig – halb Schutz, halb Schmuck. Seit langem ist es der klassische Werkstoff für Taschen, Schuhe, Sattlereiartikel, Bucheinbände und Möbelbezüge. Dieses Buch zeigt die Wandlungsfähigkeit dieses Materials auf und vermittelt viele Hintergrundinformationen zur Geschichte des Leders. Worauf man beim Kauf von Leder achten muss, wie man Leder im Gegensatz zu Stoff verarbeitet und welche Ledersorten sich für welche Zwecke eignen, wird alles in einem Extrakapitel erklärt, damit die Fliegerkappe, die Hutschachtel oder das Bodenkissen auch gut gelingen. Mit einer Haushaltsnähmaschine und ein paar einfachen Werkzeugen lassen sich alle 25 Projekte nacharbeiten.

Otis Ingrams
Lederarbeiten
Taschen, Accessoires und
Möbel von Hand fertigen

144 Seiten, durchgehend farbige Fotos, gebunden
ISBN 978-3-258-60188-5

Leder ist eines der ursprünglichsten und zugleich zeitlosesten Materialien, die es gibt. Otis Ingrams führt in diesem Buch in die Kunst ein, daraus edle Taschen, raffinierte Möbel und stilvolle Accessoires von Hand zu erschaffen. Nach einem Überblick über das Material und die wichtigsten traditionellen Werkzeuge werden die manuellen Techniken Nähen, Flechten, Weben, Falten, Nieten und Nassformen des Leders anhand von 20 Projekten Schritt für Schritt erläutert. Vom handgefertigten Portemonnaie und dem eleganten Gürtel über eine Reihe verschiedener Taschen bis hin zum zeitlosen Regiestuhl spannen die Objekte in Lederarbeiten den Bogen vom alltäglichen Begleiter zum edlen Designerstück.

Laura Sinikka Wilhelm
Feste Stoffe
20 starke Nähprojekte

176 Seiten, durchgehend farbig illustriert, gebunden
ISBN 978-3-258-60220-2

In diesem coolen Nähbuch dreht sich alles um feste Stoffe wie beispielsweise gewachsten Canvas oder Möbelstoffe aus Naturfasern. Diese eignen sich besonders gut für praktische, strapazierfähige Objekte wie Fahrradtaschen, Rucksack, Kaminholzträger, Outdoor-Kissen oder Shopper. Die erfahrene Nähbuchautorin Laura Wilhelm hat 20 funktionale Lieblingsobjekte im geradlinigen nordischen Stil entwickelt, und alle möchte man gleich in Angriff nehmen. Los geht's mit einer Einführung in die Besonderheiten des Nähens mit festen Stoffen und einer kurzen Erklärung der Grundtechniken. Dann ist man startklar für die wunderschön bebilderten Projekte in unterschiedlichen Schwierigkeitsgraden. Zahlreiche Step-Fotos helfen beim Nacharbeiten.

NEW
O'Sullivan
HEELS
IN
ONLY...
3
MINUTES
CAT'S PAW
CAT'S PAW
fauvist

Dank

Ich danke Lori, Daniel und Jordan Corry, Hannah Dang, Patrick DeWitt, Reid Elrod, William Habraken, Michaela Jebb, Em Johnson, Laurs Kemp, Jeanie Kirk, Michal Lumsden, Lauren Martin, Alex Page, Anne Parker, Allison Riegel, Amy Blaustein, Soumeya Roberts, Gary Robbins und Airyka Rockefeller.

Und ich danke allen Menschen, die bisher an meinen Kursen teilgenommen haben. Ich habe viel von euch gelernt!

Register

A

B

C

D

E

F

G

H

K

L

M

N

P

R

S

T

V

W

Z

Die Vorlagen für die jeweiligen Projekte finden Sie auf den folgenden Ausklappseiten hinten im Buch:

Swift
BLACK MOUNTAIN COLLEGE
FOOTWEAR

Rachel Corry stellt seit 2010 ihre eigenen Schuhe her. Neben selbst gemachten Sandalen verkauft sie auch DIY-Sandalenbausätze für Interessierte, und hält an verschiedenen Orten der Westküste der USA Kurse. Sie lebt in Portland, Oregon, und kann auf ihrer Website besucht werden: www.rachelseessnailshoes.com.

Vorlagen

Legen Sie ein Blatt durchscheinendes Papier auf die gewünschte Vorlage, zeichnen Sie die Konturen nach und schneiden Sie die Schablone aus. Die Schablone können Sie so auch für einen späteren Gebrauch aufbewahren.

Alle Vorlagen in diesem Buch sind für den rechten Fuß abgebildet. Dabei genügt es, nur diese auf Papier zu übertragen, die Rückseite ist für den linken Fuß. Um zum Beispiel ein Paar Schnürsandalen zu machen, brauchen Sie nur Schablonen für eine rechte Sohle, einen rechten Fersenriemen und einen rechten Zehenriemen. Wenn Sie die Schablonen dann auf das Leder übertragen, drehen Sie sie einfach auf die Rückseite, um die Schnittteile für den linken Fuß aufzuzeichnen. Dadurch wird sichergestellt, dass Ihre Schuhe später symmetrisch sind. Markieren Sie ein *R* oder *L* auf der Schablonenvorder- bzw. -rückseite, das Sie daran erinnert, welche Seite für den rechten und welche für den linken Fuß verwendet wird.

Überprüfen Sie die Schablonen am Fuß, bevor Sie sie auf das Leder übertragen. Stellen Sie Ihren rechten Fuß auf Ihre Sohlenschablone und drapieren Sie die Oberteilschablonen über den Fuß. Bedenken Sie, dass diese Vorlagen lediglich als Grundlage für das Entwickeln der individuellen Passform dienen. Scheuen Sie sich nicht, die Vorlagen Ihren Füßen und Ihrem Geschmack anzupassen: Schneiden Sie zum Beispiel alles weg, was am Knöchel reiben könnte, oder verlängern Sie die Riemen, wo es nötig ist.

Wichtig sind dabei folgende Details:

- Die Position der Riemen und Fersenteile am Fuß sollte Ihnen gefallen.
- Jedes Oberteilende sollte mindestens 2,5 cm über den Sohlenrand hängen; das sind die Laschen, auf die später Kleber aufgetragen wird.
- Ändern Sie jede Papierschablone so lange ab, indem Sie sie falzen, zusammenkleben, ein- oder abschneiden oder aber Erweiterungen hinzufügen, bis sie an Ihrem Fuß genau passt. Sie können jederzeit auf die Originalvorlage zurückgreifen, wenn Sie neu beginnen müssen.
- Sobald die Schablone angepasst ist, prüfen Sie den Überstand der einzelnen Oberteile unter dem Fuß, jedes Ende sollte dort mindestens 2,5 cm länger sein. Was darüber hinausreicht, können Sie abschneiden. So wird beim Zuschnitt kein Leder verschwendet.

AUSKLAPPSEITE A

Falzen Sie die Schablonen an oder neben den gestrichelten Linien.

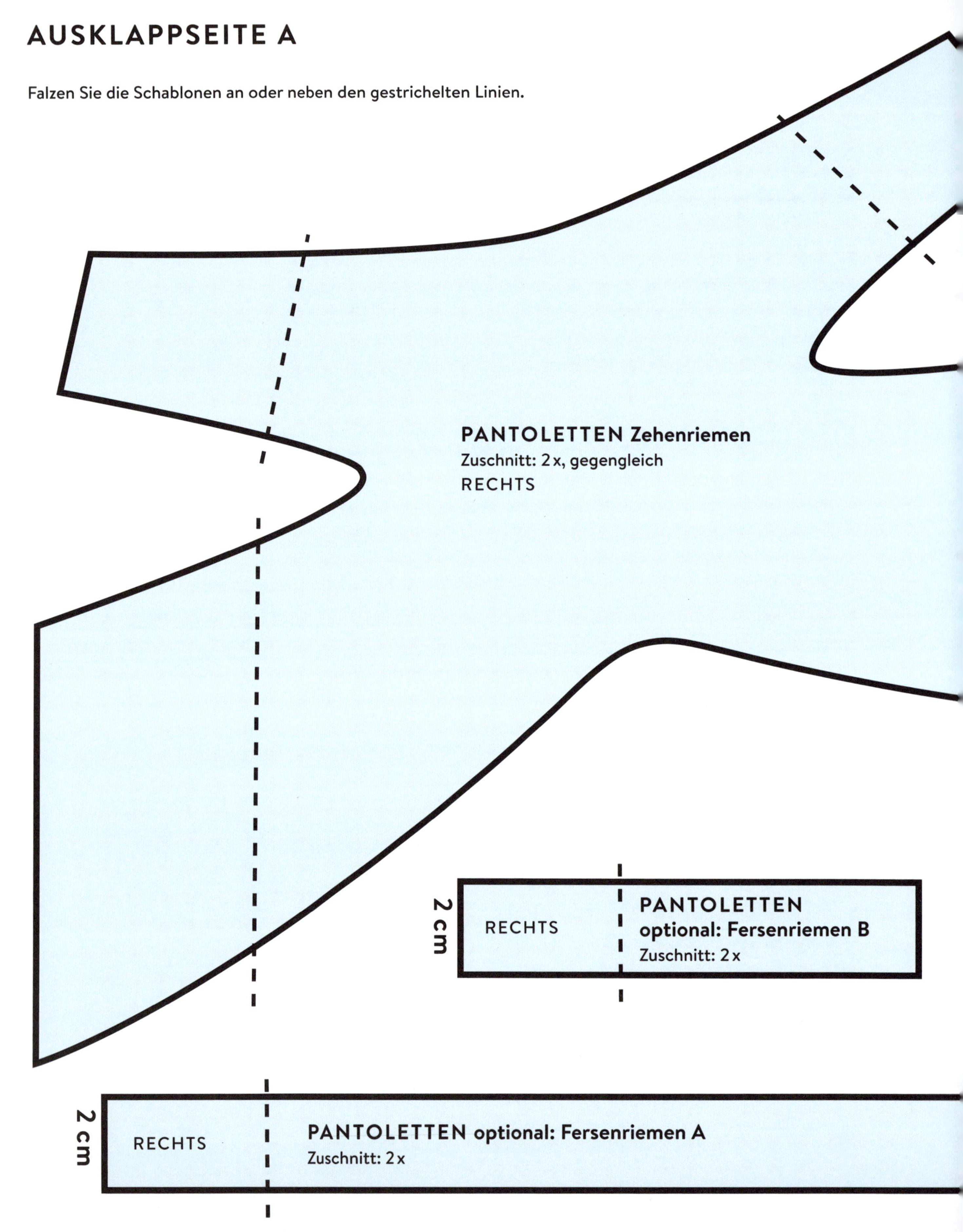

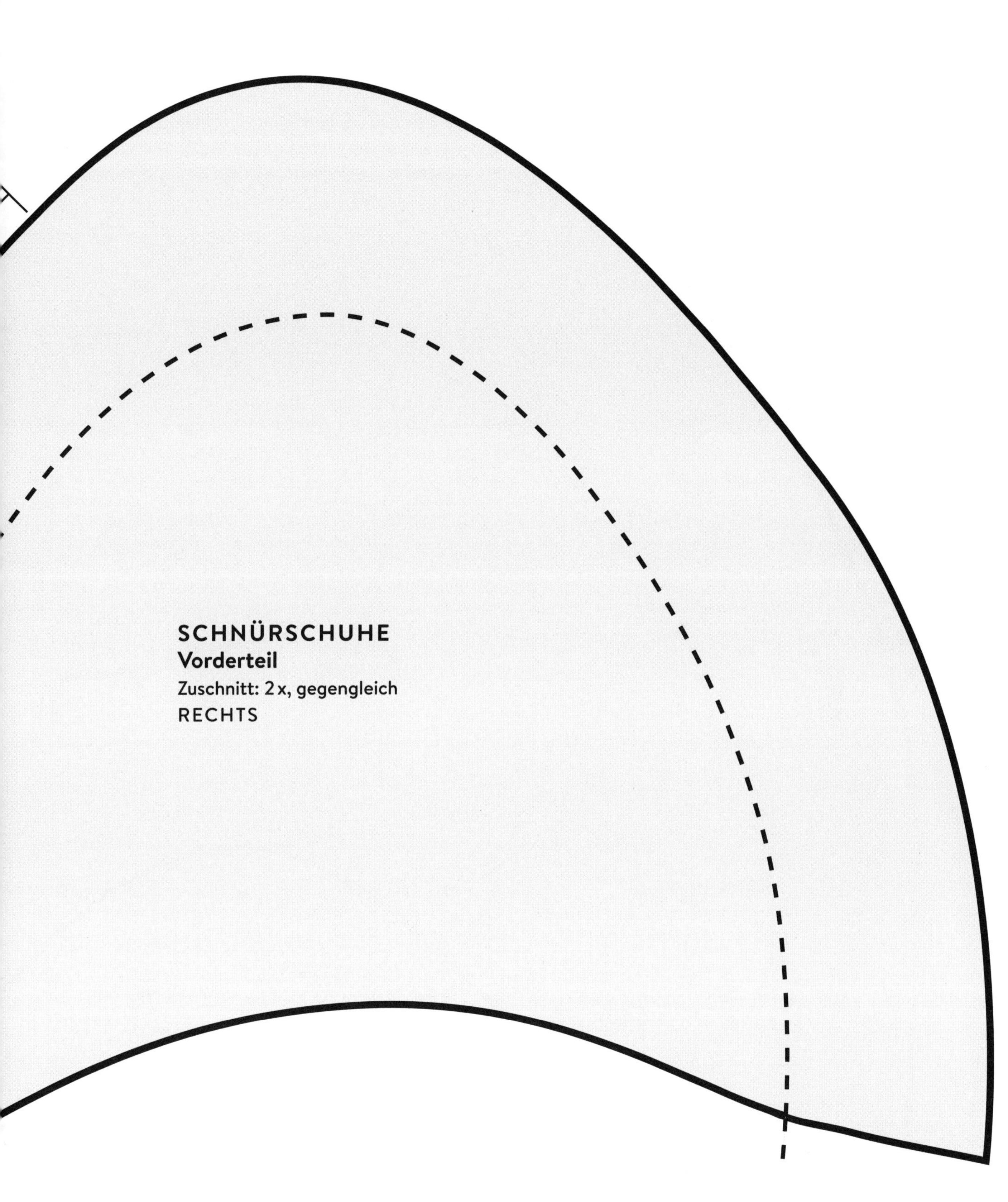
SCHNÜRSCHUHE
Vorderteil
Zuschnitt: 2 x, gegengleich
RECHTS

AUSKLAPPSEITE B

Falzen Sie die Schablonen an oder neben den gestrichelten Linien.

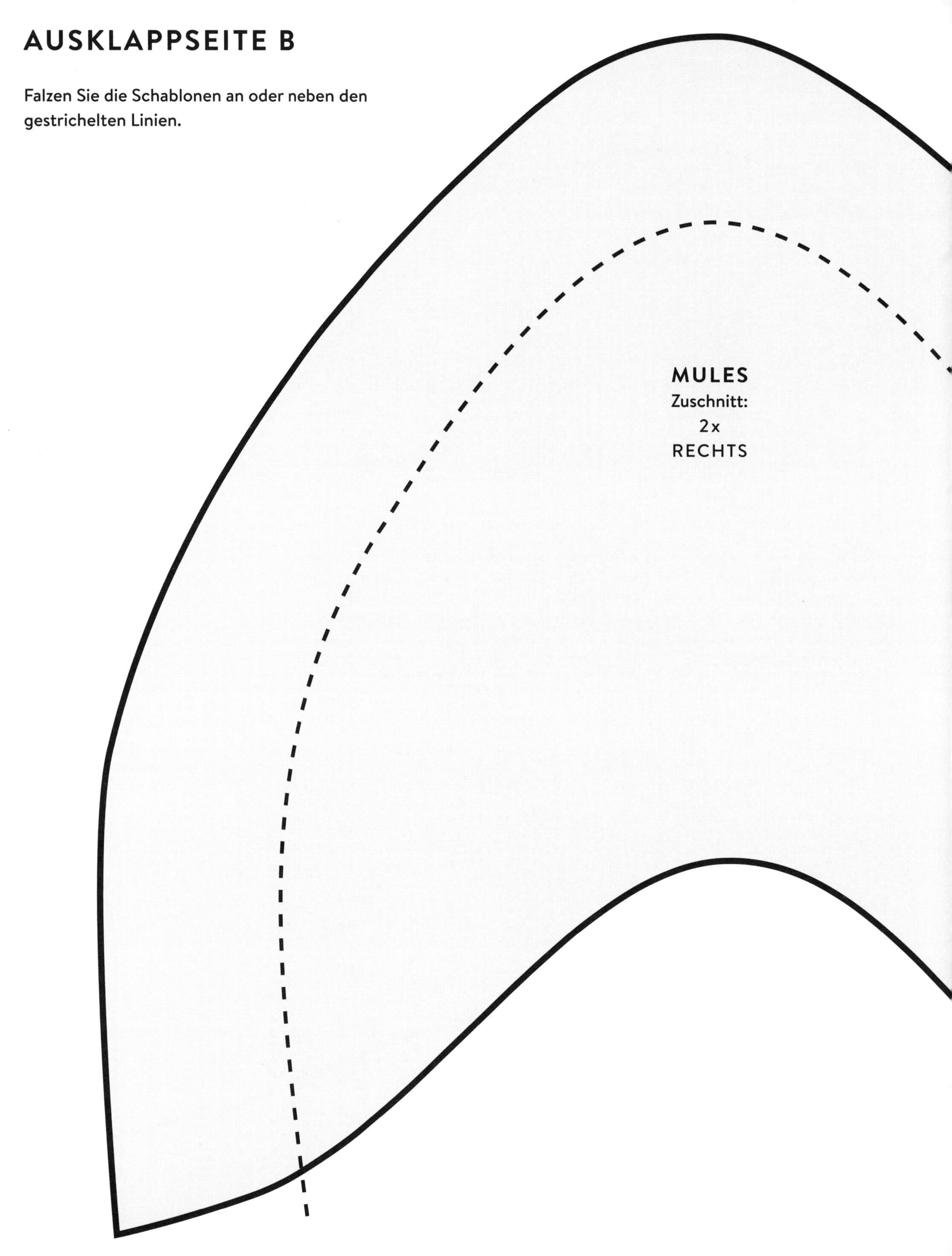

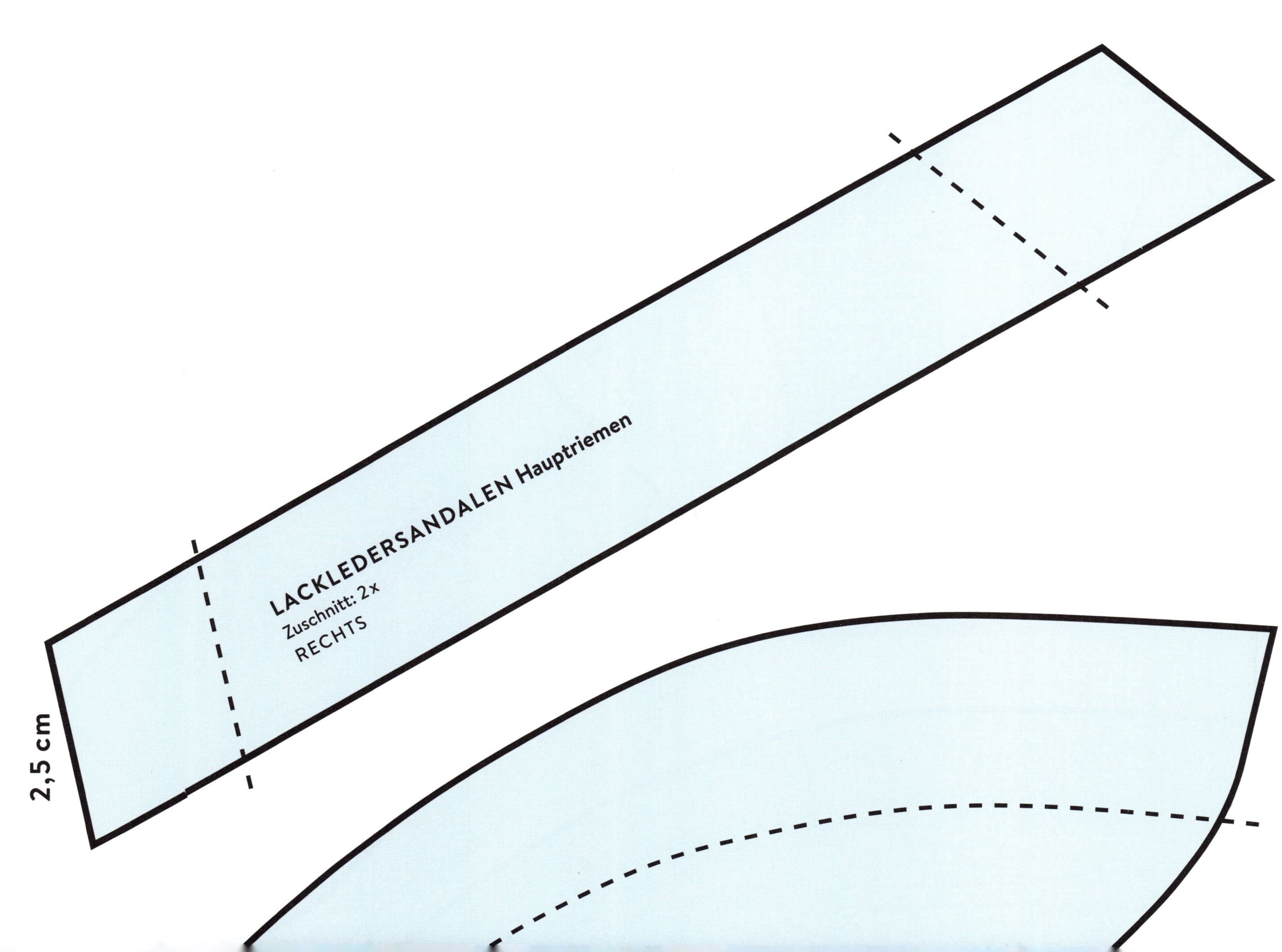
LACKLEDERSANDALEN Hauptriemen
Zuschnitt: 2x
RECHTS
2,5 cm

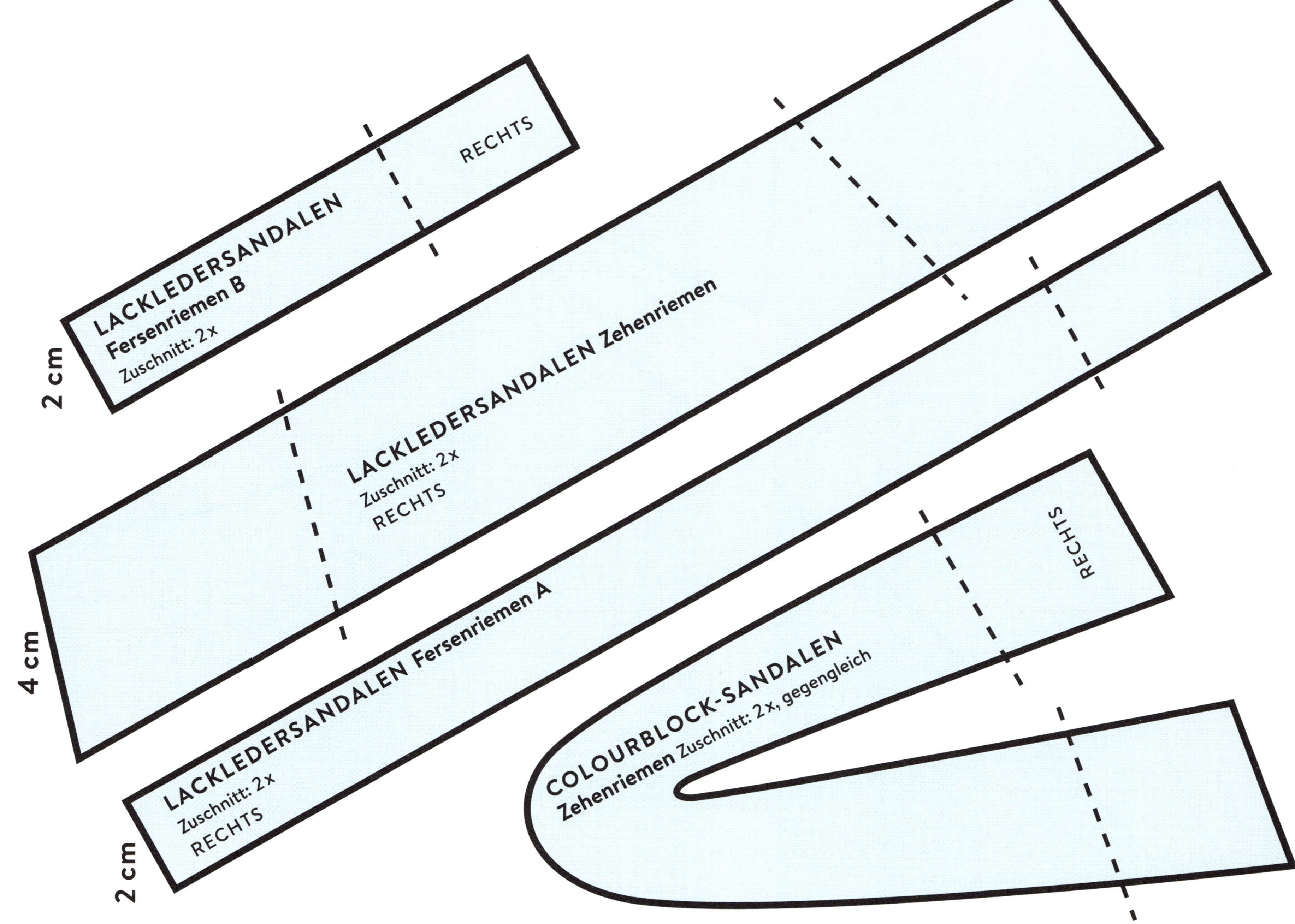
LACKLEDERSANDALEN
Fersenriemen B
Zuschnitt: 2x
RECHTS
2 cm
LACKLEDERSANDALEN Zehenriemen
Zuschnitt: 2x
RECHTS
4 cm
LACKLEDERSANDALEN Fersenriemen A
Zuschnitt: 2x
RECHTS
2 cm
COLOURBLOCK-SANDALEN
Zehenriemen Zuschnitt: 2x, gegengleich
RECHTS